KB006436

한국의 세계기록유산

유네스코 지정

한국의 세계기록유산

김문기

인류문화의 전승과 발전은 문자를 통한 기록의 산물이라 해도 과언이 아니다. 순간 순간, 시대마다 펼쳐진 문화의 편린과 이룩된 업적들이 다음 시대로 기록되어 축적되지 못한다면 문화의 발전은 가속화되기 어려울 뿐만 아니라 경우에 따라서는 퇴보할 수도 있기 때문이다. 따라서 기록문화는 인류문화의 총체적 척도라 할 수 있다.

우리나라는 세계에서 기록문화가 가장 빼어난 나라이다. 국보 제126호 석가탑에서 발굴된 무구정광대다라니경(無垢淨光大陀羅尼經, A.D.704-751)은 현존 세계 최고(最古)의 목판인쇄본이고, 상정고금예문(詳定古今禮文, A.D.1234)은 세계 최고의 금속활자본이다. 그리고 직지심체요절(直指心體要節, A.D.1377)은 현존하는, 세계 최고의 금속활자본이다. 훈민정음 해례본 등 우리나라의 기록물 11건이 유네스코 지정 세계기록유산으로 등재된 것을 보아서도 우리나라의 기록문화가 얼마나 우수한지를 능히 짐작할 수 있다.

유네스코가 지정하는 유산에는 세계유산, 세계기록유산, 세계무형유산 등 3가지가 있는데 세계기록유산은, 1997년부터 인류의 문화를 계승하는 중요한 유산인데도 훼손되거나 영원히 사라질 위험에 처해 있는 기록유산을 보존하고 이용하기 위하여 그 목록을 작성하고 효과적인 보존 수단을 강구할 목적으로 지정하는 유산이다. 세계기록유산은 일국 문화의 경계를 넘어 세계의 역사에 중요한 영향력을 끼쳐 세계적인 중요성을 갖거나 인류 역사의 특정한 시점에서 세계를 이해할 수 있도록 두드러지게 이바지한 경우에 선정된다. 또한 전 세계 역사와 문화의 발전에 큰 기여를 한 인물 및 인물들의 삶과 업적에 관련된 기록도 선정의 대상이 된다.

우리나라는 1997년에 훈민정음 해례본과 조선왕조실록이, 2001년에 직지심체요절과 승정원일기가, 2007년에 고려대장경이, 2009년에 동의보감이, 2011년에 일성록과 5·18 민주화운동기록물이, 2013년에 난중일기와 새마을운동기록물이 유네스코의 세계기록유산으로 등재됨으로써 아태지역에서 가장 많은 세계기록유산을 보유하게 되었다.

마침 박근혜 정부는 4대 국정기조의 하나로 '문화융성'을 내세우고 대통령 직속 국가문화융성위원회를 발족시켜 향후 100년을 내다보면서 통일한국, 문화강국으로서의 문화융성시대를 이끌 기본 구상과 기본 계획을 세우고 있다. 문화융성시대를 열 기본 구상과 계획을 수립하기 위해서는 전통문화에 대한 바른 이해가 선행되어야 한다. 그래서 전통문화의 정수인 우리의 세계적인 문화유산에 대한 체계적인 정리와 연구의 필요성을 절감하게 되었다.

본 퇴계연구소에서는 2011년에 한국연구재단이 지원하는 시민인문강좌 '전통문화아카데미'를 개설한 바가 있는데 이를 계기로 한국전통문화를 대변한다고 할 수 있는 한국의 세계기록유산에 대한 저술을 기획하였다. 이 책은 일차적으로 우리의 인문학에 관심이 많은 학생들과 시민들을 대상으로 하면서 나아가 한국문화에 지대한 관심과 해박한 지식을 가진 문화 해설사 등 문화 엘리트를 대상으로 삼아 다소 전문적인 내용까지 다룸으로써 한국의 세계기록유산에 대한 전문서가 되도록 노력하였다. 우리의 세계기록유산 중에는 깊이 연구된 것도 있으나 직지심체요절, 고려대장경판 등에 대해서는 구체적인 연구가 많이 이루어지지 않았으며 5·18 민주화운동기록물과 새마을운동기록물의 경우, 자료를 구하기도 어려웠고 어디까지 어떻게 다루어야 할지 주저되는 바가 없지 않았다. 그러나 이 책은 참고문헌에 밝힌 기존 업적에 힘입어 각 기록유산의 가치와 특징을 객관적으로 기술하려고 노력하였다. 앞으로 부족한 내용은 더 보완하고 다듬기로 하겠다.

오랫동안 자료를 모으고 초고를 마련하는데 처음부터 끝까지 노력을 아끼지 않은 최형우 군을 비롯한 고전시가 박사과정 제군에게 고마운 뜻을 전하며 출판에 정성을 다한 글누림출판사 최종숙 대표님에게 깊이 감사드린다.

2014년 12월

경북대학교 퇴계연구소장 김 문 기 씀

차 례

제3장 직지심체요절(直指心體要節)

제4장 승정원일기(承政院日記)

제5장 조선왕조의궤(朝鮮王朝儀軌)

제6장 고려대장경판 및 제경판

제7장 동의보감(東醫寶鑑)

제8장 일성록(日省錄)

제9장 5·18 민주화운동 기록물

제10장 난중일기

제11장 새마을운동 기록물

총론

세계기록유산 개요

세계기록유산 개요

세계기록유산이란

세계기록유산이란 유네스코(UNESCO)가 1997년부터, 인류의 문화를 계승하는 중요한 유산이면서도 훼손되거나 영원히 사라질 위험에 처해 있는 기록유산을 보존하고 이용하기 위하여 그 목록을 작성하고 효과적인 보존 수단을 강구할 목적으로 지정한 유산이다. 따라서 세계기록유산은 인류의 문화 계승과 발전에 대한 기록으로, 과거에 대한 이해뿐만 아니라 미래 사회를 조망할 수 있도록 해주는 소중한 인류의 유산이라 할 수 있다.

유네스코에서는 기록유산이 인류 모두의 소유물이므로, 미래세대에 전수될 수 있도록 이를 보존하고 보호하고자 하는 목적과 기록유산에 담긴 문화적 관습과 실용성이 보존되어야 하고, 모든 사람들이 방해받지 않고 접근할 수 있어야 한다는 믿음으로 세계기록유산 등재사업을 펴고 있다.

Memory of the World

▲ 세계기록유산 로고

유네스코가 지정하는 유산에는 크게 ① 세계유산(World Heritage), ② 세계기록유산(Memory of the World), ③ 세계무형유산(Masterpieces of the Oral and Intangible Heritage of Humanity)이 있다.

'세계유산'은 세계문화유산과 세계자연유산으로 나뉘는데, 1972년 11월 제17차 총회에서 세계문화유산 및 자연유산의 보호에 관한 협약이 채택되면서 지정되기 시작했으며, 흔히 세계문화유산으로 불린다.

'세계기록유산'은 세계적으로 귀중한 기록물을 보존하기 위해 선정하는 문화유산의 일종으로 1997년부터 2년마다 국제자문위원회의 심의를 통해 선정하고 있다.

'세계무형유산'은 소멸 위기에 처한 각종의 무형유산들을 보존하고 재생하기 위해 2001년부터 2년마다 유네스코 국제심사위원회에서 선정하며, 정식 명칭은 '인류 구전 및 무형유산 걸작'인데, '인류무형문화유산', '무형문화유산' 등으로도 불린다. 세계무형유산은 2001년부터 2005년까지 '인류 구전 및 무형유산 걸작'으로 지정되어 오다가, 2008년 제32차 유네스코총회(2003)에서 채택된 '무형문화유산 보호 국제협약'에 의해 시스템이 재정비됨에 따라 '인류무형문화유산 대표목록'으로 흡수, 통합되었다.

이들은 모두 유네스코에서 지정하는 유산이지만, 법적 근거와 심의 절차에 있어서 별개의 것으로 간주되며, 관리 또한 별도로 하고 있다.

2014년 12월 현재, 유네스코가 지정한 한국의 세계유산(자연유산, 문화유산), 세계기록유산, 세계무형유산은 다음과 같다.

유네스코 지정 한국의 세계유산, 세계기록유산, 세계무형유산

유산 유형		등재 유산	등재 연도
세계유산	세계 문화 유산	석굴암・불국사	1995
		해인사 장경판전	1995
		종묘	1995
		창덕궁	1997
		수원화성	1997
		경주역사유적지구	2000
		고인돌유적	2000
		조선왕릉	2009
		한국의 역사마을 : 하회와 양동	2010
		남한산성	2014
	자연유산	제주 화산섬과 용암동굴	2007
	복합유산	없음	
세계기록유산		훈민정음	1997
		조선왕조실록	1997
		직지심체요절	2001
		승정원일기	2001
		조선왕조 의궤	2007
		고려대장경(팔만대장경) 및 제경판	2007
		동의보감	2009
		일성록	2011

	5·18 민주화운동 기록물	2011
	난중일기	2013
	새마을운동 기록물	2013
세계무형유산	종묘제례 및 종묘제례악	2008(2001)
	판소리	2008(2003)
	강릉단오제	2008(2005)
	강강술래	2009
	남사당놀이	2009
	영산재	2009
	제주 칠머리당 영등굿	2009
	처용무	2009
	가곡	2010
	대목장	2010
	매사냥술	2010
	줄타기	2011
	택견	2011
	한산모시짜기	2011
	아리랑	2012
	김장문화	2013
	농악	2014

* ( ) 안은 '인류 구전 및 무형유산 걸작'으로 지정된 해임

세계기록유산은 국제자문위원회(International Advisory Committee)에서 총괄한다. 국제자문위원회는 유네스코 프로그램의 전반적인 계획과 이행에 대해 자문을 하는 기관으로서 유네스코 사무총장이 선발한 14명의 기록유산 보존분야 전문가들로 구성되어 있다. 유네스코 사무총장은 2년마다 국제자문위원회를 소집하여, 세계기록유산의 등재 및 관리에 관한 보고를 받고 이를 지원하는 역할을 한다. 세계기록유산 사업의 진행과 관련된 실질적인 의결 및 감독은 국제자문위원회에서 책임지고 있으며, 그 산하에 소위원회와 지역위원회 및 사무국을 두어 업무를 분장하고 진행 상황을 보고 받는다. 국제자문위원회는 세계기록유산과 관련된 사업의 전반에 대한 지침을 수정하거나 갱신할 수 있으며, 등재에 관해 책임이 있다.

세계기록유산은 궁극적으로 협약의 형태로 강화되는 것을 지향하고 있으며, 이를 제도화하기 위해 노력 중이다. 세계기록유산은 2014년 현재까지 세계적으로 300건이 등재되었으며, 우리나라는 지금까지 총 11건의 세계기록유산을 등재함으로써 아태지역에서는 가장 많은 세계기록유산을 보유하고 있다.

유네스코 세계기록유산 사업은 세계적인 기록유산을 인류가 함께 나누고 보호할 수 있도록 하는 데 목적이 있기 때문에, 그 문화적 관습과 실용성의 가치를 발굴하고 사람들이 쉽게 접근할 수 있도록 하기 위해 노력하고 있다. 유네스코는 ① 최적의 기술을 통해 전 세계 기록유산의 보존을 돕는다 ② 기록유산의 보편적 접근성을 향상시킨다 ③ 기록유산의 존재와 중요성에 대한 세계적 인식을 제고한다는 등재사업의 구체적인 목적을 내세우고 있다.

기록유산의 등재 대상은 기록을 담고 있는 정보 또는 그 기록을 전하는 매개물인데, 단독기록일 수도 있고 기록의 모음(archival fonds)일 수도 있다. 예를 들면 ① 필사본, 도서, 신문, 포스터 등 기록이 담긴 자료와 플라스틱, 파피루스, 양피지, 야자 잎, 나무껍질, 섬유, 돌 또는 기타 자료로 기록이 남아 있는 자료 ② 그림, 프린트, 지도, 음악 등 비문자 자료(non-textual materials) ③ 전통적인 움직임과 현재의 영상 ④ 이미지 오디오, 비디오, 원문과 아날로그 또는 디지털 형태의 정지된 이미지 등을 포함한 모든 종류의 전자 데이터 등이 대상이 된다.

세계기록유산 관련 조직

유네스코 한국위원회의 홈페이지 '유네스코와 유산'에 의거하여 세계기록유산과 관련된 조직 구성을 살펴보면 다음과 같다.

유네스코 국제자문위원회

〈연혁〉

1992년 유네스코에서 세계기록유산 사업 창설

1995년 세계유산등록 선정기준 합의, 등록제도 창설 권고

2013년 6월 현재 102개국 5개 기구, 총 300건 세계기록유산 등록

〈구성〉

국제자문위원회는 유네스코 사무총장이 임명하는 사서, 법률전문가, 교육학자, 저술가, 문서관리 전문가 등 14명으로 구성

〈목적 및 기능〉

유네스코 지식사회국(Knowledge Societies Division)에서 세계기록유산 사업을 담당하고, 국제자문위원회에서는 전반적인 의사결정을 수행한다. 국제자문위원회 정기회의는 2년마다 개최되는데, 2001년 6월 청주에서 제5차 회의가, 2011년 5월에는 영국 맨체스터에서 제10차 회의가, 2013년 6월 광주에서 제11차 회의가 개최되었다.

세계기록유산 소위원회

〈전문 소위원회(Sub-Committee on Technology)〉

전문 소위원회는 국제자문위원회나 사무처에 의하여 지명된 의장과 전문가로 구성된다. 이들의 주된 업무는 기록유산 보존에 대한 지침을 갱신하고, 정기적으로 기록유산의 보존과 디지털화에 대한 최근 연구를 검토, 교정 및 선포하며, 단체나 개인으로부터 특별히 문의 받은 기술과 보존에 관련된 문제들에 대해 자문하기도 한다. 이와 비슷하게 국제자문위원회나 사무처, 지역 및 국가위원회에 전문적인 조언을 해주기도 한다.

〈마케팅 소위원회(Sub-Committee for Marketing)〉

마케팅 소위원회는 1996년에 설립되었으며 전문 소위원회와 그 구성이 같다. 소위원회는 기록유산의 중요성에 대한 전반적인 인식 제고와 세계기록유산 사업에 대한 경제적 지원을 위한 전략을 개발하며, 홍보계획 실행 및 세계기록유산 로고의 사용을 위한 안내서를 편집하고 검토한다. 또한 전문 소위원회처럼 마케팅 범위의 전문적인 조언을 하기도 한다.

〈등재심사 소위원회(Register Sub-Committee)〉

등재심사 소위원회는 2001년에 설립되었으며, 역시 전문 소위원회와 그 구성이 같다. 사무국과 협조하여 세계기록유산 등재 여부에 대한 판단을 내리고 국제자문위원회 회의 시, 세계기록유산 등재 또는 미등재에 대한 근거와 권고를 제공한다. 또한 등재기준의 해석 및 등재 여부와 관련된 비정부 기관과 기관 및 개인에게 자료를 요청하기도 하며 또한 각 지역 및 국가위원회의 등재목록 관리에 대해 자문하기도 한다.

세계기록유산 지역위원회

세계기록유산 지역위원회(Regional Memory of the World Committees)는 세계기록유산 사업의 전반적인 틀과 기반을 구성한다. 지역위원회는 세계기록유산 사업의 목표를 실현하기 위해 전 세계 각국의 참여로 이루어지는 협력 조직이다. 지역위원회는 지리적 문화적 공통점 및 이해를 공유하는 국가들로 이루어지거나 유네스코 지역 사무소를 기점으로 구성되기도 한다.

또한 지역위원회에서는 국제자문위원회 또는 개별 국가위원회의 영역 외에 있는 사안들을 검토할 수 있으며 국가적 차원을 넘어선 국제 협력을 위한 수단을 제시하기도 한다. 통상적으로 지역위원회 위원은 관련 국가위원회의 대표들로 이루어져 있다. 정해진 규정에 따르기보다 지역위원회 위원 구성 및 의결 사항은 사무국과 위원 간의 협의를 통해 이루어진다.

지역위원회가 다루는 의제로는 세계기록유산 지역적 목록 유지, 지역적 협력과 훈련사업 지원 및 세계기록유산에 대한 지역적 인식 향상과 대중화 등이 있다.

세계기록유산 사무국

사무국(Programme Secretariat)은 유네스코 세계기록유산 사업을 집행하기 위해 구성되었으며 유네스코의 정보사회국이 그 위원을 임명한다. 유네스코 사무총장은 국제자문위원회와 사무처 및 다른 보조 기관들의 업무에 관여할 수 있다. 사무총장은 투표권은 없으나 어떠한 문제에 대해서도 구두 또는 서면으로 사무국에 보고서를 제출할 수 있다.

사무국의 주요 기능은 국제자문위원회 및 그 보조 기관들에 대한 지원을 제공하고 세계기록유산 사업 전반을 운영 및 관리하는 것이다. 이 외에도 세계기록유산 등재목록 관리, 세계기록유산 사업기금 운영 및 국제자문위원회와 직접적으로 관련된 업무가 있다. 사무국은 세계기록유산과 관련된 모든 정보들의 집합점이라고 할 수 있다.

세계기록유산의 등재

등재 기준

세계기록유산은 영향력, 시간, 장소, 인물, 주제, 형태, 사회적 가치, 보존 상태, 희귀성 등을 기준으로 선정된다. 기록유산은 일국 문화의 경계를 넘어 세계의 역사에 중요한 영향력을 끼쳐 세계적인 중요성을 갖거나 인류 역사의 특정한 시점에서 세계를 이해할 수 있도록 두드러지게 이바지한 경우 선정된다. 또는 전 세계 역사와 문화의 발전에 큰 기여를 한 인물 및 인물들의 삶과 업적에 관련된 기록유산도 있다. 형태에 있어서는 향후 기록문화의 중요한 표본이 된 경우, 예를 들면 야자수 나뭇잎 원고와 금박으로 기록된 원고, 근대 미디어 등과 같은 매체로 된 기록유산도 있을 수 있다.

〈주요 기준〉

1. 유산의 진정성(Authenticity)

해당 유산의 본질 및 기원(유래)을 증명할 수 있는 정품일 것.

2. 독창적(Unique)이고 비(非)대체적(Irreplaceable)인 유산

특정 기간 또는 특정 지역에 지대한 영향력을 끼쳤음이 분명한 경우. 해당 유산이 소멸되거나 유산의 품질이 하락한다면 인류유산의 발전에 심각한 해악을 끼치리라 판단되는 경우.

3. 세계적 관점에서 유산이 가지는 중요성

한 지역이 아닌 세계적으로 어떠한 영향을 끼쳤는지 여부. 그리고 아래의 5가지 요소들 중에 반드시 한 가지 이상으로 그 중요성을 증명할 수 있어야함.

시간 (Time)	국제적인 일의 중요한 변화의 시기를 현저하게 반영하거나 인류 역사의 특정한 시점에서 세계를 이해할 수 있도록 이바지하는 경우
장소 (Place)	세계 역사와 문화의 발전에 중요한 기여를 했던 특정 장소와 지역에 관한 주요한 정보를 담고 있는 경우
사람 (People)	전 세계 역사와 문화에 현저한 기여를 했던 개인 및 사람들의 삶과 업적에 특별한 관련을 갖는 경우
대상/주제 (Subject/Theme)	세계 역사와 문화의 중요한 주제를 구현하고 있는 경우
형태 및 스타일 (Form and Style)	뛰어난 미적, 형식적, 언어적 가치를 가지거나 형태 및 스타일에서 중요한 표본이 된 경우

4. 보조 요건

희귀성(Rarity)	독특하거나 희귀한 자료
원 상태로의 보존(Integrity)	온전한 하나의 전체로서 보존되어 있는 경우
위협(Threat)의 존재 여부	해당 유산이 각종 위험 요소에서 안전한가 또는 안전을 담보할 수 있는 경비 조치가 적절한지의 여부
관리 계획 (Management Plan)	해당 유산의 중요성에 비추어 적절한 보존 및 접근 전략의 존재 여부

등재 절차

신청서 접수	영어 또는 불어로 작성된 신청서를 사무국에서 접수 및 보관한다. 사무국은 신청서를 접수하고 필요한 경우 신청서 내용과 관련된 기타 문서들을 함께 접수한다. 신청서의 근거자료가 미비한 경우, 사무국은 작성자에게 누락된 정보를 즉각 요청한다. 신청서 접수 기한이 지나도록 추가 자료를 제출하지 못했을 경우에는 다음 기회에 다시 제출할 것을 요청하기도 한다.
조사	사무국이 신청서의 접수를 완료한 후, 신청서는 등재 소위원회의 의장에게 전자우편으로 전달된다. 신청서를 전달받은 등재 소위원회 의장은 각각의 신청서를 더욱 세세히 검토할 전문가를 선정하고 전문가 목록을 사무국에 보고한다. 사무국은 선정된 전문가와 개별적으로 계약을 체결한 후, 신청서와 관련된 기타 문서들을 전문가에게 전달한다. 세계기록유산 등재에 대한 평가는 등재 소위원회가 정한 일정에 맞추어 결정되며 위원들의 온라인 논의를 거칠 수도 있다.
평가	전문가가 평가서를 사무국에 제출할 시, 등재 후보가 선정 기준을 충족하고 있는지 알려야 한다. 또한 기술적, 법적 또는 관리 차원에서 설명이 더 필요하다면 이 또한 사무국에 알려야 한다. 사무국은 제출된 모든 평가서를 회의 개최 한 달 전에 등재 소위원회 위원들에게 공람한다.
권고	등재 소위원회는 적어도 2년에 한 번씩 회의를 열어 비정부 기관들이 조사한 내용을 종합하여 국제자문위원회에 권고를 제출한다. 이렇게 작성된 권고안은 각각의 권고 제안자에게 전달되어 내용 보충의 기회를 제공한다. 그 후 지역 소위원회 위원들이 권고안을 공람하고 회의를 통해 최종 권고를 작성하여 국제자문위원회에 제출한다.

국제자문 위원회에 제출	등재 소위원회 의장과 서기는 회의 결과보고서와 최종 권고를 작성하여 국제자문위원회에 제출하는데 여기에는 각각의 신청서에 대한 승인 및 거부 판정의 근거가 포함된다. 이 문서는 격년에 한 번 열리는 국제자문위원회 회의가 개최되기 한 달 전에 국제자문위원회 위원들에게 전달되며, 위원들은 필요시 등재 소위원회 위원장에게 어떤 신청서에 대해서도 추가 정보를 요청할 수 있다.
등재	국제자문위원회는 등재 소위원회가 작성한 최종 권고를 회의에서 검토한다. 각각의 권고 사항에 대해 토론하고 합의가 이루어지면 이를 유네스코 사무총장에게 보고하여 승인을 요청한다. 사무국은 등재 여부를 각 신청서 작성자에게 통보하고 최종 등재 목록을 발표한다.
목록에서의 삭제	세계기록유산목록에 등재되었더라도 퇴화되거나 보존 상태가 위험한 경우, 또는 새로운 사실이 알려져 등재 기준에 미달하는 경우, 목록에서 삭제될 수도 있다. 이와 같이 의심되는 상황이 있다면 사무국에 문서로 보고해야 하고 사무국은 이에 대한 조사와 보고를 등재 소위원회에 요청한다. 만약 우려했던 부분이 사실로 판명되었을 경우에는 신청서 작성자 또는 관련 기관에 연락하여 의견을 요청하고, 이 의견에 따라 삭제, 보류, 또는 시정명령 여부를 결정한다. 국제자문위원회가 삭제를 결정한 경우, 의견을 제출한 당사자에게 이 사실을 통보한다.

〈출처 : http://www.unesco.or.kr/heritage〉

세계기록유산 신청 및 등재 절차

1. 등재 신청 대상 선정	문화재위원회 심의를 통해 문화재청장이 대상 유산 선정
	⇩
2. 등재신청 서류 유네스코제출	◎ 제출처 : 유네스코 사무국 ◎ 제출시기 : 매 2년마다 3월말까지 ◎ 제출서류 : 신청서(영문) 및 부속자료(사진, VTR, 오디오, 관련도서, 지도) ◎ 사무국은 당사국에 등재신청 서류 보완 요청 가능
	⇩
3. 국제자문위원회 심사	◎ 사전심사 : 유네스코 세계기록유산 국제자문위원회(IAC) 등재심사 소위원회에서 사전 심사 ◎ 최종심사 : 제출 익년 유네스코 세계기록유산 국제자문위원회(IAC)에서 최종 심사 및 등재 권고
	⇩
4. 유네스코 사무총장 승인	◎ 세계기록유산 등재 여부 결정

〈출처 : 문화재청 홈페이지〉

제1장

훈민정음

훈민정음(訓民正音)

The Hunmin Chongum Manuscript
(1997년 등재)

우리글 훈민정음과 문헌 『훈민정음』

세계기록유산으로 등재된 훈민정음이란 우리글 훈민정음을 뜻하는 것이 아니라, 훈민정음 예의편과 해례편을 함께 묶어서 1446년에 편찬한 문헌의 명칭이다. 그런데 문자 훈민정음과 문헌 『훈민정음』을 혼동하는 예가 종종 있다.

우리글 자랑과 우리말 사랑에 관한 이야기 가운데 아래와 같은 기사들이 심심찮게 눈에 띈다.

> 여러 나라 언어학자가 한글을 '세계의 알파벳'이라고 극찬하고 1997년에는 유네스코가 세계기록문화유산으로 지정했지만 한글 홀대는 갈

수록 심해지고 있다. 상품·간판·브랜드 이름은 물론 일상적인 대화에도 외래어가 수시로 등장한다. (00일보 2011년 6월 20일)

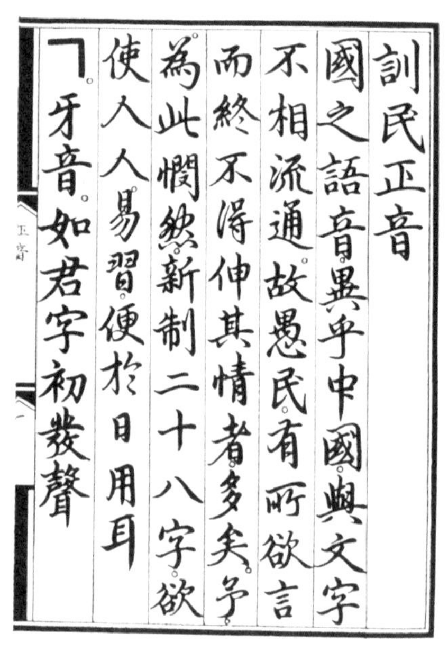
訓民正音
國之語音異乎中國與文字
不相流通故愚民有所欲言
而終不得伸其情者多矣予
爲此憫然新制二十八字欲
使人人易習便於日用耳
ㄱ牙音如君字初發聲

▲ 해례본 예의편 서문

이 기사문은 한글이 세계기록유산으로 등재된 것처럼 설명하고 있는데, 이것은 문헌 『훈민정음』을 문자 훈민정음으로 혼동한 결과이다. 이러한 혼동이 일어나는 이유는 '한글'의 창제 당시 명칭이었던 '훈민정음'이 1997년 세계기록유산으로 등재된 국보 제70호 『훈민정음』과 동음이의어(同音異義語)이기 때문이다.

문헌 『훈민정음』이 세계기록유산으로 등재되었다고 해서 문자 훈민정음이 세계기록유산이 된 것은 아니다. 이는 마치 팔만대장경판이 세계기록유산으로 등재되었다고 해서 거기에 실린 불교 교리나 사상이 세계기록유산이 될 수 없는 것과 같은 이치이다.

문헌으로서의 훈민정음을 이야기 할 때는 국보 제70호인 『훈민정음』 해례본을 지칭하는 것이다. 해례본은 세종대왕께서 문자 훈민정음을 창제하고 난 뒤, 집현전 학자들이 그 원리를 해석한 책이다. 문헌 『훈민정음』에 해례편이 포함되어 있어서 흔히 이 책을 『훈민정음』 해례본 또는 해례본이라고도 한다. 해례본은 '예의(例義)'와 '해례(解例)'로 구성되어 있다.

이 가운데 예의편은 훈민정음이라는 문자를 창제하게 된 배경을 적은 서문과 문자가 지닌 음가 및 그 운용 방법으로 구성되어 있다. 이 부분은 해례에 비해 글자 크기가 크고 행간이 넓은 것 등을 고려할 때, 세종대왕께서 직접 작성한 부분이라고 할 수 있다. 한편, 해례편은 내용상 서문과 본문으로 나뉘는데, 서문은 특별히 정인지가 작성하였다고 하여 '정인지 서문'으로 불리기도 한다. 특이한 것은 정인지 서문이 글의 첫머리에 오지 않고 가장 뒷부분에 실려 있다는 것이다. 그 까닭은 세종이 직접 쓴 예의편이 이미 서문에 해당하기 때문인 것으로 보인다. 한편 본문은 다섯 개의 '해(解)'와 한 개의 '례(例)'로 구성되어 있어서 흔히 '5해1례'라 부른다.

'5해'는 제자해(制字解), 초성해(初聲解), 중성해(中聲解), 종성해(終聲解), 합자해(合字解)로 되어 있으며, '1례'는 용자례(用字例)이고, 맨 마지막에 정인지 서문이 있다. 제자해(制字解)에서는 문자 훈민정음을 만든 원리를 설명하고 있다. 오늘날 우리가 교과서 등에서 배우는 한글의 창제 원리가 바로 이 부분에 나오는 것이다.

> 牙音ㄱ象舌根閉喉之形　脣音ㅁ象口形　齒音ㅅ象齒形　喉音ㅇ象喉形
> (어금닛소리 ㄱ은 혀뿌리가 목구멍을 막는 모습을 본떴고, 입술소리 ㅁ은 입모양을 본떴으며, 잇소리 ㅅ은 잇모양을 본떴으며, 목구멍소리 ㅇ은 목구멍모양을 본떴다)

다음으로 초성해와 중성해, 종성해의 순서로 되어 있는데, 이 부분에서는 초성과 중성 그리고 종성의 소리와 문자가 당시 주도적인 이념이었던 성리학의 원리와 어떻게 연계되어 있는지를 설명하고 있다. 이어서 합자해에서는 초성 · 중성 · 종성의 세 글자를 합쳐 쓰는 방법을 설명해 놓고 있다. 마지막 용자례에서는 합자법에 의해 올바르게 구성된 단어가 실제

어떻게 응용될 수 있는지를 보여주는 123개의 사례가 제시되어 있다. 이와 같은 기록의 방식은 매우 논리적이고 체계적이라고 할 수 있다. 끝으로 정인지 서문에서는 훈민정음을 창제한 세종대왕에 대한 예찬과 함께 해례편의 편찬과 관련된 전반적인 설명을 해 놓았다.

해례본은 전체 33장으로 되어 있다. 제책법의 경우, 원래는 오침안정법(五針眼釘法)으로 제책되었지만 보수하는 과정에서 사침안정법(四針眼釘法)으로 잘못 제책되었다. 판식은 사주쌍변이며, 각 행을 구별하는 계선이 있고, 판심은 상하하향흑어미(上下下向黑魚尾)이다. 판심제는 예의편과 해례편에서 차이를 보이는데, 예의는 '정음(正音)'으로 되어 있고, 해례는 '정음해례(正音解例)'로 되어 있다. 예의는 목판본 반곽이 7행 11자로 되어 있고, 해례는 8행 13자로 되어 있다.

해례본의 집필과 집현전 이야기

『훈민정음』 해례본의 편찬자는 9명이라고 볼 수 있다. 먼저 예의를 지은 세종대왕과 해례의 서문을 지은 정인지가 대표적인 편찬자라 할 수 있으며, 이 외에도 최항(崔恒), 박팽년(朴彭年), 신숙주(申叔舟), 성삼문(成三問), 강희안(姜希顔), 이개(李塏), 이선로(李善老)가 참여하였다. 이것은 정인지의 서문이 끝나는 부분에 참여자들의 이름이 명기되어 있어 확인이 가능하다. 이들은 대부분 집현전 학자에 해당하는데, 당시 집현전의 수십 명 학자 중에서 세종대왕이 이 여덟 사람을 어떤 기준으로 선발하였는지는 알 수 없지만, 반포 이후 시행된 여러 가지 한글 문서 작성에 이들이 적극적으로 참여한 점 등을 볼 때, 매우 신중을 기하여 고르고 골랐을 가능성이 높다. 훈민정음 창제의 뜻을 밝힌 것은 세종대왕 자신이었기 때문에 해례의 집필자 선정에도 자신이 관여했을 것으로 보고 있다. 지금까지 한글의 창제 과정에 대해 국어학자들 사이에 많은 논의가 오갔으나, 현재는 훈민정음은 세종대왕의 단독 작품이며, 이후 『훈민정음』 해례본을 짓는 과정에서 여러 신하들이 참여한 것으로 보고 있다.

집현전에서는 무엇을 했을까

집현전은 세종대왕 당시에 학자를 양성하고 학문을 연구하기 위한 기관이었다. 집현전의 핵심적인 역할은 경연(經筵)과 서연(書筵)을 담당하는 것이었는데, 경연이란 왕과 신하가 유교 경전을 강론하면서 정치가 올바로 이루어지도록 자문하는 자리였으며, 서연은 장차 국정을 이끌어갈 세자를 교육하는 시스템이었다. 또한 집현전의 관리들은 필요에 따라 외교문서도 작성하고 과거시험을 감독하는가 하면 사관(史官)의 일을 맡는 등 다양한 행정적인 일에 참여하였다. 뿐만 아니라 중국 고제(古制)에 대하여 연구하고 편찬사업을 주도하기도 하였다.

이처럼 집현전은 당시에 국정의 중요한 역할을 맡았기 때문에 세종대왕은 학사들의 연구에 편의를 제공하기 위하여 많은 전적(典籍)을 구입하거나 인쇄하여 집현전에 보관시키는 한편, 재주 있는 소장 학자에게는 사가독서(賜暇讀書)의 특전을 베풀기도 하였다. 그 결과 각 분야에서 우수한 연구 결과가 나왔으며, 이를 보급하기 위해 편찬사업도 활발히 전개하였다. 그 대표적인 업적으로는 『고려사』, 『농사직설』, 『팔도지리지』, 『삼강행실』, 『동국정운』, 『용비어천가』, 『석보상절』, 『월인천강지곡』 등이 있다. 이 시기에는 많은 서적이 편찬·간행되었으며 우리 역사에서 문화적으로 가장 뛰어난 황금기를 이룩하였다. 지금도 이 시기에 편찬된 많은 서적들이 상당 부분 문화재로 지정받아 당시의 시대상을 이해하는 데 크게 기여하고 있다. 이처럼 『훈민정음』 해례본의 편찬 주체였던 집현전은 세종대왕의 지원 아래 뛰어난 문화유산들을 많이 남겼다.

그러나 집현전 학자들이 모두 세종대왕과 같은 생각을 가졌던 것은 아니었다. 집현전 내에서도 한글의 창제를 부정적으로 보았던 사람들이 있었다. 집현전 부제학이었던 최만리와 일부 집현전 학자들은 문자 창제를 반대하는 상소를 올리기도 하였다. 최만리는 상소문을 통하여 ① 중국과의 사대 외교에 있어서 문제가 될 수 있다는 점, ② 오랑캐들이 민족 문자를 가지고 있기 때문에 문자를 가지면 오랑캐 취급을 당한다는 점, ③ 쉬운 새 문자에 익숙해지면 한자를 멀리하게 되어 중국의 문화로부터 멀어진다는 점, ④ 송사의 문제는 중국에서도 있는 일이기 때문에 문자의 문제가 아니라 관리의 자질 문제로 다루어야 한다는 점, ⑤ 여러 사람의 의견을 구하지 않았다는 점, ⑥ 동궁(세자)이 학문 연마에 힘쓰지 않고 문자 창제에 관여하여 시간을 낭비하고 있다는 점 등의 6가지 측면에서 훈민정음 창제의 부당함을 지적하고 있다. 이러한 상소의 내용은 『세종실록』에 자세하게 기록되어 있는데, 오늘날 우리는 오히려 이 기록을 통하여 창제 당시의 상황을 더 잘 이해할 수 있다. 반대 상소는 1443년 한글 창제 이후 지속적으로 이어졌으며 그 결과 한글 반포가 3년 정도 늦어지게 되었다. 현재는 한글의 제작과정에 관한 이야기가 전해지지 않아 확인할 수 없지만, 아마 이 3년 정도의 시기에 앞서 말한 8명의 집현전 학자들과 세종대왕께서 문자 창제의 당위성을 알리기 위한 방안을 마련하였으리라 생각된다.

훈민정음에 참여한 집현전 학자들

해례편의 서문을 작성한 정인지는 유학과 전고(典故)에 밝은 조선 초기의 대표적 유학자였으며, 뛰어난 문장가였다. 그는 세종대왕의 총애를 받아 집현전 등의 학술기관을 관장하였으며, 역사·천문·역법·아악을 정리하는 등 여러 가지 문화사업을 주도하여 건국 초기의 기반을 다지는 데 기여하였다.

최항은 조선 초기 훈구파의 대학자였으며, 후에 세조를 도와 문물과 제도를 정비하는 데 크게 공헌하였다. 특히 최항은 역사와 언어 등에 정통하고 문장력이 뛰어났기 때문에 『훈민정음』 해례본의 편찬에 이바지할 수 있었고, 이후 성종 때에는 『경국대전』을 집대성하기도 하였다.

박팽년은 사육신의 한 사람으로 잘 알려져 있다. 집현전 학사 시절에는 여러 가지 편찬사업에 종사하여 많은 업적을 남겼지만, 세조의 즉위 이후 단종의 복위를 꾀하다가 김질의 밀고로 옥사하였다. 조선 초기의 문인으로서 문장과 글씨에 뛰어났다고 전해진다.

신숙주 또한 당대의 대표적인 학자이자 문장가였다. 주로 외교 문서 등을 관리하고 서적을 편찬하는 일에 관여하였으며, 대표적인 업적으로는

『훈민정음』 해례본을 비롯하여 『국조오례의』, 『동국정운』, 『세조실록』, 『예종실록』 등이 있다. 박팽년과는 달리 세조를 도와 후에 영의정에까지 올랐다.

한편 성삼문은 박팽년과 더불어 사육신으로 유명한 조선 전기의 문신이자 학자였다. 언어 연구를 위한 여러 자료를 수집하고 정리하는 역할을 맡았던 것으로 보이며, 세종대왕 때 『예기대문언두(禮記大文諺讀)』를 편찬하기도 하였다. 역시 단종의 복위를 꾀하다 김질의 밀고로 체포되어 처형당했다.

이들과 달리 강희안은 서화가였다. 시문과 서화에 능해 '시서화의 삼절(三絶)'이라 칭송을 받기도 하였으며, 대표작으로는 <고사관수도(高士觀水圖)>, <도교도(渡橋圖)> 등이 있다. 『훈민정음』 해례본에는 각 장마다 내용을 요약한 7언시가 등장하는데, 강희안이 이 부분을 지었을 것이라 짐작된다.

이개와 이선로에 대해서는 자료가 그리 많이 남아 있지 않다. 다만 해례본의 편찬에 관여한 것으로 보아 세종대왕에게 상당히 인정받는 학자였을 것으로 보인다.

이들 8명 가운데 정인지만 세종대왕보다 한 살 많은 50세였으며, 30대인 최항을 제외하고 나이가 파악되는 다섯 사람은 20대 후반의 젊은 학자들이었다. 즉 원로학자 정인지를 중심으로 중견학자인 최항이 뒤를 받쳐주고 젊은 학자였던 박팽년, 신숙주, 성삼문, 강희안, 이개, 이선로가 저술에 참여하였다. 이처럼 젊은 학자들을 많이 참여시킨 것은 저술 과정에서 참신하고 창의적인 발상을 이끌어 내기 위한 세종대왕의 복안이라 짐작할 수 있다. 무엇보다 문자를 새롭게 만든다는 것은 진보적인 사고를 요구하기 때문에 젊은 학자들을 대거 등용한 것이 아닌가 생각된다.

이들은 세종대왕과의 토론을 통해 해례본의 전체적인 구성과 체계를 잡는데 기여하였을 것이고, 아마 5해1례도 이 과정에서 정해졌을 것이라 여겨진다. 강희안이 당대 가장 뛰어난 시인이었기 때문에 각 해의 끝에 붙어있는 결시(訣詩)를 그가 지었다고 본다면 서문을 지은 정인지를 제외한 나머지 여섯 명이 5해와 1례를 나누어 맡았다고 추측할 수 있다.

또한 해례본은 현재 목판본만 전해지고 있는데, 이 목판본의 밑바탕이 되는 원고의 글씨는 세종대왕의 셋째 아들인 안평대군이 썼다고 알려져 있다. 안견의 <몽유도원도>에 나타나는 꿈의 주인공인 안평대군은 양사언, 한호, 김정희를 비롯한 조선의 4대 명필로 유명하며 서예와 시문, 가야금, 그림 등에 능하였다. 그러나 세조의 집권 이후 안평대군 또한 역모로 처형당하는 바람에 현재 전해지는 작품은 많지 않다. 그런 점에서 해례본은 서예사적으로도 중요한 의의를 지닌 작품이라 할 수 있다.

한글날은 왜 10월 9일인가

1926년 11월 4일 한글학회의 전신인 조선어연구회가 주축이 되어 매년 음력 9월 29일을 '가갸날'로 정하여 행사를 거행했고, 1928년에 명칭을 '한글날'로 바꾸었다. 1932년과 1933년에는 음력을 율리우스력으로 환산하여 양력 10월 29일에 행사를 치렀으며, 1934년부터 1935년까지는 그레고리력으로 환산하여 10월 28일에 행사를 치렀다. 그러나 지금의 한글날은 1940년에 해례본이 발견되면서 정인지 서문에 적힌 '정통십일년구월 상한(正統十一年九月上澣)'에 근거한 것이다. 서문에 적힌 날을 양력으로 환산해보면 1446년(세종28) 10월 9일이므로 1945년에 10월 9일을 한글날로 확정하였다.

『세종실록』 1443년 음력 12월 30일 기사에 따르면 "이달에 임금이 친히 언문 28자를 지었는데 그 글자가 옛 전자를 모방하고, 초성·중성·종성으로 나누어 합해야 글자를 이루었다. (… 중략 …) 이를 훈민정음이라고 일렀다."라고 하여 문자로서의 훈민정음이 이때를 즈음하여 만들어졌음을 알 수 있다. 이후 1446년 9월 29일의 기사에 따르면 "이달에 『훈민정음』이 완성되었다"고 하였는데, 이때 완성된 것이 해례본인 것으로 보인다. 따라서 기록에 따르면 해례본은 음력 9월에 완성되었다.

이 두 기록에 근거하여 현재 남북한은 한글날을 서로 달리 채택하고 있다. 남한은 해례본의 편찬과 반포가 이루어진 1446년을 기준으로 양력 10월 9일을 한글날로 정하였다. 한편 북한은 1961년까지 문자 훈민정음이 창제된 해인 1443년을 기준으로 양력 1월 9일을 한글날로 정하였다가 1963년부터 1월 15일로 개정하였다. 변경 사유에 대해서는 밝혀진 바가 없으나, 김일성 주석이 항일투쟁 당시 발간했던 신문의 창간일과 맞추려고 했다는 추측이 나돌기도 하였다.

해례본의 발굴에 얽힌 이야기

해례본은 현재 동일한 판본이 두 질만 존재한다. 하나는 1940년 7월에 안동에서 발견된 안동본으로 현재 간송미술관에서 보관중이며, 다른 하나는 2008년 7월 상주에서 발견된 상주본이다. 안동본은 일찍부터 그 중요성이 알려져 현재 국보로 지정되어 있으며, 최근에 발굴된 상주본은 소유권 문제로 소송을 벌이기도 했다.

한글 창제의 목적을 생각해 본다면, 이를 보급하기 위해 해례본이 많이 간행되었을 것으로 예상되지만 남아 있는 것은 많지 않다. 상주본이 발굴되기 전에는 안동본이 유일본이었는데 위작 논란이 일기도 하였다. 특히 안동본이 일제강점기인 1940년에 갑자기 발견되었다는 점에서 의문을 제기하는 사람도 있었다. 실록의 기록을 통해 해례본이 존재했음을 짐작하기만 하였을 뿐이었으니, 이는 1940년에 안동본이 발견되기까지 해례본 원본을 본 사람이 없었기 때문이다.

그렇다면 해례본은 왜 현재 2질밖에 남지 않았을까? 이에 대해서는 여러 가지 추측이 가능하다. 우선 간행 당시 종이가 귀해 무제한적으로 출간하지는 않았을 것이라는 생각을 해 볼 수 있다. 또한 해례본 자체는 한문으로 된 해설서이기 때문에 일반 백성들을 상대로 보급되지는 않았을 것이라는 것을 예상할 수 있다. 우리에게 친숙한 한글로 된 훈민정음 서문은 세조가 편찬한『월인석보』판본이다. 당시 세종대왕의 훈민정음 보급 정책을 볼 때, 해례본은 한문을 읽고 쓸 수 있는 양반 계층을 대상으로 한 것임을 알 수 있다. 그렇다면 그 양이 그에 적합한 정도의 분량만 간행되었을 것임을 알 수 있다.

게다가 연산군 연간에는 언문금압을 실시하여 일반 백성들의 한글 사용을 법으로 금지하였는데, 그 과정에서 해례본도 모두 수거되어 소각되었다고 볼 수 있다. 물론 연산군이 분서갱유처럼 언문과 관련된 모든 책을 불사르라고 명령한 적은 없다. 다만 해례본 자체가 원래 많이 찍히지 않았고, 연산군 연간의 분위기로 보아서 그 당시에도 이미 해례본은 희귀본에 속했을 가능성이 높아 보인다. 조선 후기에 여러 학자들이 훈민정음의 원리에 대해 자의적인 해석을 했던 것을 보면 이때에 이미 해례본의 존재 여부조차도 불투명했을 것이라고 짐작할 수 있다.

그러다 보니 안동본이 유일본이던 시절에는 그 원본이 어떻게 전승되어 왔는가 하는 것에 대해 여러 가지 설이 제기되었었다. 이한걸(경북 안동시 와룡면 주하리)의 세전 가보라는 설이 있는가 하면, 경북 의성의 한 고가에서 발견되었다는 설, 이용준(이한걸의 3남)의 장인 김응수(김대중의 조부)의 소장이었다는 설 등 다양한 이야기들이 존재하였다. 뿐만 아니라 오구라신페이[小倉進平]가 『세종실록』에 실려 있는 '훈민정음 서문'을 베끼고, 거기에다가 1940년대에 규장각에서 발견한 '필사본 해례'를 편집해 가짜 해례본을 만들어 돈을 받고 팔았다는 주장도 있었다. 이처럼 많은 설이 난무할 만큼 『훈민정음』의 발견 경위에 얽힌 이야기는 관심의 대상이었다. 지금 전문가들 사이에서는 이 가운데 이한걸의 소유라는 주장과 김응수의 소유라는 주장이 맞서고 있다.

이한걸의 세전 가보라는 주장은 진성 이씨의 선조 중에 여진 정벌에 공을 세운 분이 있어 세종대왕께서 상으로 하사한 것을 집안 대대로 전하여 오다가 이한걸에게 전해져 회양당에 소장하게 되었다는 것이다. 그러다가 이한걸의 아들 이용준이 성균관대학교의 전신인 경학원을 다니면서 강사였던 김태준에게 그 사실을 전하였고, 이를 김태준이 전형필에게 알려 전형필이 이를 구입했다는 것이다.

김응수 집안의 소장품이라는 주장은 광산 김씨의 긍구당에 보존되어

오던 것을 사위 이용준이 장인의 허락 없이 고의로 유출하여 간송 전형필에게 넘겼다는 것이다. 김응수는 이 사건이 집안일인데다가 이용준이 월북하여 문제 삼지 않으려 했다고 한다. 이러한 사실은 부산 동래여중 박영진 교사가 2005년에 『한글새소식』에 기고하면서 알려지게 되었고, 이어 박종덕 교수가 2006에 『한국어학』에서 집중적으로 제기하면서 조명받게 되었다. 이 주장의 근거는 크게 2가지인데, 첫째는 이용준이 장인에게 보낸 한문 편지와 정황 증거이다. 편지에는 사위 이용준이 긍구당 서가의 서책에 관심을 두고 서책을 유출하여 매도를 시도한 기록이 있는데, 박종덕 교수는 이 기록이 해례본과 관련이 있다고 보고 있다. 그러나 편지에서 해례본에 대한 구체적인 언급이 없어 확실한 물증이라 할 수 없다. 두 번째 근거는 긍구당가의 재산을 분배한 기록인 분재기의 수결과 해례본에 보이는 수결의 흔적이 일치한다는 것이다. 이 또한 현재 검증 중에 있다.

이 두 대표적인 근거는 해례본의 보존 상태에 관한 이야기와 맞물려 있다. 해례본은 책표지와 책 맨 앞 두 장이 낙장된 채로 발견되었다. 일반적으로 이한걸 소유설을 주장하는 쪽에서는 연산군 때 언문금압 사건이 일어나서 책 이름을 숨기기 위해 앞부분 몇 장을 찢고 나머지 장은 뒷면에 '십구사략언해'를 써 두어 수난을 피하려고 했다고 주장하고 있다. 연산군의 언문금압 사건이 『연산군일기』에 등장하는 것으로 보아서 상당히 설득력 있는 이야기지만, 해례본의 뒷면에 필사된 필사 연대가 18세기 전후로 밝혀져 시차적으로 맞지 않는다는 이야기가 있다. 김응수 소유설을 주장하는 쪽에서는 긍구당의 소장 모든 서적의 책 첫 장에 장서인이 찍혀 있기 때문에 이 장서인을 없애기 위해 첫 장을 뜯었다고 주장하고 있다.

이 또한 상당히 설득력이 있는 주장이어서 학계의 논란거리가 되고 있다.

이처럼 최초 소유자에 대해서는 이견이 있지만, 그것을 간송 전형필이 구입해 보존하게 된 과정에 대해서는 이견이 없다. 이한걸의 소유였든지 김응수의 소유였든지 이용준을 통해 김태준이 전형필에게 알려준 것은 사실로 받아들여지고 있다. 이후 현재까지 안동본『훈민정음』해례본은 간송미술관에 소장되어 있다.

간송 전형필은 누구인가

전형필은 교육가이자 문화재 수집가로 일제강점기에 곳곳에서 일본으로 팔려나가는 문화재들을 수집하여 보존하는 데 힘쓴 인물이다. 간송은 전형필의 호로서 그가 수집한 문화재들을 모아 간송미술관을 건립하였다. 그는 한남서림(翰南書林)을 지원하는 한편 보성고보를 인수하여 문화재 보존과 교육 사업에 힘썼고, 광복 이후에는 보성중학교 교장과 문화재 보존위원을 역임하였다. 그의 평전인『간송 전형필』에서는 그의 삶을 다음과 같이 기록하고 있다.

서울 종로 99칸 대가의 자손이었던 간송은 당대의 감식안이었던 위창 오세창을 만나면서 온 재산을 털어서라도 일제가 빼앗으려는 문화유산을 조선 땅에서 지켜내고자 결심하게 된다. 당시 위창이 물었다. "쉽지 않은 큰 결심을 했구먼. 그런데 서화 전적을 지키려는 이유가 무엇인가?" 간송은 대답했다. "서화 전적과 골동은 조선의 자존심이기 때문입니다." 평생에 모은 서화 전적 중 간송이 가장 귀하게 여긴 것은

'훈민정음'이었던 것으로 책은 전한다. 1943년 '훈민정음'이 발견됐다는 소식을 들은 간송은 당시 집 열 채 값에 해당하는 1만원을 지불하고 입수했다. '훈민정음'을 처음 대하고는 읽고 또 읽었다. 그리고는 새벽 동이 틀 무렵 오동나무 상자에 넣어 집에서 가장 깊숙한 곳에 갈무리 했다. 간송은 일제가 알면 문제가 될 것을 염려해 비밀리에 보관하다가 훈민정음을 1945년 광복 후에 공개했다. 한국전쟁 당시 피난을 갈 때도 품속에 품었고, 잘 때는 베개 속에 넣고 지켰다. 민족의 자존심을 지키려는 한 사나이의 몸부림은 그렇게 간절했던 것이다.

간송 전형필은 33세에 서울 성북구 성북동에 간송미술관을 세웠다. 간송미술관은 개인 미술관이지만 각종 유물들이 전시되어 있다. 『훈민정음』 해례본뿐만이 아니라 『동국정운』과 신윤복의 <미인도>, 김득신의 <파적도> 등 국보급만 해도 10여 점을 소장하고 있다. 해례본의 경우는 보존상의 문제로 일 년에 한 차례만 전시하고 있다.

상주본 훈민정음 해례본

안동본에 이어 2008년 7월 상주에서 또 하나의 해례본이 발견되었다. 처음 상주본이 발견되었을 때, 학계의 가장 큰 관심사는 앞의 두 장이 온전히 있는가 하는 점이었다. 본래 한적의 경우에는 첫 권의 첫 쪽에 그 책의 정확한 서명이 기재되어 있다. 그런데 안동본의 경우, 앞 두 장이 낙장되어 있어서 서명을 확인할 수가 없어 온전한 복원이 어려운 상태였다. 특히 이 문제를 두고 책의 본래 서명이 '훈민정음'이냐 '세종어제훈민정음'이냐 '어제훈민정음'이냐 하는 논의가 있었다. 그래서 상주본이 발견되었을 때, 학계의 가장 큰 관심사는 상주본의 보존 상태였다. 그러나 아쉽게도 상주본은 안동본보다 2장이 더 낙장되어 4장이 손실된 상태였다. 전통적으로 경상도 지방에서 발견되는 국보급 서적들의 보존 상태가 양호한 점을 비추어 볼 때, 이러한 낙장 현상은 흔한 일이라 볼 수 없다. 그러다 보니 앞서 이야기 했던 연산군의 언문금압 사건이 다시 주목 받게 되었다. 그러나 아직까지 낙장이 된 정확한 이유는 알 수 없으며, 이와 같은 여러 가지 의문들이 꼬리에 꼬리를 물고 이어지고 있다.

상주본의 발견 당시 분위기를 보여주는 다음과 같은 신문 기사가 있다.

> 국보 70호인 훈민정음(訓民正音) 해례본(解例本)과 동일한 판본이 경북 상주에서 발견됐다. 1일 상주시에 따르면 낙동면에 사는 배모(45) 씨가 한 달 전쯤 집을 수리하기 위해 짐을 정리하던 중 훈민정음 해례본을 발견했다. (… 중략 …) 상주시와 배 씨는 한국국학진흥원에 감정을 의뢰해 1940년 안동에서 발견돼 국보 70호로 지정된 훈민정음 해례본과 동일한 판본이란 평가를 받았다고 밝혔다. 경북대 문헌학과 남권희 교수는 "종이 질이나 인쇄상태, 형태적 측면에서 세종 당시 간행된 것으로 추정 된다"고 말했다. 이 책은 국보 70호로 지정된 훈민정음 해례본과 비슷한 시기에 발간된 동일판본으로 추정된다. 한국국학진흥원 임노직 연구원도 "인쇄상태 등으로 미뤄볼 때 현재 간송미술관에 보관된 국보와 같은 초간본으로 추정된다"고 견해를 밝혔다. 임 연구원은 "특히 해례본 중간중간에 소장했던 사람이 훈민정음에 대한 자신의 견해를 붓글씨로 쓴 것이 남아 있고, 음운학적으로 정통해야 알 수 있는 내용이 담겨 있어 주목할 만하다"면서 "그 분이 임진왜란 이전에만 사용했던 반치음이나 여린히읗을 사용한 것으로 미뤄 임진왜란 이전의

판본으로 추정할 수 있다"고 덧붙였다. 배 씨는 "고택을 수리하다 발견했다"고 밝혔을 뿐 자세한 내용에 대한 언급은 삼갔다. 상주시는 개인 소장품인 만큼 배 씨의 요청이 있으면 문화재 지정을 신청할 방침이다.

(연합뉴스 2008년 8월 1일)

여기서 초간본이란 여러 판본들 중, 최초로 간행한 것을 말한다. 즉 상주본은 안동본과 더불어 최초로 인쇄된 판본 가운데 하나인 셈이다. 상주본은 예의 부분 세 장과 정인지 서문 한 장이 떨어져 나간 것 외에는 보존 상태가 양호한 것으로 알려져 있으나, 발견 경위와 소장자를 둘러싼 법정 공방이 벌어지면서 훼손의 위기에 놓이기도 하였다.

신문기사에 등장하는 배모 씨는 자신의 집을 정리하다가 발견되었다고 주장하였지만, 고서적 판매업자인 조모 씨는 배모 씨가 다른 고서들 여러 권을 구입하면서 불법으로 그 책들 사이에 상주본을 끼워 가져갔다고 주장했다. 이 사건은 2011년에 조모 씨의 승소로 판결났으며, 사건의 전모는 다음의 신문 기사를 통해 알 수 있다.

2008년 경북 상주에서 발견된 것으로 공개된 국보급 문화재 '상주본 훈민정음(訓民正音) 해례본(解例本)'이 도난품이었던 것으로 밝혀졌다. 대법원 2부(주심 김지형)는 다른 고서를 구입하면서 훔쳐간 상주본 훈민정음 해례본을 돌려달라며 고서·골동품 판매업자인 조모(66)씨가 이 서적을 보관 중인 배모(48)씨를 상대로 낸 물품인도 청구소송에서 원고 승소로 판결한 원심을 확정했다고 8일 밝혔다.

재판부는 "사실관계를 종합해보면 배씨는 2008년 7월 조씨가 운영하는 '민속당'에서 고서적 2박스를 30만원에 구입하면서 이 사건 고서를 몰래 끼워 넣는 방법으로 훔친 사실을 인정할 수 있으므로 배씨는 조씨에게 고서를 인도할 의무가 있다"고 밝혔다. 배씨는 2008년 7월 31일 집을 수리하던 중 상주본 해례본을 발견했다고 공개했다. 그러나 조씨가 이 해례본은 원래 자기 소유로 배씨가 훔쳐간 것이라고 주장하는 고발장을 제출하면서 수사가 진행됐다. 원래 소유주 조씨는 이 해례본을 반환받는 즉시 국가에 기증하겠다는 입장인 것으로 알려졌다.

(조선일보 2011년 6월 9일)

법원의 결정에 따라 대구지법 상주지원은 상주본을 회수하려 하였으나, 배모 씨의 저항으로 회수에 실패하였다. 2012년에 법적 소유권자인 조모 씨는 지병으로 사망하였다. 2011년 민사재판에서 조씨가 원주인이고 배씨가 상주본을 훔쳐갔다고 확정된 이후, 구속기소된 배씨는 1심 형사재판에서 징역 10년을 선고받았다. 하지만, 검찰의 압수수색을 통해서도 상주본의 행방을 알 수 없게 되면서 배씨가 상주본을 낱장을 찢어 숨겨뒀거나 해외 밀반출된 게 아니냐는 추측이 난무했다. 다만 2심은 "증거가 부족하다"며 1심 판결을 뒤집고 배씨에 대해 무죄를 선고했다. 당시 재판부는 "숨겨놓고 있는 상주본을 하루라도 빨리 공개하는 것이 역사와 민족, 인류에 대한 피고인의 책무"라고 당부했다. 대법원 3부(주심 민일영 대법관)는 2014년 5월 29일, 훈민정음 상주본을 훔친 혐의로 기소된 배모 씨에 대한 상고심에서 무죄를 선고한 원심을 확정했다.

무죄판결을 받은 배 씨 역시 상주본을 내놓지 않고 있는 상태이다. 이런 가운데 경북 안동의 광흥사(廣興寺)에서도 상주본의 원 소유주가 자신이었음을 주장하고 있으나 이미 대법원 판결로 소유주가 결정되었고, 한쪽 당사자가 없는 상황이라 사실관계 규명은 어렵게 되었다. 다만 배씨가 재판 과정에서 국가 위탁을 이야기한 만큼 전문가들은 온전한 모습으로 상주본을 찾을 수 있기를 바라고 있다. 이러한 경위로 인해 학계에는 아직 상주본이 공개되지 않고 있다.

해례본과 한글 이야기

한글 창제의 목적

한글 창제의 목적은 새 글자에 대한 해설책인 해례본의 예의편 첫머리에서 다음과 같이 밝히고 있다.

> 國之語音 異乎中國 與文字不相流通 故愚民 有所欲言 而終不得伸其情者 多矣 予 爲此憫然 新制二十八字 欲使人人易習 便於日用耳
>
> [우리나라 말소리가 중국과 달라서 한자와는 서로 통하지 않으므로 일반 백성들이 말하고자 하는 바가 있어도 마침내 제 뜻을 펼 수 없는 사람이 많다. 그래서 내가 이를 딱하게 여겨 새로 스물여덟 글자를 만들었으니 이는 사람들로 하여금 쉽게 익혀 나날이 쓰기에 편하게 하고자 할 따름이니라]

세종대왕은 우리나라의 말이 중국과 달라서 백성들이 말하고 싶은 것이 있어도 한자로 잘 표현하지 못하기 때문에 이를 불쌍히 여겨 사람들이 쉽게 배워서 일상생활을 하는 데 편안케 하기 위하여 훈민정음 28자를

▲ 세종대왕 어진

새로 만들었다고 하였다.

이와 같은 기록은 『세종실록』에서도 확인된다. 우리는 서문을 통해 세종대왕의 자주정신과 애민정신 및 실용정신을 확인할 수 있다. 이러한 세종의 정신세계가 새로운 문자 창제의 원동력이 되었음을 짐작할 수 있다. 한글 창제의 배경에 대해서는 정인지 서문에서도 확인되는데, 정인지 서문에 따르면 당시에 이두라는 문자 체계가 있어서 한자의 음과 훈을 빌려 우리식으로 바꾸어 적을 수 있었지만 그 방식이 매우 불편하여 새로운 문자를 만들었다고 전하고 있다.

이와 같은 서문의 내용에 대해 국어학자들 간에는 다양한 의견들이 존재한다. 남풍현 교수는 정인지의 후서를 근거로 훈민정음 창제의 목적이 이두로 대표되는 차자 표기 수단을 대체하고자 하는 데 있다고 주장하였고, 강길운 교수는 훈민정음 창제의 목적이 한자음에 있었다고 보고 '국지어음(國之語音)'을 우리나라 말이 아니라 우리나라 한자음이라는 논의를 펼쳤다. 반대로 이기문 교수는 한자음 주음을 위해서 훈민정음이 창제되었다는 견해를 부정적으로 보았으며 훈민정음이 나랏말의 필요성에 대한 세종 자신의 절실한 자각에서 비롯되었다고 보았다. 김완진 교수의 경우에는 훈민정음 창제의 목적이 한자와 훈민정음의 조화로운 병용을 의도한 것이었다고 주장하기도 하였다. 한편, 강신항 교수는 '성인지도(聖人

之道)'를 밝혀 이상 정치를 구현해야 한다는 유교적 인식이 직접적 동기이며, 표기 수단이 없는 점, 국가의 체면 문제, 한자음, 외국어음을 표기하는 문제는 수단과 결과이지 목적은 아니라고 보았다.

국어학자들은 대체로 한글 창제 동기를 국어학적 측면에서 바라보는 것이 지배적이다. 이상혁 교수는 이와 같이 한글 창제의 목적을 단순히 해례본 자체만으로 보고 판단한 것은 시대적 흐름을 소홀히 한 것이라고 보고, 언어 외적 동기를 아우르는 통합적 · 복합적 시각이 필요하다고 주장하였다. 그 결과 고유어 표기, 한자음 표기, 번역어, 그리고 구결이나 이두를 대체하는 문자체계로서 만들어진 언어 내적 동기와 백성을 교화하고자 하는 훈민 정책의 일환으로서의 언어 외적 동기가 복합적으로 형성되면서 한글이 창제되었다고 파악하였다.

역사학계에서도 훈민정음 창제 동기와 목적을 다룬 다양한 논의들이 나타났다. 이는 국어학적 관점이 아닌 역사적 배경을 동시에 설명해야 한다는 시각에서 한글의 창제 목적을 『훈민정음』 해례본에서 찾지 않고, 정치 · 사회적 구조와 결부시켜서 살펴보는 방식이었다. 강만길 교수는 이전까지 문자가 없이도 백성들을 다스리는 것에 불편함을 느끼지 못했는데 왜 하필 15세기에 훈민정음이 창제 되었는가 하는 문제에 의문을 던지고 백성들의 자의식 향상이라는 측면에 초점을 맞추기도 하였다. 이는 지배계층은 지배 목적의 통치 이데올로기를 보급할 필요가 있었으며 백성들은 의사소통을 위한 수단이 필요했다는 것이다.

한편 김슬옹 교수는 『세종실록』의 내용을 근거로 당시 나라의 기틀이 잡히지 않아 민심이 흉흉하고 불미스런 일이 많이 일어나자 이를 바로잡기 위해 한글을 창제했다고 주장하였다. '삼강오륜'과 같은 교화 문서를 보급하기 위해서, 그리고 새로운 나라가 건국되었으니 고려시대와 다른 법령 보급을 위해서, 그리고 하층민들과의 소통 문제로 인해서, 원나라에서 만든 『농상집요』에 나타난 농사 지식을 보급하기 위해서 등의 정치사회적 동기와 이두 사용의 불편함 같은 언어 문화적 동기가 복합적으로 작용하였다고 주장하였다. 이에 덧붙여 『용비어천가』와 같이 왕조의 정당성을 홍보하고자 하는 사회적 측면과 당시 중국 문화를 적극적으로 받아들이다 보니 생긴 한자음의 혼란으로 표준 발음의 필요성과 한자음을 정리하기 위한 언어 문화적 측면이 부차적인 동기가 되어 훈민정음이 창제되었다고 보았다. 상식적으로 알려진 일반적인 목적 이외에도 이처럼 많은 주장들이 존재하고 있다.

해례본의 내용과 구성

해례본은 1443년 '훈민정음'이 창제된 후에 창제 목적과 문자의 음가와 제자 원리와 기본 글자를 조합하는 방법에 대해 설명하기 위해 편찬된 책이다. 이 책은 크게 예의편과 해례편으로 구분할 수 있다.

예의는 다시 그 내용에 따라 초성자의 자형과 음가, 중성자의 자형과 음가, 종성자 규정, 글자의 운용법 규정으로 나누어진다. 초성자의 자형과 음가를 예시할 때 '아(牙), 설(舌), 순(脣), 치(齒), 후(喉), 반설(半舌), 반치(半齒)'라는 오음류(혹은 칠음류) 순으로 기록하였다. 여기서 아음은 어금닛소리이고 설음은 혓소리, 순음은 입술소리, 치음은 잇소리, 후음은 목구멍소리로 조음의 위치를 말한다. 이러한 오음은 오행, 사계절, 방위, 오음의 관계가 자연스럽게 이어진다고 설명하고 있다. 반설은 반혓소리 즉 혓소리에 가까운 소리로 초성에서 'ㄹ'이 여기에 해당한다. 반치는 반잇소리로 'ㅿ'이 여기에 해당한다.

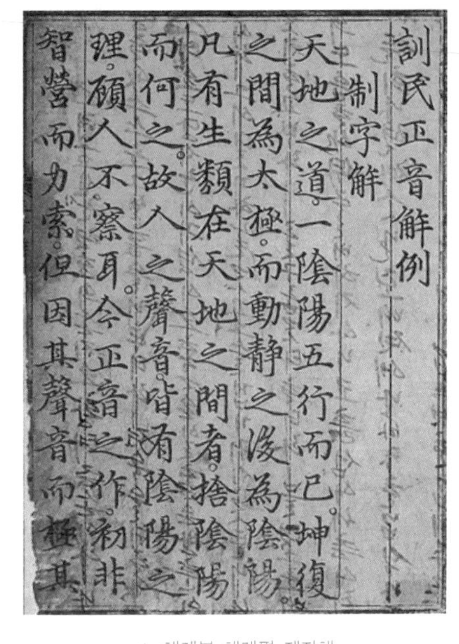
訓民正音解例
制字解
天地之道。一陰陽五行而已。坤復之間為太極。而動靜之後為陰陽。凡有生類在天地之間者。捨陰陽而何之。故人之聲音。皆有陰陽之理。顧人不察耳。今正音之作。初非智營而力索。但因其聲音而極其

▲ 해례본 해례편 제자해

그 각각은 원칙적으로 전청, 차청, 불청불탁자의 순서로 배열하였다. 전청은 성대의 진동이 울리지 않고 나는 무성음을 말하며, 차청은 'ㅋ, ㅌ, ㅍ' 등과 같은 거센소리이다. 불청불탁은 성대의 진동이 있는 울림소리, 현대국어의 'ㄴ, ㄹ, ㅁ, ㆁ'과 훈민정음에 나타나는 반치음 'ㅿ'이 여기에 속한다. 이 순서에 입각하여 아음의 경우 'ㄱ, ㅋ, ㆁ'의 순서로 되어 있고, 설음의 경우 'ㄷ, ㅌ, ㄴ'의 순서로 되어 있다.

중성자의 자형과 음가의 예시에서는 그 배열순서가 제자순서로 되어 있다. 기본자인 ㆍ, ㅡ, ㅣ에서 초출자, 재출자를 두었는데, 초출자란 기본자를 결합한 글자로 'ㅗ, ㅏ, ㅜ, ㅓ'가 여기에 해당한다. 재출자는 초출자에 'ㆍ'가 결합된 것으로 'ㅛ, ㅑ, ㅠ, ㅕ'가 여기에 해당한다고 쓰여 있다.

종성자의 규정에는 '종성부용초성'이라는 말이 있다. 이 말은 종성에 해당하는 글자를 따로 만들지 않고 초성의 글자를 그대로 종성에 쓴다고 규정한 것이다. 이것은 세종대왕께서 한글을 만들면서 백성들이 쉽게 문자를 쓰게 하기 위해 얼마나 노력했는가를 잘 보여준다. 예를 들어 '각'이라는 소리에서 앞의 'ㄱ'과 뒤의 'ㄱ'은 물리적으로 다른 소리이다. 그러나 언어에 따라서 같은 소리로 들리기도 한다. 하지만 같은 소리라 할지

라도 문자로 나타낼 때는 다르게 표현될 수도 있다. 몽골문자나 만주문자가 그런 예에 해당한다. 그런데 세종대왕은 되도록 외워야 할 글자의 수를 줄임으로써 백성들이 글자를 익혀 쓰는데 불편함이 없도록 배려하고 있다.

글자의 운용법에 대해서는 다섯 가지 서법이 등장한다. 그 순서는 연서법, 합용법, 부서법, 성음법, 방점법 순이다. 연서법은 'ㅸ, ㆄ'와 같은 글자인데, 이는 순경음의 제자법을 규정한 것이다. 합용법은 'ㅺ, ㅄ, ㄺ' 등 초성과 종성에 쓰이는 병서 제자법을 규정한 것이다. 즉 연서법과 합용법은 제자 대상에 들어가지 않은 병서자를 규정한 것이다. 이 또한 세종대왕이 문자를 만들면서 백성들을 상당히 고려했음을 보여주는 것이다. 소리는 매우 다양하다. 그러나 그 소리마다 문자를 하나씩 만들면 너무 많은 문자를 외워야 한다. 그런데 어떤 소리가 서로 연관성이 있을 때 그것을 이미 만들어 놓은 문자를 가지고 표현한다면 외워야 할 것이 훨씬 줄어들게 된다. 연서법과 합용법 또한 글자를 줄이기 위해 필요한 하나의 장치라고 할 수 있다. 물론 현대국어에서는 사라진 소리들이 많아 사용할 필요가 없겠지만, 인도네시아의 찌아찌아어와 같은 언어를 표기할 때, 이와 같은 방식을 살려 쓸 수 있다.

부서법은 초성과 중성을 합하여 쓸 때 중성을 놓는 위치를 정하는 것이다. 성음법은 초성과 중성과 종성을 합쳐서 음절을 구성하는 법을 규정한 것이다. 즉 부서법과 성음법은 초성과 중성 그리고 종성을 합쳐 음절을 이룬다는 규정이다. 방점법은 음절 위에 얹히는 성조의 표기법을 규정한 것이다.

해례편은 크게 '해례'와 '정인지 서문'으로 나누어진다. 해례는 5해1례로 구성되어 있다. 각 '해'의 말미에는 그 내용을 '시' 형식으로 압축 표현한 '결시'를 붙였다. 이 결시는 훈민정음을 통해 신문자를 배우는 사람들이 그 내용과 원리를 외워 낭송하기 쉽도록 운문으로 요약한 것이다. 구성 내용 중, 제자해의 분량은 2,320자로 가장 많고 초성해가 169자로 가장 적다.

제자해는 우선 훈민정음의 문자 체계와 성음이 천지만물에 작용하는 음양, 오행, 삼재의 원리를 벗어날 수 없음을 천명하고 성음의 이치를 문자꼴에 구현했음을 강조하였다. 당시의 성리학적 사상에 입각한 세계관을 성음과 문자에 적용하여 훈민정음이 갖춘 철학적 원리를 표명하였다. 이어서 초성 17자의 제자원리와 음양오행의 이치에 대한 설명을 하고 초성 제자의 근본 원리가 발음기관의 상형 및 가획임을 밝히고 초성자에 내재된 음양오행의 원리를 설명하였다. 그리고 청탁을 기준으로 초성을 분류하고 이어서 불청불탁자 'ㄴ, ㅁ, ㆁ'가 가장 소리가 세지 않기 때문에 기본자로 삼는다고 밝혔다. 아음의 경우 ㆁ을 기본자로 삼지 않고 'ㄱ'으로 한 이유를 중국의 운서음과 관련지어 설명하였다. 다음으로 전청자의 음가가 'ㄲ, ㄸ, ㅃ, ㅉ, ㅆ'인 전탁자가 되는 방법에 대해 설명하고 초성자 중에서 가장 특이한 ㅸ에 대해 설명하였다.

초성자에 대한 설명 다음에는 중성 11자의 음성학적 제자원리와 음양론, 삼재론, 주역의 역수론 등 동양철학적 이치를 문자 체계와 결합하여 설명하였다. 음양론은 우주나 인간 사회의 모든 현상과 생성 소멸을 음양의 성장과 쇠약과 변화로 설명하려는 이론이다. 봄과 여름이 양이면 가을과 겨울은 음으로 음양의 조화가 이루어져야 세상의 이치를 알 수 있다는 이론이다. 음양론은 만물의 근본이 될 뿐만 아니라 송대의 유학에서 천도와 도덕성의 의미까지 부여되어 발전하였으며, 조선의 성리학에도 큰 영향을 미친 이론이다. 훈민정음의 제자 원리와 합용 방법은 이러한 음양에 기초한 것으로 해석이 가능하다. 중성은 '천(天)·지(地)·인(人)' 삼재론에 기반하여 제자되었음을 이 해례본을 통해 밝히고 있다.

중성에 대한 설명은 기본자, 초출자, 재출자의 순서로 전개되며 언어학적 내용보다 역학적 내용이 훨씬 많은 것이 특징이다. 이어서 초성에 대해서 중성이 가지는 위상을 삼재의 상관성과 음양론의 관점에서 설명하고 덧붙여 종성에 대한 것도 포함해 설명하고 있다.

초성해는 초성해의 정의와 쓰이는 위치를 예를 들어 설명한다. 아음자 'ㄱ, ㅋ, ㄲ, ㆁ'가 쓰이는 위치와 해당 한자음을 예시하고 난 뒤 설음, 순음, 치음, 후음 글자도 아음의 방식으로 설명하고 있다. 중성해는 중성자의 정의와 기본자의 쓰임에 대해 설명하고 두 글자 합용자를 만드는 원리와 'ㅣ상합자(相合字)'를 만드는 원리와 'ㅣ'의 의미에 대해 설명하였다. 두 글자 합용자는 'ㅘ, ㅝ, ㆇ, ㆊ' 등과 같이 초출자와 재출자를 합용한 것을 말하며, 'ㅣ상합자'는 'ㆎ, ㅢ, ㅚ, ㅐ, ㅟ, ㅔ, ㆉ, ㅒ, ㆌ, ㅖ, ㅙ, ㅞ, ㆈ' 등 초출자, 재출자, 두 글자 합용자에 'ㅣ'가 결합된 것으로 'ㅣ'가 가진 음성적 특성이 삼재의 '人[ㅣ]'에 대응시켜 그 속에 내포된 철학적 의미를 밝혀 놓았다. 두 글자 합용자와 'ㅣ상합자'가 중성으로 사용될 수 있다는 것을 의미한다.

종성해는 종성자의 정의와 아음자 'ㄱ, ㆁ'이 종성에 쓰인 예시에 대해 설명하고 소리의 완급이 있음을 밝히고 종성자에 쓰이는 사성을 설명하였다. 그리고 종성에 올 수 있는 글자로 8종성 규정과 그 예시를 보이고 후음 'ㅇ'자를 종성에 쓰지 않는다고 하였다. 8종성 규정은 초성에 쓰는 글자는 종성에 모두 쓸 수 있지만 그것을 'ㄱ, ㆁ, ㄷ, ㄴ, ㅂ, ㅁ, ㅅ, ㄹ'로만 쓸 수 있다고 정해둔 규정이다. 이는 8종성만으로도 종성의 소리를 다 기록할 수 있기 때문이다.

합자해는 초·중·종성을 합쳐 글자를 만드는 가장 기본적인 설명을 하고 예시를 들었다. 이어 초·중·종성의 각각 2자 및 3자씩 합용하는 방법을 설명하고 예시를 들었으며 한자와 언문을 섞어 쓰는 방법 역시 설명하고 예시를 들었다. 국어의 사성과 방점법 및 국어 입성의 특징과 사성의 성질에 대해 설명을 하고 초성으로서의 'ㆆ'과 'ㅇ'은 국어 표기에 통용됨을 설명하였다. 훈민정음 창제 당시에는 국어에 성조를 표기하였는데, 이 소리의 높낮이는 중국말의 성조를 표현하는 사성을 그대로 따서 사용하였다. 훈민정음 본문이나 해례에서 평성·상성·거성·입성이라 하며 그 표기 방법은 글자의 왼쪽에 둥근 점으로 하였는데 이것을 방점이라고 한다. 국어의 방점법은 왼쪽에 한 점을 찍으면 거성, 두 점을 찍으면 상성, 점이 없으면 평성이다. 평성은 가장 낮은 소리, 상성은 처음이 낮고 나중이 높은 소리, 거성은 가장 높은 소리, 입성은 빨리 끊는 소리에 해당한다.

그리고 국어의 반설경음을 쓰는 방법과 그 음가에 대해 설명하였다. 반설경음이란 '반혀 가벼운 소리'라는 뜻으로 'ㄹ' 아래 'ㅇ'을 이은 글자인 'ㅭ' 글자를 말한다. 발음은 'ㄹ'보다 가볍게 발음하면 된다고 하였다. 그러나 반설경음이 쓰인 기록은 합자해를 제외하고는 발견되지 않고 있다.

용자례는 초성 용례를 아·설·순·치·후음, 반설음, 반치음의 순서로, 중성 용례를 기본자, 초출자, 재출자의 순서로, 종성 용례를 아·설·순·치·후음, 반설음의 순서로 각각 두 개의 낱말씩 예를 제시하였다.

용자례에는 제자의 원리나 방법 등 이론에 대해 해설하는 것이 아니라 단순히 예시를 제시하는 것이기 때문에 결시를 따로 짓지 않았다.

정인지 서문은 해례본 전반을 설명한, 일반적인 서문이다. 정인지의 해례 서문은 풍토에 따라 바람소리가 다르고 말이 달라져 다른 언어가 생긴다는 풍토설(風土說)에 입각하여 풍토에 따라 말과 소리가 다름을 지적하고, 우리나라에서 한자를 빌려 썼으나 우리 문자가 아니므로 우리말에 맞지 않으며 신라 설총이 만들었다는 이두도 한자를 빌려 쓴 것이어서 한자 못지않게 불편하여 훈민정음을 새로 만들게 되었다는 경위를 설명하고 있다.

또한 훈민정음 28자가 아주 교묘하여 어리석은 사람도 열흘 안에는 깨칠 수 있는 문자라고 하면서, 이 새로운 문자를 가지고 첫째, 한문을 풀이하여 뜻을 쉽게 알 수 있고, 둘째, 현재의 재판에 해당하는 송사(訟事)를 들어 그 사정을 알 수 있으며, 셋째, 한자음 혹은 글자의 운을 뜻하는 자운(字韻)의 경우, 청탁을 잘 구분할 수 있고, 넷째, 악곡을 따라 부르는 노래인 악가(樂歌)의 경우, 음악이나 음성의 가락인 율려(律呂)를 극히 조화롭게 할 수 있는 등의 우수성이 있을 뿐만 아니라 모든 소리를 다 적을 수 있다고 하였다. 여기에는 세종이 만든 신문자의 정묘한 이치와 그 우수성에 대해 언급하고 이어서 세종의 위대함과 큰 지혜를 찬탄하며 글을 마치고 있다.

참고문헌

강신항, 『수정증보 훈민정음 연구』, 성균관대학교 출판부, 2003.

______, 『훈민정음 창제와 연구사』, 경진, 2010.

김슬옹, 『세종대왕과 훈민정음학』, (주)지식산업사, 2010.

박종덕, 「『훈민정음 해례본』의 유출 과정 연구」, 『한국어학』31, 한국어학회, 2005.

백두현, 「『훈민정음』해례본의 텍스트 구조 연구」, 『국어학』54, 국어학회, 2008.

이상혁, 『훈민정음과 국어연구』, 역락, 2004.

문화재청 홈페이지(www.cha.go.kr)

유네스코와 유산 홈페이지(www.unesco.or.kr)

제 2 장

조선왕조실록

조선왕조실록(朝鮮王朝實錄)

The Annals of the Choson Dynasty
(1997년 등재)

『조선왕조실록』의 가치

조선시대 왕들의 행적을 기록한 『조선왕조실록』은 태조로부터 25대 철종까지, 25대 472년(1392-1863)간에 재위한 역대 임금들의 실록 28종을 일컫는다. 실록은 왕이 교체될 때마다 따로 편찬되기 때문에 각 왕별로 실록이 존재하는데, 선조 · 현종 · 경종의 경우에는 수정 실록이 존재하기 때문에 모두 28종이 전한다. 따라서 각 임금별로 엮어진 실록의 공식 명칭도 모두 독립적으로 존재한다. 예를 들면 『태조실록』의 정식 명칭은

▲ 조선왕조실록 표지

『태조강헌대왕실록(太祖康獻大王實錄)』이며, 『세종실록』은 『세종장헌대왕실록(世宗莊憲大王實錄)』이다. 그런데 폐위된 임금의 경우에는 실록이라 하지 않고 『연산군일기(燕山君日記)』와 『광해군일기(光海君日記)』처럼 '일기'라고 낮추어 부르기도 한다. 일제침략기에 임금이었던 고종과 순종의 경우에는 『조선왕조실록』에 포함시키지 않는다. 『고종태황제실록』과 『순종황제실록』의 경우에는 일본인에 의해 만들어져서 역대 실록의 편찬 방식과 일치하지 않으며, 실록으로서의 가치가 떨어지기 때문이다.

서울대학교 규장각에 소장된 정족산본 실록 완질의 분량은 1,707권 1,187책, 약 6,400만자에 이르며, 국가기록원 역사기록관(부산지부)에 소장된 태백산본 실록은 848책으로 구성되어 있다. 『조선왕조실록』은 조선시대의 정치·외교·경제·군사·법률·사상·생활 등 각 방면의 역사적 사실을 망라하고 있으며, 조선시대 기록문화의 진수를 가장 잘 보여주는 자료라고 할 수 있다. 실록은 1997년 10월 1일에 세계기록유산으로 지정되어 세계적으로도 그 가치를 인정받고 있다.

유네스코 한국위원회는 『조선왕조실록』이 지니는 세계적 기록유산으로서의 의미를 다음과 같이 설명하고 있다.

첫째, 조선왕조실록은 25대 군주의 실록이며, 472년간의 역사를 수록한 것이기에 한 왕조의 역사적 기록으로 세계에서 가장 장구한 세월에 걸친 실록이다. 세계적으로 알려진 중국의 대청역조실록(大淸歷朝實錄)도 296년간에 걸친 실록에 불과하다.

둘째, 조선왕조실록은 가장 풍부한 내용을 담은 세계적인 역사서이다. 일본의 삼대실록(三代實錄)은 빈약한 것이고, 남완조(南阮朝)의 대남실록

(大南實錄)은 548권으로 편성되었다. 중국의 황명실록(皇明實錄)은 2,964권으로 된 대질이나 권수만 많을 뿐이지 기록내용은 소략하다. 조선왕조실록이 총 6,400만 자인데 대해 황명실록은 총 1,600만자에 불과하다.

셋째, 조선왕조실록은 내용이 다양하여 가히 백과전서적 실록이라고 이해되고 있다. 조선왕조실록은 조선시대의 정치, 외교, 사회, 경제, 학예, 종교 생활로부터 천문, 지리, 음악, 과학적 사실이나 자연재해나 천문 현상과 동북아시아의 외교적 관계가 수록되어 있는 종합사서요, 국왕에서 서민에 이르기까지의 생활기록이 담겨져 있는 민족문화서인 것이다.

넷째, 조선왕조실록은 그 역사기술에 있어 매우 진실성과 신빙성이 높은 역사 기록물이다. 조선왕조실록의 기초자료 작성에서 편술까지 담당했던 사관은 관직으로서의 독립성과 기술(記述)에 대한 비밀성을 보장받던 전문 관료였다. 사관의 기록은 군주라 해도 함부로 열람할 수 없었다. 이렇듯 비밀이 보장되는 제도가 실록의 진실성과 신빙성을 보장하였다.

다섯째, 활자로 인쇄 간행된 조선왕조실록은 한국 인쇄문화의 전통과 높은 문화 수준을 보여주는 역사서이다. 조선은 세계적으로 금속활자를 가장 앞서 실용한 고려의 빼어난 인쇄문화를 이어받아 활자 개량에 힘쓰고, 각종 도서를 간행해 온 전통이 있었다.

여섯째, 조선 말기까지 이들 실록이 완전하게 보존되어온 것도 세계적으로 유례를 보기 힘든 일이다. 선왕의 실록편찬 사업이 끝나면 최종원고 4부를 인쇄하여 불의의 사고에 대비하기 위해 서울의 춘추관과 각지의 깊은 산중에 소재하던 사고(史庫)에 보관하여 왔다.

끝으로, 조선왕조실록은 일본, 중국, 몽고 등 동아시아 제국의 역사연구, 관계사 연구에도 귀중한 기본 자료이기도 하다.

사관들이 공동 작업으로 만드는 역사서는 크게 두 종류가 있는데 하나는 정사(正史)이고 다른 하나는 실록(實錄)이다. 정사는 사마천의 「사기(史記)」 이래 기전체(紀傳體)로 쓰였다. 기전체란 역사를 연대기인 본기(本紀), 분류사인 지(志), 인물편인 열전(列傳)으로 나누어 기록하는 편찬 체제이다.

실록은 왕이 죽은 이후에 후계 왕에 의해 전왕의 사적을 연·월·일 순서로 기록하는 역사서이다. 이를 편년체(編年體)라고 한다. 따라서 실록을 편찬하기 위해서는 왕이 재위한 동안의 일들을 매일 기록해 두는 준비 작업이 필요하다. 사관이 평소에 왕의 언행과 국정을 기록하였고, 왕이 죽은 후에는 그 기록을 토대로 실록을 편찬하였다.

실록은 매우 독특한 역사서이다. 보통 역사서는 편찬 후에 널리 보급되어 읽히지만, 실록은 비밀리에 보관되었다. 실록은 일반인이 마음대로 열람할 수 있는 역사서가 아니었다.

조선은 중앙집권적 문치주의 국가였다. 유교적 문치주의 국가에서는 유교 경전과 역사를 중시하였다. 이 경전과 역사를 바탕으로 사회를 다스려 나아갔다. 또한 문치주의 국가에서는 정통(正統)을 중시하였다. 왕위 계승에 있어서 왕통, 사제 관계에서 학통, 가족 관계에서 가통 등이 바로 그것이다. 이러한 정통을 중요시하는 관념을 뒷받침해 주는 것이 바로 유교 경전과 역사이다.

조선은 역대 어느 왕조보다 실록 편찬에 심혈을 기울였다. 그리하여 『조선왕조실록』이라는 가장 자세하고도 거대한 양의 편년체 역사서를 우리에게 유산으로 남겨주었다. 중국에서도 오래 전부터 실록이 편찬되었으나 지금 남아 있는 것은 『명실록』과 『청실록』 뿐이다. 그러나 이것들조차도 국가 정책에 관한 내용만을 수록하고 있을 뿐 조선왕조실록처럼 사회·문화·경제·군사·외교·풍속 등에 관한 세세한 내용을 기록하고 있지 않다. 이러한 이유로 조선왕조실록이 세계기록유산으로 지정된 것이다.

『조선왕조실록』이 단지 조선의 혈통을 잇는 대한민국에서만 의미가 있는 것이 아니라 전 지구적인 범위에서 의미 있는 자료이며, 인류가 보전해야만 하는 귀중한 자료로 인정받은 것이다. 역사에 기록된 것은 과거이지만 그 과거는 현재에 살아 숨 쉴 때에만 유의미하다. 조선에서 실록이 왕권을 견제하는 기능을 담당할 수 있었던 것은 지금 당장의 언행이 후대인에 의해서 평가된다는 미래지향적 의식 때문이었다. 현재를 살아가지만 늘 미래에 어떤 식으로 평가가 될 것인지를 끊임없이 생각하지 않을 수 없었던 것이다. 오늘날 우리가 후대에 남겨야 할 유산으로 지정하고 보존하려는 노력 또한 마찬가지이다. 문화유산으로 지정하고 이것을 온전히 보전하려는 노력은 당대를 위한 것이 아니라 미래를 위한 것으로서 『조선왕조실록』을 남겼던 선조들의 역사의식과 일맥상통하는 것이라 할 수 있다.

『조선왕조실록』은 어떻게 만들어졌는가

실록은 역대 국왕이 죽은 후에 만들어졌다. 국왕이 사망하면 임시로 실록청을 설치하여, 사관들이 전 왕대에 작성한 사초(史草)와 시정기(時政記) 등을 수집하여 실록의 편찬에 착수하게 된다. 시정기는 서울과 지방의 각

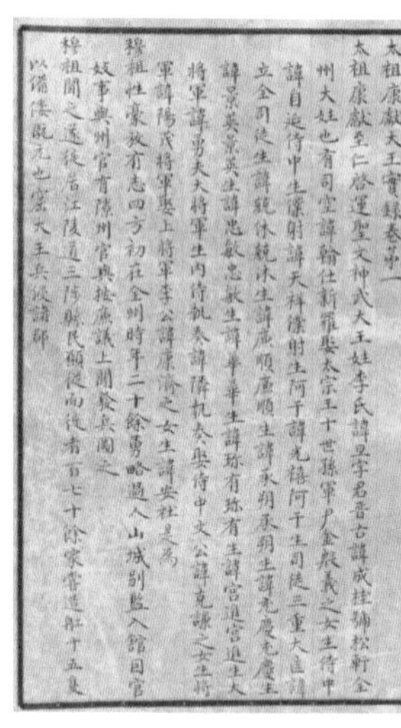

▲ 조선왕조실록 태조실록 제1권

관청에서 작성한 업무들을 보고한 것으로 춘추관에서 그 중요사항을 기록으로 남겨 둔 것이며, 사초는 사관이 작성한 국정에 관한 모든 일을 기록한 자료를 말한다. 『춘추관일기』, 『의정부등록』, 『내의원일기』, 『승정원일기』 등이 시정기에 해당하며 이는 매년 책으로 편집, 보관되었다. 이러한 자료들이 실록을 편찬하는 기본 사료로서 활용된 것이다.

사초를 작성하는 것은 사관(史官)의 임무로서, 업무의 성격상 전임사관과 겸임사관으로 구분된다. 전임사관은 항상 왕의 옆을 지키고 앉아서 국정에 관한 모든 일을 기록하였다. 전임사관은 예문관의 관원 가운데 봉교(奉教, 정7품) 2명, 대교(待教, 정8품) 2명, 검열(檢閱, 정9품) 4명 등 8명을 뽑아서 직책을 맡겼다. 이 전임사관이 작성한 사초는 다시 '입시(入侍)사초'와 '가장(家藏)사초'로 구분할 수 있는데, 입시사초는 당직 사관이 국왕의 옆에서 기록한 것을 춘추관에 보낸 것을 말하고, 가장사초는 사관이 집으로 귀가한 후에 자신의 기억을 더듬어 기록하여 집에 보관한 것을 말한다. 전임사관이 모든 행정 업무의 기록을 담당할 수 없기에 역사기록을 담당하는 춘추관에 수많은 겸임사관을 마련해 두었다. 따라서 정부 주요 관서의 관원들이 춘추관 관원을 겸임하였는데 이들은 평소에 각자의 부서에서 처리한 업무를 기록해서 춘추관으로 보내는 역할을 담당하였다.

이렇게 전임사관과 겸임사관이 기록하여 보관하던 사초는 각종 공문서와 함께 매년 정리해서 해당 관청과 의정부, 사고(史庫)에 보관했으니 이는 전임·겸임 사관이 작성한 일차적 사료를 정리한 자료라고 할 수 있다.

이와는 다르게 가장사초는 사관이 집에다 보관한 사초로서, 실록이 편찬되기 전까지 사관의 집에서 보관하는 자료이다. 만약 사관이 죽으면 그 가족이 보관했다가 실록 편찬 작업이 시작되면 반드시 실록청에 제출해야만 했다. 이를 어기거나 사초를 소실 또는 유실한 경우에는 벌금을 내고 그 자손의 경우 관직에 나가지 못하게 할 정도로 매우 엄격하게 관리하였다.

기본적으로 가장사초는 비밀 보장이 원칙이기는 하지만 사초 작성자의 실명을 기록하기 때문에 이것이 누설되거나 공개될 경우에는 커다란 파장을 불러일으킬 수 있었다. 비록 7품 이하의 말단 관리가 작성한 기록이지만 국왕과 대신들이 나누었던 이야기가 가감 없이 모두 기록되기 때문에 매사 언행에 조심하지 않을 수가 없었다. 사초는 사관 이외에는 국왕조차도 마음대로 볼 수 없었기 때문에 사관의 신분을 보장하였고 이를 통해 자료의 공정성과 객관성을 높이려고 하였다. 따라서 사관의 존재는 국왕과 대신들 간에 서로 견제하는 역할을 담당하기도 하였다.

사관들은 있는 그대로의 사실을 기록하려는 춘추필법의 역사의식을 기본으로 삼았기 때문에 자신이 작성한 사초로 인하여 늘 위험에 노출되어 있었다. 가장사초를 실록청에 제출하게 되면 실록청의 최고 담당자가 수합된 가장사초를 모두 점검하였다. 이때 자신에게 불리한 기록이 있을 경우, 삭제하도록 요구하거나 불공정하게 기록했다며 사관을 처벌하려고도 하였다.

실제로 사초로 인해 많은 사람들이 목숨을 잃기도 하였다. 1469년 예종 원년에 『세조실록』을 편찬할 때의 일이다. 사관이었던 민수(閔粹)라는 인물도 자신이 보관하던 사초를 제출했는데, 자신이 작성한 사초에서 비판했던 양성지(梁誠之)가 실록청의 책임자가 된 것을 알고 매우 난감해하였다. 그래서 민수는 실록청의 기사관 강치성(康致誠)에게 부탁하여 자신의 사초를 남몰래 빼돌려서 고친 후에 돌려보내었다. 이 일로 강치성은 사형에 처해졌고, 민수는 예종이 세자일 때 그 스승이었기 때문에 감형을 받아 곤장 1백대를 맞고 제주도의 관노로 보내졌다.

이와 같이 사초나 시정기가 공개되거나 누출될 경우에는 여러 사람의 목숨을 위협하기도 하였기 때문에 실록 편찬이 완료가 되면 사초와 시정기는 세초(洗草)를 하도록 하였다. 세초는 사실을 기록한 종이를 흐르는 물에 빠는 것을 말하는데 세초한 종이는 다시 사용하기도 하였다. 이렇게 사초는 실록 편찬의 가장 기초적인 자료로서 이용되었지만, 가장 직접적이고 사실적인 내용을 기록한다는 성격 때문에 이 내용들이 유출될 경우에는 커다란 화를 일으킬 수 있는, 실로 막강한 영향력을 지닌 자료라고 하겠다. 따라서 사초가 현재까지 남아 있는 경우는 매우 드물다.

실록 편찬의 업무를 담당하는 실록청은 총재관(總裁官)-도청(都廳)-방(房)의 3단계로 구성되는데 총재관은 실록 편찬의 총책임자이고 도청과 방은 실록 편찬의 실무를 담당하는 곳이었다. 도청과 방에는 관리자에 해당하는 당상관과 실무자에 해당하는 낭청이 있었다. 총재관은 의정부의 영의정, 좌의정, 우의정 3대신 가운데 한 사람이 임명되었다. 총재관은 2차 원고인 중초(中草)의 검토와 최종 문장, 체제의 통일을 담당하는데 도청의 당상관은 부제학, 대사성 등 글을 잘하는 사람이 임명되어 도청의 낭청을 감독하고 총재관과 함께 중초를 검토하는 일을 맡았다. 도청의 낭청은 하위급 관리로서 편찬의 실무를 담당하는데 1차 원고인 초초(初草)

를 검토하여 중초를 작성하였다. 도청 아래의 방에서는 실무진인 당상이 방의 낭청을 감독하고 초초를 검토하였고, 방의 낭청은 초초를 작성하였다. 다시 말해 실록은 일차 사료를 바탕으로 방에서 초초를 작성해서 도청으로 올리고, 도청에서 초초를 다시 검토해서 중초를 작성한 후에 총재관이 이를 다시 검토해서 정초(正草)를 만드는 등, 세 단계 수정 작업을 거쳐 정초를 최종적으로 실록에 수록하는 것이다. 그리고 초초와 중초의 사초는 세초하여 그 내용을 모두 없애도록 하였다.

빠른 시간 내에 실록을 편찬하기 위해서 여러 개의 방을 동시에 설치하는 방식을 사용하였는데, 방의 개수는 왕의 치세 기간과 사료의 양에 따라 결정되었다. 예를 들면, 세종의 경우에는 재위 기간이 32년에 달했기 때문에 모두 6개의 방을 설치했으나, 『성종실록』을 편찬할 때는 방을 5개 두었으며, 『인조실록』을 편찬할 때에는 3개의 방을 설치하였다.

각 방에서 재위 연대를 연속적으로 담당하지 않고, 방의 순서에 따라서 나누어 담당하였다. 예를 들면, 『인조실록』을 편찬할 때 3개의 방을 설치했고, 3개의 방에서는 인조의 재위 27년을 각각 9년씩 담당하였다. 1방에서는 인조 1, 4, 7, 10, 13, 16, 19, 22, 25년을 2방에서는 2, 5, 8, 11, 14, 17, 20, 23, 26년을 3방에서는 3, 6, 9, 12, 15, 18, 21, 24, 27년을 담당하였다. 이렇게 1, 2, 3년을 동시에 편찬하고 그 다음 3년분도 동시에 편찬하여 도청에 넘겼는데 이렇게 해야만 짧은 기간 안에 편찬 작업을 완료할 수 있었기 때문이다.

실록은 초고에서 완성되기까지 초초, 중초, 정초의 세 단계 과정을 거쳐서 만들어졌으며, 최종본 정초를 만든 후에는 인쇄를 하기 위해서 정자(正子)로 바르고 깨끗하게 베껴 썼다. 이를 바탕으로 각 사고에 보관할 사본을 만들었다. 태조, 정종, 태종까지의 실록은 필사를 해서 사본을 만들었고, 『세종실록』부터는 금속활자로 인쇄를 하였다. 1454년(단종 2)에 완성된 『세종실록』은 처음에 한 벌만 작성해서 춘추관에 보관했는데, 1466년(세조 12)에 인쇄를 시작해서 1472년(성종 3)에 인쇄가 완료되었으며 이는 최초의 인쇄된 실록이라고 할 수 있다.

이렇게 실록 편찬 작업이 모두 끝나면 실록 편찬에 관여한 신하들에게 세초연(洗草宴)을 베풀었다.

실록의 보관은 어떻게 했는가

완성된 실록은 춘추관에서 실록을 봉안(奉安)하는 의식을 치른 다음에 서울의 춘추관과 충주 지방의 사고에 1부씩 보관하였다. 1431년(세종 13)에 『태조실록』, 『정종실록』, 『태종실록』이 완성되자 이를 충주 개천사에 있던 사고에 보관하였다. 그러다가 세종대에 이르러 사고를 증설하게 되었다. 춘추관에서는 경상도 성주와 전라도 전주를 사고지로 선택하였는데 성주는 고려시대에 외사고를 설치한 해인사와 인접한 지역이었기 때문에 선택되었다. 전주는 이성계의 선조가 살던 곳으로 태조의 어진이 봉안된 곳이기도 하다. 사고가 네 곳으로 확대되자 한 부씩만 보관했던 실록을 세 부씩 더 만들어 총 4부의 실록을 만들었다. 1445년(세종 2)에 실록을 춘추관사고, 충주사고, 성주사고, 전주사고에 각각 봉인하였는데 이로써 조선 전기의 사고는 춘추관, 충주, 성주, 전주의 4사고 체제로 운영되었다.

이렇게 사고를 복수로 운영한 것은 실록의 보관을 위한 조치였다. 그러나 외사고는 항상 화재의 위험이나 전란의 위험에 노출되어 있어서 자칫하면 소실될 가능성이 높았다. 이런 이유로 세조대에 양성지는 사고를 산 속에 설치할 것을 건의하기도 하였다. 이러하던 차에 1538년(중종 33)에 비둘기를 잡으려다가 성주사고에 화재가 발생해 실록이 모두 불타버리는 사건이 발생하였다. 이후 성주사고의 건물을 다시 짓고 춘추관에 소장된 실록을 베껴서 봉안하였는데 이렇게 화재로 인한 소실은 다른 사고의 실록으로 복구가 가능했지만 전쟁이나 변란이 일어날 경우에는 사고 전체가 소실될지도 모른다는 점이 문제였다. 이러한 염려는 임진왜란 중에 현실화되어 나타났다.

▲ 태백산사고 전경

외사고가 설치된 충주, 전주, 성주는 교통의 요지로서 임진왜란(1592) 당시에 화를 면할 수가 없었다. 임진왜란으로 4사고 중에 춘추관사고, 충주사고, 성주사고가 손실되었으며 그나마 전주사고는 담당 관리와 민간인의 발 빠른 대처로 미리 내장산의 암자로 옮겨 보존할 수 있었다. 이를 계기로 조정에서는 사고를 인적이 드문 깊은 산 속이나 섬에 설치하는 방안을 모색하게 되었다. 이를 바탕으로 새롭게 선정된 외사고는 강화도의 마니산사고, 평안도 영변의 묘향산사고, 경상도 봉화의 태백산사고, 강원도 평창의 오대산사고 등 4곳으로 서울의 춘추관을 합하여 모두 5개의 사고가 마련되었다.

왜란 이후, 간신히 보전된 전주사고본을 바탕으로 실록이 재출판 되었다. 이 사업은 1603년(선조 36)에 시작하여 1606년(선조 39)에 마무리 되었다. 따라서 본래의 전주사고본 1질, 새로 인간한 인쇄본 3질, 교정본 1질 등 5질의 실록이 마련되었다. 5질의 실록 중, 전주사고본은 마니산사고에, 교정본은 오대산사고에, 새로 인쇄한 인쇄본은 묘향산사고, 태백산사고, 춘추관사고에 각각 봉안하였다.

새로 설치한 외사고는 산 속에 위치해서 전란으로 인한 위험은 줄어들었지만 완벽하게 안전하다고는 할 수 없었다. 묘향산사고는 북방에 위치하고 있어서 안전에 위협을 받아왔는데 1610년 광해군 2년에 광해군은 전라도 무주의 적상산에 새로 사고를 건립하여 묘향산 사고의 실록을 모두 옮기게 하였다. 마니산사고는 병자호란으로 크게 파손된 데다가 1653년(효종 4)에 화재까지 일어나 상당한 분량의 실록이 소실되었으며, 이후 1660년(현종 1)에 인근의 정족산에 새로 사고를 짓고 마니산사고의 실록을 이곳으로 옮겼다.

이후 조선의 사고는 춘추관사고, 태백산사고, 오대산사고, 강화 정족산사고, 적상산사고의 5사고 체제를 유지하였다. 그리고 사고 주변에 수호사찰을 배치하여 사고를 지키게 했는데 전등사(정족산사고), 안국사(적상산사고), 각화사(태백산사고), 월정사(오대산사고)가 이러한 역할을 담당하였다. 그러나 춘추관사고는 이괄의 난 때 크게 훼손되었으며, 나머지 사고는 조선이 끝날 때까지 유지되었다.

일제 점령기에 이르러 4대 사고의 실록들이 모두 조선총독부 관할로 접수되었다가 정족산 사고와 태백산 사고의 실록은 경성제국대학 대학도서관으로, 적상산사고본은 이왕직 소속의 도서관인 창경궁 장서각으로 옮겼으며 오대산사고본은 1913년에 일본의 동경제국대학으로 반출되었다.

이후 정족산에 보관되었던 실록은 현재 서울대학교 규장각한국학연구원에서 보관하고 있으며 태백산 사고 실록은 정부기록보존소(부산)에서 보관하고 있다. 적상산사고본 실록은 6·25 전쟁 시에 행방불명이 되었는데 북한 김일성종합대학 도서관에서 보관하고 있는 것으로 알려졌다. 일제가 반출한 오대산 사고 실록은 1923년 관동대지진의 여파로 788책의 실록 대부분이 소실되었고, 겨우 74책만 화를 면했다. 이 중에서 27책은 경성제대를 거쳐 서울대학교 규장각에 소장되었고, 47책은 일본 동경대학교 도서관에 보관되었다. 그러다가 2006년 국내 여러 기관과 시민 운동에 힘입어 마침내 47책이 한국으로 반환되어 현재 서울대학교 규장각한국학연구원에 보관되어 있다.

출처 : 어린이 조선왕조실록 홈페이지

4대 사고의 실록 중에 정족산실록은 임진왜란을 겪으면서 유일하게 보존되었던 전주사고본의 실록이 현재까지 남아 있는 것인데, 조선전기에 편찬된 실록의 원형을 그대로 보전하고 있다는 점에서 자료적 가치가 매우 높다. 우리가 현재 실록을 접할 수 있는 것은 조선을 통틀어 사고의 보존과 관리에 힘쓴 선인들의 노력 때문이라고 할 수 있다.

실록의 관리는 어떻게 했을까

사고의 관리는 춘추관에서 담당하였다. 그러나 대한제국기인 1898년(광무 2)부터는 의정부가 10여 년 정도 사고 관리를 주관했으며, 1910년 한일 병합 이후에는 일제가 관리하였다.

사고는 기본적으로 열람이 불가능하며 특별한 경우에만 열어 볼 수 있었다. 그 특별한 경우는 다음과 같다.

첫째, 새로 편찬한 실록을 사고에 봉안할 때이다. 편찬이 끝난 실록은 좋은 날을 택해서 춘추관에 봉안하였고, 사초를 세초한 후에 사관을 보내어 외사고에 실록을 봉안하였다.

둘째, 정기적으로 포쇄(曝曬)를 할 때이다. 포쇄란 사고에서 실록을 꺼내 바람을 쐬는 것으로 좀이나 습기로 인한 실록의 부식을 막고, 정기적으로 사고의 보관 상태를 점검하기 위한 것이다.

셋째, 실록을 옮겨 봉안할 때이다. 새로 사고를 건립하여 실록을 옮길 때, 건물의 보수나 전란, 화재 등으로 인해 실록을 다른 곳에 옮겨 놓았다가 원래 사고에다 다시 봉안할 때를 말한다.

넷째, 전례(前例)를 참고할 때이다. 조정에서 큰 사건이 있거나 전례를 참고할 필요가 있을 때, 사고를 열어서 필요한 기사를 수집하였다.

춘추관사고를 열어야 할 경우에는 춘추관의 당상관이 입회하였고, 외사고는 원칙적으로 전임사관인 한림 8인 중의 한 사람이 배석해야만 했다. 부득이한 경우에는 겸임사관을 파견하기도 하였다. 예외적으로 외사(해당 지방관)가 사고를 연 경우가 있었는데 바로 임진왜란 때이다. 전주사고가 전란을 피해서 이동을 거듭하던 도중에 1599년(선조 32) 정유재란이 발발하자 전주사고의 실록을 묘향산으로 옮기게 되었다. 당시 묘향산사고를 지키던 사람은 외사 이순민(李舜民)이었는데 조정에서는 이순민에게 보관된 실록을 옮기도록 명한 바가 있다. 비상시기였기에 어쩔 수 없는 조치였다.

사고에 수리할 곳이 있어도 지방 수령은 임의로 사고를 열어 수리할 수 없었으며, 해당 수령은 반드시 관찰사에게 보고하고, 관찰사는 중앙에 보고한 후, 사관이 내려와서 지켜보는 가운데 보수를 해야 했다.

종이로 만들어진 실록을 오래 보관하기 위해서 마련된 방법이 바로 포쇄(曝曬)이다. 1446년(세종 28)에 실록의 포쇄를 3년에 1차례씩 실시하는 법규가 만들어졌다. 포쇄는 격식이 정해져 있었기에 함부로 실시할 수 있는 것이 아니었다. 실록 포쇄를 위해 중앙에서 전임사관을 파견하였다. 포쇄하는 날짜는 정해져 있지 않았으나, 대체로 3~4월의 따뜻한 날이나 장마가 끝나고 햇볕이 잘 드는 8~9월에 시행하였다. 포쇄가 끝나면 실록을 상자에 담았다. 이때 습기를 방지하기 위해 기름 먹인 종이 6장을 붙인 포대 9개로 책을 씌웠다. 그리고 책과 책 사이에는 초주지(草注紙) 2장씩을 포개 넣었다. 실록이 담긴 상자를 붉은 보자기로 다시 싸고 이를 다시 기름종이로 덮었다. 부식이나 병충해를 막기 위해 천궁이나 창포 같은 약재를 넣기도 하였다.

포쇄가 끝난 후, 실록 봉안이 끝나고 나면 형지안(形止案)을 작성해야 했다. '형지안'이란 사건의 기록 또는 서류가 열람된 기록을 남기는 것이다. 형지안의 작성은 정기적인 포쇄뿐만 아니라 실록을 꺼내본 경우, 새로 봉안한 경우에도 반드시 작성하였다. 따라서 형지안은 누가, 언제, 어떤 경로로 실록을 보거나 꺼냈는지가 자세하게 기록된 열람 기록부라고 할 수 있다.

실록을 보관하는 건물 또한 특수한 건축양식으로 지어졌다. 특히 습기와 화재 및 도난에 신경을 써야 했다. 사고는 여러 개의 부속 건물로 이루어져 있는데, 적상산사고의 경우를 예로 들면, 실록각 12칸, 선원각 6칸, 수사당 6칸, 승장청 6칸, 군기고 7칸, 화약고 1칸 등 총 38칸의 건물로 구성되었다. 중심 건물은 사각(史閣)과 왕실의 족보를 보관하는 선원각으로 사각을 실록각이라고도 불렀다.

다른 왕조에도 실록이 있을까

고려의 실록

고려시대에도 태조부터 공양왕까지 전 왕대에 걸쳐 실록이 편찬되었는데 병화로 현재는 남아 있지 않다. 고려의 실록은 사관들이 쓴 일력과 사고(史藁)를 기초로 만들었는데, 조선시대 사초(史草)에 해당하는 사고에는 이를 작성한 사관의 이름을 쓰도록 하였다. 사관들에게는 직필이 숭상되었으며, 감수국사는 사론을 썼다고 전해진다.

중국의 실록

실록은 국가의 역사적 기록으로서 조선뿐만 아니라 동아시아 국가에서는 모두 국가 주도로 실록을 편찬하였다. 중국 최초의 실록은 명나라 실록으로 명나라 13대 황제의 실록을 『황명실록(皇明實錄)』, 또는 『대명실록(大明實錄)』이라고 한다. 이 명실록 전체가 오늘날까지 전승되어 오는 중국 최초의 왕조실록이라고 할 수 있다. 그러나 명실록의 경우 초대 황제인 홍무제의 「태조실록」부터 3차례나 개수를 당하는 등 그 편찬과정에 있어서 공정성을 잃어 버렸다고 할 수 있다.

청실록은 청나라의 역대 황제 실록으로 정식 이름은 『대청역조실록(大淸歷朝實錄)』인데, 그 분량면에서 압도적이라고 할 수 있다. 건륭제(乾隆帝)의 『고종실록(高宗實錄)』은 1,505권에 이른다. 청실록 전체의 권수는 4,466권으로 동아시아 실록 중 가장 방대하다. 그러나 청실록 중, 지금 남아 있는 것은 봉천궁전에 있는 숭모각본 뿐이다.

일본의 실록

일본은 한문을 뒤늦게 수용했지만 역사서의 편찬은 빨랐다. 한문체로

된 『일본서기(日本書紀)』가 이미 8세기 전반에 편찬되었다. 그리고 9세기 말에는 '실록'이라는 이름으로 편찬된 역사서인 『문덕황제실록(文德皇帝實錄)』과 뒤이어 『삼대실록(三代實錄)』도 나왔다. 그러나 원본으로 전해지는 실록은 없고 사본만이 전해질 뿐이며, 이러한 사본들도 18세기에 들어와서야 간행되었다.

월남의 실록

일본이 고대에만 실록이 있었던 것과 대조적으로, 월남은 18세기 이후에야 실록이 편찬되었다. 월남의 실록은 완조(阮朝 1802~1945)에 와서 편찬되기 시작하였다. 월남의 실록으로는 완조시대의 『대남식록(大南寔錄)』이 유명하다. 『대남식록』은 분량이 548권이나 되고 완조 초기부터 1935년까지 편찬되었는데 실록 중에 가장 최근까지 편찬된 사례라고 할 수 있다.

참고문헌

김정운, 「재미있는 조선왕조실록(1)」, 『기록인』 제6호 봄, 국기기록원, 2009.
김정운, 「재미있는 조선왕조실록(2)」, 『기록인』 제7호, 여름, 국가기록원, 2009.
김정운, 「재미있는 조선왕조실록(3)」, 『기록인』 제8호, 가을, 국가기록원, 2009.
김정운, 「조선왕조실록은 어디에 보관했을까」, 『기록인』 제9호, 겨울, 국가기록원, 2009.
신병주, 「조선왕조실록의 편찬과 보관」, 『기록인』 제10호, 봄, 국가기록원, 2010.
송지중 외 3인, 『조선왕조실록-보존을 위한 기초 조사연구(1)』, 서울대학교출판부, 2005.
이성무, 『조선왕조실록 어떤 책인가』, 동방미디어, 1999.

어린이 조선왕조실록 홈페이지 http://theme.archives.go.kr/next/silloc/place.do?submenu=4
유네스코한국위원회 홈페이지 http://www.unesco.or.kr/heritage/mow/kormow_choseon.asp

제 3 장

직지심체요절

직지심체요절(直指心體要節)

Baegun hwasang chorok Buljo Jikji Simche Yojeol(vol. II),
the second volume of
"Anthology of Great Buddhist Priests' Zen Teachings"
(2001년 등재)

유네스코 세계기록유산으로 등재될 때까지 우리의 소중한 문화재 유산인 『백운화상초록불조직지심체요절(白雲和尙抄錄佛祖直指心體要節)』은 수많은 파고를 만났다. 또한 세계기록유산으로 등재된 지금에도 여전히 멀리 타지의 박물관에 보관되어 있는 것이 현 실정이다. 『직지심체요절』은 명실상부 우리 문화재이지만 현재 프랑스 국립도서관의 동양문헌실에 전시되어 있다.

▲ 불조직지심체요절 표지

『직지심체요절』의 슬픈 역사와 등재의 영광

프랑스로의 반출

『직지심체요절』의 슬픈 뒷이야기는 개화기로 거슬러 올라간다. 서구 제국주의 열강이 동양에서 식민지 개척에 열을 올리던 시기에 당시 조선 또한 이들 침략국의 눈에서 벗어날 수가 없었다. 서구 열강의 침입과 이어지는 일본의 침입, 그리고 이들에게 주권을 빼앗기고 결국 나라가 통째로 강점당하는 슬픈 역사적 과정 속에서, 우리의 소중한 문화유산 중 다수가 안타깝게도 외국으로 반출되고 말았다. 이러한 문화유산 중 하나가 바로 직지심체요절이다.

1866년에 '병인양요(丙寅洋擾)'를 일으켰던 프랑스 군대가 퇴각하면서 외규장각의 도서를 약탈해 가는 등 프랑스는 당시 우리나라의 문화재에 대한 관심이 많았다. 서구의 침략이 본격적으로 시작되면서, 프랑스의 간섭 또한 1886년 '한불수호통상조약(韓佛修好通商條約)'이 체결된 이후 이루어지게 되었다. 이러한 상황 속에서 당시 주한 프랑스 공사로 활동했었던 '꼴렝 드 쁠랑시(Victor Collin de Plancy: 1853~1922)'는 『직지심체요절』 간행본 하권 한 점을 포함한 많은 고서와 각종 도자기 문화재를 수집하였다. 그는 『직지심체요절』을 포함한 많은 우리 유산을 프랑스로 가져갔는데, 1900년 프랑스 파리에서 개최된 세계만국박람회에 『직지심체요절』을 전시하였던 것으로 보아 1900년 이전에 『직지심체요절』을 소장했던 것으로 보인다. 이후, 꼴렝 드 쁠랑시는 그가 가지고 있던 문화재들을 경매장에 내놓았는데 많은 문화유산 중, 『직지심체요절』은 '앙리 브베르'라는 사람에게 팔리게 되었다. 이후, 『직지심체요절』은 앙리 브베르의 소장품으로 몇 십 년 동안 있다가 1950년경에 앙리 브베르가 사망하자 그의 유언에 따라 프랑스 국립도서관에 기증되었다. 기증된 『직지심체요절』은 현재 'COREEN 109'란 도서번호를 부여받아 프랑스 국립도서관 한국관에 전시되어 있다.

당시 서구 열강과 일본의 침략으로 인한 혼란과 침탈 속에서 우리의 소중한 문화유산이 멀리 타국으로 유출된 것은 우리에게 매우 안타까운 일이다. 만일 『직지심체요절』이 우리 국토에 온전히 간직되어 있었더라면, 유네스코 세계기록유산으로 등재하는 과정도 순조로웠을 것이며, 우리 땅에 존재하는 자랑스러운 문화유산으로서의 가치를 한층 더 빛낼 수 있었을 것이다. 그러나 한편으로는 과거 제국주의의 소용돌이 속에서 우리의 소중한 문화재가 멀리 타국의 소유가 되었음에도 불구하고 각 부처의 끈질긴 노력으로 오늘날 유네스코 세계기록유산으로 등재되어 우리 문화의 우수성을 세계에 널리 알릴 수 있게 된 것은 침탈의 아픈 역사를 가지고 있는 우리 민족에게 매우 자랑스럽고 의미 있는 일이 아닐 수 없다.

『직지심체요절』과 모리스 꾸랑, 그리고 박병선

당시 프랑스 사람들은 『직지심체요절』을 단순히 수집의 대상으로 삼았던 것은 아니다. 우리의 소중한 문화유산인 『직지심체요절』이 프랑스인의 손에 있었지만 그 가치를 알아보고 연구한 프랑스 학자들이 있었으니, 이는 어쩌면 우리 민족에게 불행 중 다행이라 할 수도 있다. 『직지심체요절』의 가치를 알아보고 이를 연구하여 널리 소개하려고 애쓴 대표적인 학자는 '모리스 꾸랑(Maurice Courant: 1865~1935)'이었다.

모리스 꾸랑은 통역관으로 1888년부터 동양의 각국을 순회하면서 동양의 문화를 연구하였으며, 1894~1899년 즈음에는 『한국서지(韓國書誌)』라는 책을 저술하여 한국의 인쇄문화를 널리 알렸다. 『한국서지』에서 모리스 꾸랑은 한국의 인쇄문화를 언급하며 『직지심체요절』을 세계 최고의 금속활자라고 밝혔다. 무려 3821점의 한국 인쇄물에 대해 정리하면서, 그는 책 서두에 전 세계 활자 인쇄 기술 중, 한국의 그것이 최초라고 명시하였으며 그 증거물로 고려시대에 간행한 『직지심체요절』을 들어 명시했다.

『직지심체요절』이 금속활자로 간행되었다는 사실을 적극적으로 입증하려고 노력한 사람은 파리 7대학의 교수였던 재불학자 '박병선(朴炳善, 1925~1995)' 박사다. 그녀의 노력이 없었다면 『직지심체요절』의 가치는 역사라는 먼지에 뒤덮여 감춰진 채로 인류로부터 잊혀졌을 것이다. 박병선 박사는 1972년 '세계 도서의 해'를 기념하여 6개월 동안 열린 유네스코 책 전시회와 '국제 동양학 학자대회'에서 『직지심체요절』이 금속활자로 간행되었다는 사실을 공식적으로 증명하였다.

그는 당시 『직지심체요절』이 전시되어 있었던 프랑스 국립도서관의 한국관 전문위원으로 있었다. 그는 도서관 전문위원으로 있으면서 각종 중국 서적 사이에 뒤섞여 있었던 『직지심체요절』을 발견하고 이것이 청주 흥덕사에서 1377년에 간행된 우리의 문화유산이라는 것을 알게 되었다. 이어서 더욱 중요한 사실을 알아냈으니 『직지심체요절』이 바로 금속활자로 인쇄한 판본이라는 점이었다. 이에 그는 당시까지 상식이었던 '구텐베르크의 금속활자가 가장 최고의 금속활자'라는 사실을 뒤엎고, 우리의 금속활자가 세계 최고(最古)의 금속활자라는 것을 증명하려고 했다.

그러나 증명은 그리 쉽게 이루어지지 않았다. 『직지심체요절』이 실제 금속활자의 형태로 있는 것이 아니라 인쇄 간행본만 존재하고 금속활자로 찍었다는 기록만 있는 상황이었기 때문이다. 따라서 기록상의 증거는 있으나 이를 직접적인 증거로 제시하지는 못하였다. 기록을 살펴보았을 때 『직지심체요절』이 분명 금속활자로 인쇄되었다고 명시되어 있지만 서양인들에게 우리의 문화유산인 『직지심체요절』이 세계 최고의 금속활자라는 사실을 증명하기 위해서는 실제로 금속활자를 눈앞에 가져다 보이는 것만큼의 확실하고 물질적인 증거가 있어야 했다.

이에 박병선 박사는 간행물의 상태를 매우 세밀하게 분석하였다. 인쇄와 관련한 각종 서적을 참고하고 간행물의 상태를 분석하여, 결국 1972년에 개최된 '국제 동양학 학자대회'에서 『직지심체요절』이 금속활자로 간행되었다는 사실을 증명해 내었다.

세계기록유산으로 등재되기까지

『직지심체요절』에 관한 본격적인 홍보는 1985년 청주대학교박물관이 흥덕사(興德寺) 터를 발견하면서 시작되었다. 『직지심체요절』이 제작되었던 흥덕사의 터를 발견하면서 청주시청은 적극적으로 『직지심체요절』을 홍보하려는 계획을 세웠다. 1986년에 학술대회를 개최하여 흥덕사 복원과 『직지심체요절』에 관한 연구 계획을 발표했으며 이를 바탕으로 1992년 청주고인쇄박물관을 세웠다. 세계 최고의 금속활자 인쇄물인 『직지심체요절』의 가치를 세계적으로 알리기 위하여 청주시에서는 이듬해부터 유네스코 등록위원회와 함께 『직지심체요절』을 유네스코 세계기록유산으로 등재하려는 본격적인 노력을 기울였다. 1994년부터는 『직지심체요절』을 지속적으로 연구한 내용을 바탕으로 2년에 한 번씩 국제학술대회를 열어서 세계의 각지에서 모인 다양한 연구자들에게 『직지심체요절』의 우수성을 피력하였다. 또한 1995년에는 『직지심체요절』이 세계 최고의 금속활자라는 사실을 국외로 홍보하기 위해 '한국의 옛 인쇄문화 특별전'을 기획하여 미국에서 성공적으로 개최하였다. 1997년에는 동서 고인쇄문화 국제학술대회에서 유네스코 위원인 '텔리아 토리조스'에게 『직지심체요절』의 세계기록유산으로서의 당위성을 피력하게 되면서 본격적으로 유네스코 세계기록유산 등재에 한발을 내딛게 되었다.

하지만 『직지심체요절』의 유네스코 세계문화유산 등재는 그리 쉬운 일이 아니었다. 1998년 9월에 『직지심체요절』에 대하여 충분한 홍보를 했다고 생각한 청주시청과 추진위원회는 유네스코에 『직지심체요절』의 세계문화유산 등재를 신청하였다. 그러나 다음해 개최된 유네스코 자문위원회에서 『직지심체요절』은 등재안건으로 채택되지 못했다. 그 이유는 『직지심체요절』이 우리 문화유산이지만 현재 프랑스로 유출되어 프랑스의 소유로 되어 있기 때문이었다. 본래 여태껏 유네스코에 등재된 세계기록유산은 제작한 나라와 소유한 나라가 동일한 것이 일반적이었는데, 『직지심체요절』의 경우에는 과거 우리나라가 피식민지의 역사를 겪었던 일로 인해 비록 우리 민족이 만들었지만 소유권은 프랑스로 되어 있는 매우 특이한 상황이었던 것이다. 결국 유네스코에서는 소유국인 프랑스와 협의하여 공동 국적으로 함께 유네스코 등재 신청을 추진하라는 권고를 보냈다. 그러나 프랑스 국립도서관의 대답은 부정적이었다.

프랑스의 비협조로 『직지심체요절』의 인류적 가치는 그 빛을 당분간은 감추어야 했다. 청주시청과 추진위원회는 다른 방법을 모색해야 했다. 여러모로 대책을 세운 결과, 다음 유네스코자문위원회의 개최지를 청주로 하여 『직지심체요절』의 위상을 직접적으로 알리고 세계기록유산으로 등재하려는 계획을 세웠다. 대표들을 해외로 파견하여 유네스코자문위원회에 『직지심체요절』의 우수성을 직접적으로 피력하고 다음 자문위원회를 청주에서 개최하기를 요청하였다. 그러나 수도가 아니라 인프라가 제대로 구축되지 못한 지방도시에서 위원회를 개최하는 것에 대해 자문위원단은 회의적이었으며, 당시 후보지로 멕시코의 수도 멕시코시티가 유력하게 거론되고 있었으므로 개최지 유치가 말처럼 쉬운 것이 아니었다.

하지만 우리 대표들은 포기하지 않았다. 자문위원들을 하나하나 찾아가 기록문화유산으로서의 『직지심체요절』의 중요성과 그와 관련하여 자문위원회 개최지로서의 청주의 타당성을 강조하였다. 결국 끈질긴 노력으로 2001년에 열릴 유네스코자문위원회가 청주에서 개최되는 쾌거를 만들어냈다. 드디어 『직지심체요절』의 가치를 세계만방에 적극적으로 알릴 수 있는 기회를 잡은 것이다. 이때가 1999년 6월이었다.

청주를 자문위원회 개최지로 하는 데 성공한 청주시청과 추진위원회는 『직지심체요절』을 알리려는 노력에 더욱 박차를 가하였다. 『직지심체요절』을 세계기록유산으로 등재하는 데 걸림돌이 되었던 프랑스와의 의견차이의 문제도 지속적으로 풀어나가기 위해 많은 접촉을 시도하였다. 1999년 11월에는 유네스코 총회가 열리는 프랑스 파리에서 『직지심체요절』의 등재 당위성을 주장할 목적으로 '한국의 옛 인쇄문화 특별전'을 기획하였다. 이때, 많은 유네스코 관련 인사들이 『직지심체요절』의 가치에 대해 깊은 감명을 얻고 돌아갔다고 한다. 또한 2000년에는 청주에서 출판박람회를 개최하여 『직지심체요절』을 포함하여 많은 기록 유산을 소개하여 우리 민족의 인쇄문화의 우수성을 널리 알렸다. 이러한 노력으로 『직지심체요절』과 우리의 인쇄문화에 대하여 세계 여러 인사들이 긍정적인 인식을 가지기 시작하였고, 프랑스에서도 2001년 6월에 즈음하여 등재 신청에 대해 부정적인 입장을 거두고 중립적인 입장을 보였다.

▲ 직지심체요절이 간행된 청주의 흥덕사지

결국 『직지심체요절』의 등재 문제로 프랑스와의 불화가 커지면 외규장각 문서 반환 논의에 부정적인 영향을 줄 수 있다는 정부의 걱정에도 불구하고, 2001년 6월 청주에서 열린 유네스코 자문위원회의에서 『승정원일기(承政院日記)』와 함께 안건에 올랐다. 그리고 그해 9월 유네스코 세계기록유산으로 등재되어 세계에 우리의 인쇄술을 더욱 널리 알릴 수 있게 되었다.

『직지심체요절』 간행 배경과 판본 형태

『직지심체요절』 간행의 배경

재료를 기준으로 인쇄술의 종류를 나누어 보면, 나무에 글자를 새겨 문서를 찍어내는 '목판인쇄술'과, 금속을 조각하여 문서를 찍어내는 '금속인쇄술'이 있다. 목판인쇄술의 경우 제작에 들어가는 노력, 비용, 시간 등이 매우 많이 들기 때문에, 좀 더 효율적인 방법으로 금속인쇄술이 주목된다.

목판인쇄본에 쓰이는 목판의 경우, 먼저 목판으로 쓰기에 적당한 나무를 고르는 과정부터 많은 노력이 들어간다. 적당한 나무를 발견하면 그것을 잘라 물에 삭혀야 하는데 이것도 많은 시일이 걸린다. 이 과정이 끝나면 나무의 진액을 제거해야 하는데 이는 나무의 진액으로 인해 목판이 뒤틀리는 것을 방지하기 위해서다. 이 과정이 끝나면 목판 속에 서식하고 있는 벌레를 하나도 남김없이 없애야 하는데, 목판의 훼손을 방지하기 위해서는 당연한 과정이다. 재료로서 완성된 목판은 뒤틀리거나 갈라지지 않도록 응달에서 신경을 써서 천천히 건조하여야 한다.

목판활자의 재료 마련에도 이토록 많은 노력과 시간이 소요된다. 더욱이 연판 과정, 다시 말해 대패로 목판을 다듬고 반들반들한 틀을 만드는 과정은 특히 엄청난 시간이 소요된다. 이렇게 만들어진 목판에 글씨를 새겨 넣어야 하는데, 이 과정에서는 당연히 시간이 매우 오래 걸린다. 원문을 보고 글을 비치는 얇은 한지에 하나하나 정서하는 작업이 필요하고, 이를 판목에 붙여 글자를 반대로 한 후, 하나하나 글자를 조각해내어야 한다. 그런데 금속활자와는 다르게 목판활자의 경우는 많이 찍으면 닳아 없어지기 때문에 제조의 과정을 또 반복해야 하는 문제가 있다.

이와 같이 목판활자는 재료 마련과 제작에 엄청난 역량이 소모되었으며, 많은 노력을 바탕으로 하여 완성했음에도 불구하고 내구성에 한계가 있어 사용 기간이 영구적이지 못하였다. 목판활자를 사용하는 것은 시간과 경비의 측면에서 매우 비효율적이었다. 그리하여 사업에서 충분한 재정 능력이 뒷받침되지 못하면 목판인쇄를 하는 데 엄두도 내지 못하였으며, 만일 사업을 하게 된다 하더라도 정해진 시일에 많은 판본을 완성하지 못하는 한계가 있었다.

목판활자는 제작의 어려움 때문에 그 자체의 수량도 매우 적었고, 만든다고 해도 찍어낼 수 있는 판본의 양도 적었다. 이러한 단점은 당대의 정보를 쉽게 기록하여 보존하는 데 장애가 되었고, 당대나 후세에 정보를 널리 퍼뜨리고 물려주는 데에도 좋지 못한 영향을 주었다.

목판활자의 단점을 극복하여 정보를 쉽게 기록하고, 널리 전파하고, 오래도록 후대에 남기기 위해서는 새로운 활자 기술의 발전이 필요했다. 목판인쇄술은 통일신라시대에 생겨나서 고려시대에 크게 발전하였지만, 목판인쇄술이 발전하였어도 이용 가능성은 매우 적었다고 한다. 중국의 경우에는 이러한 문제점을 극복하기 위하여 찰흙을 재료로 하여 활자를 만들기도 하였으나 그 내구성의 측면에서 문제가 있었으며, 주석을 재료로 사용하려 하기도 했으나 먹이 묻지 않아서 이 또한 빛을 보지 못하였다.

고려시대에 우리 민족이 고안해냈던 금속활자는 이러한 측면에서 매우 우수했다. 서양의 구텐베르크 금속활자보다 훨씬 이른 시기에 실용 가능한 금속활자를 발명해내어 당대를 기점으로 우리 기록문화에 획기적인 기여를 했던 것이다.

우리 민족은 청동을 활자의 재료로 삼되, 예로부터 이어져 왔던 우수한 금속 주조술을 적극적으로 활용하였다. 앞선 시대로부터 우리 민족은 청동 제조술에서 매우 발전된 모습을 보여 왔는데, 불교와 관련하여 각종 불상(佛像), 범종(梵鐘)을 주조해 내는 기술이 주가 되었다. 세계적으로 인정받은 자랑스러운 우리 문화유산인 '성덕대왕신종(聖德大王神鐘)'도 우리 민족의 뛰어난 금속 주조술의 결과였다. 우리 민족은 금속활자에 있어 반드시 필요한 우수한 금속 주조술, 금속에 잘 드는 접착 물질의 개발, 금속활자가 머금을 수 있는 유성(油性) 먹의 개발 등, 가장 우선시되는 조건을 이미 갖추고 있었던 것이다.

최초의 금속활자 주조는 무신정권기 최충헌이 집권했을 당시였던 것으로 추정된다. 1293년(고려 고종 26)에 제조된 목판본 『남명천화상송증도가(南明泉和尙頌證道歌)』에서는 금속판이 있다는 사실을 알 수 있는 구절이 명확히 적혀 있다. 금속활자의 판본 원본을 다시 목활자로 찍어내었기 때문에 금속활자본이 직접적으로 남아 있는 것이 아니어서 조금 아쉽지만 이를 통해 볼 때, 우리 민족은 대략 13세기 전기부터 활발하게 금속활자를 사용한 것으로 보인다. 이외에도 『상정고금예문(詳定古今禮文)』 등의 대량의 판본을 금속활자로 제작하였다는 기록은 당시 금속활자 기술이 상당히 높은 수준에 도달해 있었다는 증거가 된다. 덧붙여 당시 몽고의 침입으로 나라가 혼란해진 와중에도 방대한 양의 판본이 제작될 수 있었다는 사실을 통해, 금속활자의 편의성에 대해 다시 한 번 생각하지 않을 수 없다.

그 후, 한동안 원의 내정간섭으로 금속활자를 통한 국가 판본 사업은 이루어지지 않았다. 점차 쇠퇴한 원나라는 새로 건립된 명나라의 영향으로 인해 더욱 세력이 약해졌으며, 더 이상 고려의 내정에 간섭할 여유가 없었다. 이러한 틈을 타서 고려 조정에서는 자주 독립을 되찾고자 하였고, 그 일환으로 여말(麗末) 선초(鮮初)의 신진 사대부인 정도전의 주도로 각종 부문에서 서적 간행사업이 다시 활발하게 시작되었다. 이러한 과정에서 금속활자의 제작은 중앙 정부에서 다시 빛을 보기 시작하였으며, 이후 조선시대를 거쳐 지속적으로 기록물 제작에 큰 힘이 되었던 것이다.

앞에서 언급하였듯이 최충헌 집권 당시의 강화도 판본의 경우에는 직접적인 금속활자 사용의 근거가 발견되지 않고 있다. 금속활자로 찍어낸 판본을 그대로 뒤집어서 목판본으로 찍어내거나, 금속활자로 판본을 만들었다는 기록은 직접적인 금속활자 사용의 근거가 되지 못한다. 반면 금속활자를 사용하여 직접 찍은 판본으로서 확실한 증거가 남아 있는 최초의 것이 바로 『직지심체요절』이다.

『직지심체요절』은 원 간섭기 당시에 제작된 금속활자로 찍어낸 판본이다. 원의 간섭으로 중앙 정부에서 금속활자를 통한 서적간행사업이 어려워졌지만, 지방에서는 어느 정도 간섭에서 자유로웠으므로 금속활자를 통한 불교 서적의 간행이 가능하였다. 이는 당시의 금속활자 기술이 중앙 관청인 서적점뿐만 아니라 지역에서도 사업을 할 수 있을 만큼 널리 퍼졌다는 것을 알려준다.

당시 발전된 금속활자 기술을 바탕으로 1377년(고려 우왕 3)에 청주 흥덕사에서 불교 서적을 간행하였으니, 이것이 바로 1372년(공민왕 21) 백운화상이 초록한 것을 금속활자로 주조하여 찍어낸 『직지심체요절』이었던 것이다. 단지 주형틀의 재료를 밀랍과 흙으로 하였다는 점에서 중앙의 금속활자 제조법과는 약간 다르다고 볼 수 있겠다.

『직지심체요절』의 판본 형태

『직지심체요절』은 1377년(고려 우왕 3) 청주 흥덕사에서 발행한 금속활자 인쇄물로, 2책 상·하권으로 구성된 선어록이다. 정식 명칭은 '백운화상초록불조직지심체요절'(白雲和尙抄錄佛祖直指心體要節)이다.

백운화상이 직접 쓴 『직지심체요절』의 초록(抄錄)은 따로 정리되어 있었는데, 백운화상이 입적한 뒤 1377년에 백운화상의 제자들이 흥덕사에서 제작한 금속활자로 간행한 것이 바로 『직지심체요절』이다. 『직지심체요절』의 상권은 안타깝게도 전하지 않으며 하권은 총 39장 중, 첫 장이 유실된 38장의 형태로 현재 프랑스의 국립도서관에 소장되어 있다.

당시 『직지심체요절』을 간행하는 데 드는 비용은 비구니 묘덕 스님이 지원하고, 묘덕 스님의 도움을 받아 백운화상의 제자인 석찬 스님과 달잠 스님이 『직지심체요절』의 판본을 제작하였다. 백운화상의 두 제자는 스승이 정리한 불법의 가르침을 많은 수행자와 중생들을 깨닫게 하는 데 널리 쓰이게 하기 위해서, 『직지심체요절』의 초록본을 금속활자로 주조하여 판본을 다수 간행하려 하였다. 두 스님은 밀랍과 흙을 이용한 재래적인 주조법을 사용하여 금속활자를 제작하였는데, 구하기 쉽고 조각이 쉬운 밀랍으로 주형틀을 만들되, 높은 온도에 약한 밀랍의 단점을 보완하기 위하여 도자기를 굽는데 쓰이는 흙을 조합하였다. 금속활자를 만드는 우리의 재래 기술은 이처럼 다른 문화권의 그것보다 시대를 이미 앞서고 있었다. 밀랍과 흙으로 만들어진 주형틀에 쇳물을 부어 활자를 완성하는 것은 기존에 발전되어 있었던 우리의 주조 기술의 산물이었던 것이다. 하나하나 만들어진 활자는 나무틀에 접착하여 인쇄물을 찍어내었다. 이러한 방법을 반복하여 1377년(고려 우왕 3), 청주 흥덕사에서 상, 하권 두 권으로 이루어진 『직지심체요절』의 금속활자본이 완성되었던 것이다.

『직지심체요절』의 표지는 세로 24.5cm, 가로 17.0cm이며, 속지에는 이를 수집한 쁠랑시의 이름이 가차(假借)되어 '葛林德(갈림덕)'으로 적혀있다. 발견된 『직지심체요절』은 앞에서 언급한대로 하권뿐인데, 이마저도 첫 장이 없어 제2장에서 제39장까지 총 38장이 남아 전한다. 짝수판, 홀수판 2개의 판틀을 사용하여 활자를 고정, 한 장씩 찍어낸 것으로 보이는데, 인쇄된 장을 살펴 판틀과 글자의 특징을 알 수 있다. 판틀은 광곽(匡郭)과 계선(界線)이 고착되어 있는 형태로, 한 장을 찍어내는 데 각각 11행에 17자에서 20자 정도의 활자가 쓰인 것으로 보인다. 글자의 모양을 살펴보면 금속활자와 목활자를 섞어서 사용한 것으로 보인다. 마지막 장 내용이 끝난 부분에서 한 행을 띄어, 간행물의 정식 명칭과 '권하(卷下)'를 표기하고, 또 한 행을 띄어 간행 시기와 간행 장소, 그리고 간행 방법을 언급하였다. 이 부분이 가장 중요한 부분이라고 할 수 있을 것이다.

앞서 언급한 바와 같이 『직지심체요절』은 지방에 있는 사찰에서 간행하였다. 그래서 『직지심체요절』의 활자 모양을 잘 살펴보면 우리 재래의 전통적인 금속 주조의 투박한 특징을 찾아볼 수 있다.

먼저 대부분의 글자가 금속활자로 찍혀 있지만 간혹 나무 활자를 새겨 넣었다고 할 수 있는 부분들이 보인다. 이를 통해 당시 간행 과정에서 금속활자가 완전하게 사용되지 못한, 기술적인 한계가 있었다고 할 수 있다.

조선조에 중앙 관서에서 제작한 금속활자의 자형과 비교해 보았을 때, 『직지심체요절』의 자형은 크기 및 모양에 있어서 가지런하지 못하며 동일한 글자도 다른 모양으로 드러난다. 금속을 하나하나 판에 붙이면서 행렬이 기울어 글자가 비뚤어지기도 하고, '日', '一'의 경우 거꾸로 붙여지기도 하였다. 어떤 글자는 떨어졌는지 누락된 모습도 보이며(제2장 뒷면 8행 '動'과 제39장 판제목 '直指'에서 '指' 누락), 붙인 활자의 높낮이가 같지 않아서 판본에 찍힌 먹의 농도가 일정치 않거나 찍히지 않은 경우도 보인다. 앞에서 언급하였듯이 행수는 11행이며 한 행 당 글자가 배정되는데, 활자의 크기가 일정하지 않으므로 한 행 당 글자가 정해지지 않고 17~20자로 몇 자의 오차가 발생한다. 이 때문에 글자의 수평행이 맞지 않고, 심지어는 위의 글자와 아래 글자가 겹쳐지는 현상이 발생하기도 하였다. 이처럼 『직지심체요절』은 조선조에 이르러서야 완성되었던 금속활자 주조 기술의 다소 미숙하고 투박한 초기 형태라고 생각할 수 있다.

중앙 관청이 아닌 지방 사찰의 재래적인 주조 방법을 씀으로써 완성도에 한계가 많이 발견된다. 그러나 이러한 한계점은 미숙한 금속활자 주조로 인한 것이므로, 도리어 이 간행물이 금속활자로 찍혔다는 증거가 된다.

여기에 찍힌 글자에 나뭇결이 보이지 않는다는 점, 금속이 먹을 잘 먹지 않으므로 발생할 수 있는 현상, 즉 인쇄가 고루 되지 않고 옅게 찍히거나 인쇄물이 점 모양으로 찍히는 현상이 나타난다는 점을 근거로 더하면, 『직지심체요절』이 금속활자를 사용하여 찍은 최초의 간행물임을 확고히 할 수 있다.

한편 『직지심체요절』의 다른 간행본이 본격적으로 발견되지는 못했지만, 아마 당시에 금속활자로 간행을 했더라면 많은 수의 판본이 존재했을 것으로 예상된다. 벌써 1378년(고려 광종 8)에 여주 취암사에서 목판으로 간행한 것으로 보이는 『직지심체요절』의 판본이 발견되었는데, 총 3본이 있으며 현재 한국학중앙연구원 장서각, 국립중앙도서관, 전남 영광 불갑사에서 각각 소장하고 있다. 경북 영주의 흑석사에서도 금속활자로 찍어낸 『직지심체요절』을 필사로 옮겨 놓은 자료가 발견되었다. 금속활자의 특성상 지속적으로 다량의 출판이 가능하기 때문에, 판본을 찾으려는 노력이 계속되면 계속될수록 금속활자본 『직지심체요절』의 의미 있는 발견이 이어질 것으로 기대된다. 이 때문에 현재 청주시에서는 1998년 이래, 지속적으로 『직지심체요절』의 판본을 찾으려는 사업이 계속되고 있다.

『직지심체요절』은 참선교육의 지침서

『직지심체요절』은 1372(공민왕 21)년에 백운화상(白雲和尙) 경한(景閑, 1298~1374)에 의해 초록되었다. 백운화상은 고려시대의 유명한 승려로서

충정왕 때 원나라의 석옥선사(石屋禪師)에게 불경의 가르침을 받은 후, 그가 건네준 『불조직지심체요절(佛祖直指心體要節)』을 접했다. 백운화상은 자신이 일생동안 갈고닦은 불도의 깨달음에 대하여 다시금 고심하면서 원나라의 『불조직지심체요절』을 정리하고 보완하였다. 마침내 그가 입적하기 2년 전인 1372년에 총 두 권 분량의 『불조직지심체요절』 초록을 저술하였다. 백운화상이 직접 쓴 『직지심체요절』의 초록은 이렇게 만들어졌는데, 현재 우리가 크게 가치를 부여하는 『직지심체요절』은 백운화상이 입적한 뒤, 1377년(고려 우왕 3)에 백운화상의 제자들이 흥덕사에서 제작한 금속활자본의 판본 인쇄물이다.

『직지심체요절』은 선어(禪語)를 모아 놓은 책으로 참선 교육에 쓰였던 참고 교재의 역할을 하였는데, 그 내용이 심오하고 어려워 가장 높은 단계의 선(禪) 교육에서 활용되었다. 내용을 살펴보면 상권에서는 과거의 7부처, 그리고 7부처의 가르침을 계승한 인도와 중국의 불조승(佛祖僧, 인도 28명의 선사(禪師)와 중국 110명의 선사)들의 선어를 정리하였으며, 하권에서는 불가 승려들이 전하는 게송(偈頌), 찬송(讚頌), 법어(法語), 문답(問答), 서신(書信) 등을 수록하였다.

백운화상이 정리한 『직지심체요절』은 그가 원나라에서 접했던 『불조직지심체요절』과 『전등록(傳燈錄)』, 『연등회요(聯燈會要)』, 『광등록(廣燈錄)』 등 중국 불교 서적들의 선어를 모아 정리함으로써, 불승들에게 선이란 무엇인가를 깨닫게 하는 지침서로서의 역할을 했던 것으로 보인다.

『직지심체요절』에서 가장 핵심이 되는 깨달음은 제목 그대로 '직지심체(直指心體)'이다. '직지심체'란 '직지인심(直指人心) 견성성불(見性成佛)'의 줄임말로 '가르침에 기대지 않고 좌선(坐禪)을 통해 사람의 마음을 직관(直觀)하여 바로 가리킬 수 있어야 비로소 그 사람의 본성이 곧 부처라는 것을 알 수 있다.'는 것을 의미한다. 자신의 마음을 포함하여 모든 사람의 마음은 곧 부처이며, 이러한 깨달음을 얻으려면 참선과 수행을 거쳐 사람의 마음을 바로 볼 줄 알아야 한다는 것이다.

사람은 태어날 때부터 죽을 때까지 항상 '괴로움'을 지니고 있다. 세상에 태어난 것조차 괴로움이며, 인간은 늙고 병들고 죽는 과정에서 많은 고통을 경험한다. '원증회(怨憎會)', 즉 증오하는 대상과 만나게 되는 고통, '애별리(愛別離)', 즉 사랑하는 대상과 헤어지게 되는 고통, 그리고 구하는 것을 얻지 못하는 고통인 '구부득(求不得)'과 다섯 가지 집착으로 인한 마음의 덩어리 '오취온(五取蘊)' 등은 모두 인간이 세상에 태어나면서 죽을 때까지 경험하는 괴로움이다.

이러한 괴로움은 '무지(無知)'에서 온다. 자신의 본질에 대해 궁구(窮究)하고 깨닫지 못한 자는 어리석게도 자신의 욕심을 채우는 것이 전부가 되는 삶을 산다. 무지에서 벗어나 고통에서 해방되기 위해서는 자신과 세계에 관한 진리를 깨달아야 한다. 진리를 구하여 비로소 고통에서 벗어나 해탈(解脫)의 경지에 오르고, 아래로는 중생들을 교화하여 그들을 고통으로부터 구제하는 것이 불교의 참 목적이다.

그렇다면 진리를 알기 위해 인간은 무엇을 해야 하는가? 이를 깨닫기 위해 많은 불교 선승들이 고민하였고, 그 결과 『직지심체요절』에 역대 부처와 선승의 일화와 이들이 노력하여 얻은 깨달음을 초록하였다. 진리를 알고 고통으로부터 벗어나기 위해서는 사람의 마음이 곧 부처의 마음임을 알고 사람의 마음을 바로 가리킬 수 있어야 함을 불도자와 중생들이 깨달을 수 있도록 하기 위해 편찬되었다.

『직지심체요절』은 각종 불교 서적에 수록된 내용 중에 필요한 부분만 발췌하여 기록한 것이기 때문에 그 내용적인 측면에서는 주목할 만한 의의를 가지지 못한다. 그러나 당시 수행자들에게 깨달음의 방향을 제시해 주고 불도를 널리 선양하려는 백운화상의 노력은 다른 불교 저서에 뒤지지 않는다고 할 수 있다. 『직지심체요절』 판본 자체의 의의도 매우 중요하지만 그러한 기술을 바탕으로 전하려는 사상 또한 위대함을 우리는 느껴볼 수 있을 것이다.

『직지심체요절』에 수록된 칠불(七佛)의 게송은 '무아(無我)'의 가르침을 담고 있다. 자아 관념을 부정하고 영원불멸의 실체는 존재하지 않는다고 말한다. 자아 관념은 그것이 항상 한결같아야 하며 자신이 마음대로 할 수 있어야 한다. 하지만 칠불의 게송에서는 그것을 부정한다. 애초에 한결같은, 그리고 자기 마음대로 할 수 있는 자아란 존재하지 않으며 운명과 연기(緣起)에 의해 자아라는 것은 좌절된다. 자아 관념이 있기 때문에 괴로운 것이다. 마음대로 할 수 있고, 자신의 내부에 한결같은 자아가 있다는 몽매(蒙昧)한 믿음 때문에 결국 의지가 좌절되고 괴로워한다. 불변하고 주재할 수 있는 자아 관념, '무아'는 이를 배제하여 '연기'라는 진리에 대해 깨닫게 하고, 사람을 연기와 일체화하여 모든 갈등을 아무 것도 아닌 것으로 만들어버림으로써 괴로움에서 벗어나도록 한다.

자기중심적인 자아 관념을 배제하고 우주 만물의 법칙과 일체화하는 것이야 말로 진리를 깨닫고 괴로움의 고리에서 벗어나는 길이 될 수 있을 것이다. 이는 현재 우리가 살아가는 모습에 대해 시사하는 바가 크다. 자신의 행복을 위해 열심히 살았던 인생이 도리어 마음대로 인생이 이루어지지 않으면서 크나큰 괴로움을 가져다줄 것이라는 사실을 생각해 본 적이 있는가? 행복은 진정 이루어질 수 있는가? 진정한 행복은 어디에서 오는 것인가? 『직지심체요절』에 수록된 일곱 부처의 게송은 현대 자본주의 사회에서의 비뚤어진 자아 개념에서 오는 이기적이고 비인간적인 세태를 진단하고, 자기중심적인 자아를 가진 사람들이 욕심에 눈이 멀어 스스로 괴로운 삶을 사는 것에 대하여 깊이 생각해 볼 수 있는 철학적인 물음을 던져준다.

『직지심체요절』의 가치

『직지심체요절』은 중앙에서 제반적인 여건을 갖추고 전문적으로 만든 활자보다는 질적인 측면에서 다소 떨어지는 모습을 보였다. 이는 『직지심체요절』의 금속활자의 제조가 지방의 사찰에서 이루어진 소규모의 작업이었기 때문이며, 밀랍과 흙을 이용한 재래의 방법을 사용하였기 때문이다. 그러나 소규모의 재래식 금속활자가 가지는 정교성의 부족에도 불구하고, 『직지심체요절』의 인쇄사적 의의는 매우 크다고 할 수 있다. 『직지심체요절』은 원의 간섭으로 인해 끊어진 우리 금속활자 제조의 맥을 지방에서 계승하였다는 역사적 증거물로서의 역할을 톡톡히 하고 있으며 당시 금속활자로 찍어낸 기록물 중, 가장 연대가 오래된 것으로서 우리 민족의 활자 제조술이 다른 나라에 비해 선구적으로 발전해 왔음을 당당하게 보여주고 있다.

1440년대 말, 독일의 구텐베르크가 세계 최초로 금속활자를 발명해내었다는 설을 일축하고, 그보다 훨씬 오래전부터 우리 민족이 우수한 활자 제작 기술을 바탕으로 금속활자를 제작해내었다는 사실을 밝히는 일은 『직지심체요절』의 가치를 발견하기 전까지는 거의 불가능한 것이었다. 『직지심체요절』의 판본에 스며 있는 우리의 금속활자 제조 기술은 서양의 것보다 훨씬 일찍 고안되어 기록을 통한 우리 문화의 역동적인 발전에 절대적인 기여를 하였고, 15세기에는 중국, 17세기에는 일본에 수출되어 각국이 그들의 문화를 기록, 전파, 계승하여 발전하게 하는 데 널리 공헌을 하였다.

세계 최초의 금속활자 발명은, 『직지심체요절』 이전부터 줄곧 있어왔던 우리 민족의 발전된 인쇄 기술에 그 기반을 두고 있다. 우리 민족의 인쇄 역사는 통일신라로 거슬러 올라간다. A.D. 704~751년 경에 만들어진 최초의 목판인쇄본 『무구정광대다라니경(無垢淨光大陀羅尼經)』은 1966년 경주 불국사의 석가탑 속에서 발견되었는데, 이를 통해 우리나라의 인쇄술은 적어도 통일신라 시기부터 발달된 것으로 보인다. 이후에도 우리 민족은 기록물의 제작에 있어서 목판인쇄를 적극적으로 사용하였는데, 발견된 유산으로는 고려시대에 지어진 개성 총지사의 『보협인다라니경(寶篋印陀羅尼經)』(1007), 대구 부인사의 『초조대장경(初雕大藏經)』(1011), 의천의 『교장(敎藏)』(1091) 그리고 우리가 흔히 '팔만대장경(八萬大藏經)'이라고 부르는 합천 해인사의 『재조대장경(再雕大藏經)』(1236)이 있다. 이처럼 금속활자가 쓰이기 이전 시대에도 우리의 기록물 인쇄는 매우 활발하였던 것이다.

금속활자와 관련된 자료로는 고려 인종 때, 최윤의가 당시까지의 예문을 모아 정리, 편찬한 『고금상정예문(古今詳定禮文)』이 있는데, 이 서적과 관련하여 이규보가 저술한 『동국이상국집(東國李相國集)』에서는 『고금상정예문』을 1234년(고종 21)에 금속활자로 찍어냈다고 전한다. 또한 1239년에 목판본으로 간행된 『남명천화상송증도가(南明泉和尙頌證道歌)』의 발문(跋文)에서는 '모공중조주자본(募工重彫鑄字本)'이라고 하여 금속활자의 사용에 대한 실마리를 제공하고 있다. 마지막으로 1377년에 간행된 『직지심체요절』에는 '주자인시(鑄字印施)'라고 하여 금속활자로 찍어냈다는 기록이 있다.

이처럼 『직지심체요절』 이전의 두 간행물을 통해 금속활자로 찍어냈다는 기록이 있기 때문에 기록상으로는 충분히 『직지심체요절』 이전의 금속활자 사용을 생각해볼 수 있지만, 눈에 보이는 명확한 증거물이 없기 때문에 인정받지 못했다. 『직지심체요절』도 마찬가지로 금속활자 자체가 아니라 간행물이기 때문에 인정받지 못할 뻔 했다. 하지만 '쇠똥'이라 불리는 흔적으로 금속활자의 사용을 고증하는 등 박병선 박사의 노력 덕분에 현존하는 세계 최고의 금속활자 인쇄물로서 유네스코 세계기록유산으로 등재될 수 있었다. 앞서 언급했던 두 간행물이 단지 기록에 의한 증명으로 안타깝게 끝난 것과 비교하여 『직지심체요절』은 그 가치를 확실히 인정받게 되었다.

『직지심체요절』 이후에 금속활자의 모습을 찾아볼 수 없다면 『직지심체요절』이 금속활자로 간행되었다는 주장을 펴기가 힘들 것이다. 그러나 『직지심체요절』 이후에도 우리의 금속인쇄술은 목판인쇄와 함께 지속적으로 꽃을 피웠다. 목판인쇄물로는 조선시대에 편찬된 『개국원종공신녹권(開國原從功臣錄券)』(1395~1397)을 들 수 있고, 금속활자 인쇄물의 경우는 그 실용성 때문에 조선시대에 들어 매우 활발하게 제작되었다. 조선시대의 금속활자 인쇄와 관련된 유물들 가운데는 금속활자 자체가 다수 남아 있기 때문에 당시 금속활자 인쇄를 직접적으로 증명할 수 있다. 대표적인 조선시대 금속활자로는 1403년에 제작된 '계미자(癸未字)', 1420년에 제작된 '경자자(庚子字)', 1434년에 제작된 '갑인자(甲寅字)', 1436년에 제작된 '병진자(丙辰字)', 『석보상절(釋譜詳節)』과 『월인천강지곡(月印千江之曲)』을 찍어내는데 쓰였던 것으로 보이는 한글 활자(1447), 1450년에 제작된 '경오자(庚午字)' 등 매우 풍부하게 발견된다. 이를 통해 조선시대에 우리 민족의 금속활자 인쇄술이 얼마나 발전되었는가를 알 수 있으며, 이러한 금속활자의 활발한 사용 모습을 근거로 하여 우리 민족의 금속활자 사용이 적어도 『직지심체요절』이 간행되었던 고려시대로부터 계속 이루어져 왔음을 짐작할 수 있다.

1377년(고려 우왕 3)에 청주 흥덕사에서 찍어낸 『직지심체요절』은, 한반도에서 간행된 현존하는 세계 최고의 금속활자 간행물로 확실히 인정받고 있다. 『직지심체요절』이 발견되기 전까지 세계 최고의 금속활자 간행물로 널리 알려진 독일의 『구텐베르크 42행 성서』는 현재 독일 중서부 지방에 위치한 도시이자, 과거 로마제국 황제인 프리드리히 3세가 머물렀던 도시 '마인쯔'에서 간행되었다. 이 구텐베르크 성서 기록물은 1440년 말 즈음에 간행된 것으로, 이 유산이 발견되었을 때까지만 해도 사람들은 최초의 금속활자 기술은 15세기 중반에 이르러서야 비로소 발전했다고 생각하고 있었다. 그러나 그보다 약 70년 앞서서 만들어진 우리 문화유산, 『직지심체요절』이 발견되면서부터 이같은 기존의 상식들이 크게 달라졌다. 인류의 금속활자 기술은 14세기 후반부터 이미 발전하고 있었다는 것이 그 첫 번째 충격이었고, 이같이 놀라운 과학적인 기술의 발전이 서양의 여러 나라들이 선구한 것이 아니라 동양의 작은 나라에서 먼저 일어났다는 것이 두 번째 충격이었던 것이다.

한편 서양의 『구텐베르크 42행 성서』 외에도 동양에서 활자의 발전을 도모하려는 움직임은 있었다. 당시 동아시아 문화의 중심이었던 중국이 그러하였다. 일찍이 1041년에 '필승'이 만든 '교니활자'는 진흙을 사용한 인쇄법인데 그 내구성에 있어서는 한계가 있었다고 한다. 1298년에 지어진 '왕정'의 『왕정농서(王禎農書)』는 목활자를 사용한 인쇄물이었다. 중국에서 비로소 금속활자를 사용한 시기는 독일의 구텐베르크 성서 기록물보다도 약 40년 뒤인 1490년이었으며, 이때의 간행물은 '화씨회통관(華氏會通館)'에서 간행한 『송제신주의(宋諸臣奏議)』이다.

동양문화의 거대한 주축이었던 중국에서도 금속활자 인쇄술의 발달이 15세기 후반에서야 비로소 이루어졌다는 사실은 그만큼 금속활자를 제조하여 서책을 간행하기가 기술적으로 쉽지 않았다는 것을 의미했다. 동서양 전체에서 15세기 즈음에 금속활자의 발명이라는 쾌거를 이루기 전에 우리 민족은 그보다 상당히 앞선 14세기 중엽의 시기에 금속활자를 쓰고 있었다는 것이다. 분명 중국에서의 교니활자는 재료만 금속이 아닐 뿐, 인쇄법의 원리에서는 금속활자와 다름없었다. 그러나 재료를 금속으로 하기 위해 해결되어야 할 과제를 모두 해결하여 금속활자를 통한 대량 인쇄를 실용화한 것은 우리 민족의 노력으로 이루어낸 결과였다.

『직지심체요절』이 발견되기 전까지만 해도, 우리나라 최초의 금속활자 인쇄의 증거는 조선시대에서 찾았었다. 1403년(태종 3)에 국가적 사업의 일환으로 제작된 금속활자 '계미자(癸未字)'가 바로 그것인데, 1377년에 금속활자로 간행한 것으로 증명된 『직지심체요절』보다 약 30년 정도 후의 것이다. 『직지심체요절』의 가치가 발견되지 못하였더라도 조선시대부터 이미 금속활자 인쇄술이 발전되어 있었다는 사실은 증명이 되었다. 이미 우리의 인쇄술은 여태껏 최초라고 생각했던 서양의 구텐베르크 금속활자보다 앞서 있었던 것이다. 더욱이 『직지심체요절』의 발견은 우리 최초의 금속활자의 발전 시기를 고려시대로 소급하는 계기가 되었으며, 고려시대에도 금속 인쇄 기술이 발전하고 있었다는 것은 이전부터 금속활자 사용이 활발히 일어났음을 암시해 준다.

『직지심체요절』은 독일의 『구텐베르크 42행 성서』보다 약 70여 년 앞서고, 중국의 『춘추번로(春秋繁露)』보다는 약 150년이나 앞선다. 금속활자는 정보의 대량 보급과 영구적인 계승을 가능하게 함으로써 인류의 발전에 중대한 영향을 끼쳤기 때문에 『직지심체요절』이 발견되기 전까지 독일의 기록 유산인 『구텐베르크 42행 성서』는 인류사에 있어 엄청난 가치를 지니고 있었다. 하지만 우리의 『직지심체요절』이 독일의 구텐베르크 성서보다 앞서 세계 최초의 금속활자로 인정받아 유네스코 세계기록유산으로 지정되자 이제 세계는 인류 발전사의 중요한 유산인 『직지심체요절』과 그를 만들어낸 우리 민족에게 주목하고 있다.

당시 국가의 전반적인 지원 없이 지방에서 재래적인 방법으로 간행하여 한계도 지니고 있다. 그러나 『직지심체요절』이 세계 최초의 금속활자라는 데에는 변함이 없으며, 인류 발전사의 소중한 문화유산으로 그 의의가 크다고 할 수 있다.

인류문화 발전은 정보를 어떻게 보존하고 활용하고 보급하며 축적하느냐에 달려 있다. 이와 관련하여 미국 스탠포드 대학의 저명한 학자 '윌버 슈람(Wilbur Schramm)'은 인류문화 발전의 일등공신으로서 언어의 사용, 문자의 창제, 금속활자 인쇄술의 고안 그리고 컴퓨터와 인터넷의 발명을 들었다. 인류는 언어를 사용하는 순간부터 정보를 교류하는 것이 가능해졌고, 문자를 창제함으로써 기록을 통해 오랜 기간에 걸쳐 정보를 축적, 전달할 수 있게 되었다. 언어의 사용과 문자의 창제는 어쩌면 정보를 통한 인류문화의 발전에 없어서는 안 될 필수적인 요소일 것이다. 하지만 기록매체의 발전이 있어야 문자에 의한 정보의 교류 및 축적을 더욱 적극적으로 활용할 수 있을 것이다. 현대사회에서 컴퓨터로 인하여 정보가 널리 보급되고, 체계적이고 효과적으로 정리, 축적되면서 인류의 인문, 정치, 법률, 사회, 과학, 예술 등이 비약적으로 발전할 수 있었던 것처럼, 당시의 사회에서 금속활자의 제작은 곧 그 시점으로부터 문화의 비약적인 발전을 지속적으로 이루게 해주었던 원동력이 될 수 있었던 것이다. 금속활자는 이전의 간행 기술과는 다르게 쉽게 제작할 수 있다는 장점이 있었고, 한 번 만들면 얼마든지 대량으로 찍어낼 수 있는 내구성을 자랑하고 있어서, 문자 매체에 의하여 기록된 당시의 정보들이 횡적으로는 널리 보급되고, 종적으로는 오랜 기간에 걸쳐 활발하게 계승되도록 하는 역할을 소화해낼 수 있었다. 서양의 『구텐베르크 42행 성서』를 시작으로 한 서양의 금속활자 사용은 많은 양의 정보를 사람들에게 널리 전달할 수 있는 계기가 되었으며, 이 덕분에 당시의 역사의 주체들은 종교혁명에서부터 시민혁명 등의 역사적인 발전을 이끌어 낼 수 있었다.

『직지심체요절』은 이토록 인류의 발전에 지대한 공헌을 하였던 금속활자의 최초적 모습을 보여주는 귀중한 자료이다. 서양에서 처음 나왔다고 전해지는 금속활자본 구텐베르크보다 70여 년이나 앞서 투박하지만 뛰어난 간행 기술을 보여줌으로써, 정보, 기술에서 현재 우수한 위치에 서 있는 우리 민족의 역량을 역사적으로 증명하는 자랑스러운 우리 유산이다.

『직지심체요절』보다 오래된 금속활자의 발견

앞에서 1239년에 목판본으로 간행된 『남명천화상송증도가(南明泉和尙頌證道歌)』의 발문에서 '모공중조주자본(募工重彫鑄字本)'이라고 하여 금속활자의 사용에 대한 실마리를 제공하고 있다고 언급하였다. 하지만 직접적인 증거물이 없으므로 이 논의는 유보되었으며 『직지심체요절』이 금속활자 사용의 세계 최초의 증거물로 세간 사람들에게 인식되었다. 그러나 위의 자료와 관련하여 최근에 『직지심체요절』에 쓰인 활자보다 더 오래된 것으로 여겨지는 금속활자가 발견되었다는 주장이 제기되었다. 금속활자의 이름은 '증도가자(證道歌字)'인데, 이 금속활자는 서울 인사동에 소재한 '다보성 고미술관'의 금속활자 100여 점 속에서 발견되었다. 이와 관련하여 경북대학교 남권희 교수는 다보성 고미술관의 금속활자를 조사한 결과, 12점이 '증도가자'라는 금속활자이며 이것이 1377년 간행된 『직지심체요절』에 쓰인 것보다 약 138년이나 앞선 것이라는 견해를 밝혔다. 남 교수는 각종 설명회와 그의 단행본 저서인 『증도가자 : 직지보다 앞선 세계 최고의 금속활자』(2010, 다보성 고미술), 『(세계 최초로 주조된 금속활자) 증도가자와 고려시대 금속활자』(2011, 다보성 고미술)를 통해 증도가자가 세계 최초의 금속활자임을 주장하였다.

▲ 최근에 발견된 증도가자 금속활자

발견된 금속활자 '증도가자'는 '明(명)', '所(소)', '於(어)', '菩(보)', '善(선)', '平(평)', '方(방)', '法(법)', '我(아)', '福(복)', '不(불)', '子(자)'로 총 12자이며, 이는 앞서 발견된 목판본 『남명천화상송증도가』(1239, 고려 고종 26년)의 글자체와 똑같다고 하였다. 그리고 목판본 『남명천화상송증도가』에 기록된 '최이'의 발문(跋文)에 '모공중조주자본(募工重彫鑄字本)…'으로 이어지는 구절을 보면, '주자본(鑄字本)'이 있었으나 그것은 전해지지 않고, 최이가 그 금속활자본을 가져와 목판본으로 복각했던 것이 오늘날 전해지는 목판본 『남명천화상증도가』라는 것을 알 수 있다. 1239년에 간행된 목각본 『남명천화상증도가』 이전에 금속활자본 『남명천화상증도가』가 있었으며, 그것을 찍어낸 금속활자가 바로 이번에 발견된 12개의 활자라는 것이다.

아직 '증도가자'를 금속활자본 『직지심체요절』을 넘어선 최초의 금속활자로 단정하기에는 힘든 점이 있다. 전래된 경위가 불분명하고, 비교분석할 수 있는 자료가 한정되어 있으며, 금속 성분 비교 분석이 곧 연대 측정이 될 수는 없다는 측면에서 '증도가자'의 정체와 연대는 아직도 논란의 여지가 있다. 정확하고 과학적인 측정방법인 탄소연대측정도 금속의 경우에는 불가능한 것이 현실이다. 따라서 남 교수의 견해에 대해서 아직 단정지을 수는 없으며, 더욱 구체적인 증명이 요구된다. 그러나 최근(2011년 6월) 금속활자에 묻은 먹을 대상으로 탄소연대측정을 하여 고려시대 것이라는 결론을 내릴 수 있었기에 논의는 새로운 국면으로 진입하게 되었다.

그 진위에 대해서는 아직 이견이 많지만, '증도가자'가 최초의 금속활자임을 증명하게 되면 우리 인쇄 역사에 큰 센세이션을 불러일으킬 것이 자명하다. 『직지심체요절』이 최초의 금속활자본이라는 명제를 깨고 그 왕좌를 차지할 것이며, 우리의 인쇄 문화 발전의 시작점을 더욱 소급할 수 있게 될 것이다. 한편으로는 다소 미흡한 지방 사찰의 주조 기술보다 중앙 관청에서 제작한 정제된 금속활자 주조 기술을 연구함으로써 당시 우리 인쇄 기술이 얼마나 뛰어났는가를 자신 있게 증명해낼 수 있을 것이다. 또한 아직 『직지심체요절』을 찍어낸 금속활자 '흥덕사자(興德寺字)'도 발견되지 못한 이 시점에서, 실제 금속활자의 발견은 최초의 금속활자 기술이 우리 민족의 손에서 이룩되었다는, 보다 직접적인 근거를 제공해 준다는 점에서 의의가 크다고 할 수 있다.

<참고 : 『법보신문』 2010년 9월 2일자>

참고문헌

김기태, 「<직지심경>의 역사적 배경에 관한 연구」, 『교육논총』 권15, 인천교육대학교 초등교육연구소, 1998.

남권희, 「증도가자와 동국이상국집」, 『서지학연구』 48, 서지학회, 2011.

______, 「증도가자의 발견과 <남명천화상송증도가>의 연구」, 『서지학보』 36, 한국서지학회, 2010.

남윤성, 「금속활자 발명국 고려와 유네스코 세계기록유산 '직지'의 인류문화사적 의미」, 『중원문화논총』 권9, 충북대학교 중원문화연구소, 2005.

라경준, 「IT기술의 원조 금속활자 그리고 직지」, 『기록인』 10호, 2010.

성기서, 「<직지>의 현대적 의미」, 『호서문화논총』, 19호, 서원대학교 직지문화산업연구소, 2005.

전영표, 「금속활자의 발명과 인쇄본 <직지심경>의 연구」, 『출판 잡지연구』 권13-1호, 출판문화학회, 2005.

천혜봉, 「고려 사주(寺鑄) 활자본 <불조직지심체요절>」, 『호서문화논총』 13호, 서원대학교 직지문화산업연구소, 1999.

법보신문(http://www.beopbo.com/news/view.html?section=1&category=83&item=&no=62491)

제 4 장

승정원일기

승정원일기(承政院日記)

Seungjeongwon Ilgi, the Diaries of the Royal Secretariat
(2001년 등재)

『승정원일기』란 무엇인가

『승정원일기』는 1623년(인조 1)부터 1910년까지 승정원에서 처리한 각종 사항을 비롯한 국정 전반에 대하여 기록한 책으로 현재 총 3,243책이 전해지고 있다. 책의 크기는 일정하지 않으며 인조대 이전의 책은 임진왜란과 이괄의 난 등으로 소실되어 인조대 이후의 기록들만 서울대학교 규장각에 보존되어 있다. 1623년(인조 1)부터 1894년까지는 '승정원일기'라는 이름으로 기록되었으나 1894년 갑오경장 이후 '승선원일기', '궁내부일기', '비서감일기', '비서원일기', '규장각일기' 등으로 명칭이 바뀌어 기록되었다.

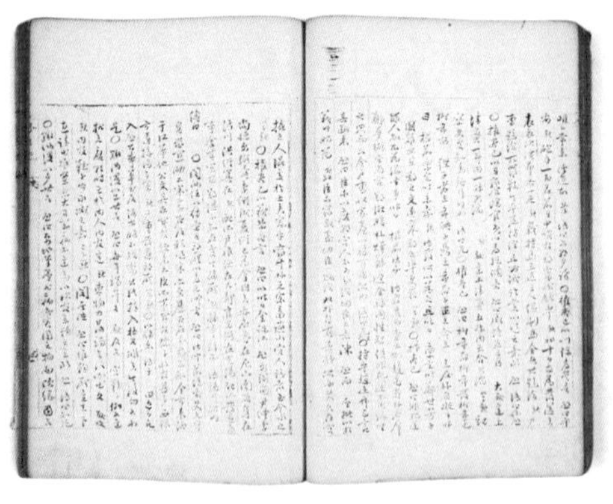

▲ 규장각에 보존되어 있는 승정원일기

『승정원일기』는 국왕을 중심으로 한 다양한 활동과 승정원을 거쳐 처리된 업무를 중심으로 매일의 사항을 일기 형식으로 기록하였다. 그렇지만 일기 형식이라고 하여 자유롭게 기술했던 것은 아니다. 『승정원일기』의 기록은 대체로 다음과 같은 형식으로 작성되었다.

① 날짜와 간지(干支) 및 날씨
② 각방승지의 좌목(座目)과 주서(注書)의 성명
③ 각조나 각사에서 임금에게 올린 계사(啓辭)와 그에 대한 임금의 전교(傳敎) 및 비망기(備忘記) 등
④ 관인이나 유생의 상차(上箚)·상소(上疏)와 그에 대한 비답(批答)
⑤ 이병조(吏兵曹)의 정주(政注)
⑥ 임금의 거동과 관련된 일체의 행사-성균관의 알성(謁聖)·제의(祭儀)·능행(陵幸)·온행(溫幸)·열무(閱武)·친국(親鞫)·중국 사신 접대 행차·사냥·대민하순(對民下詢) 등
⑦ 신료인접(臣僚引接)관계-경연(經筵)·약방(藥房)·차대(次對)·청대(請對)·소대(召對)·인대(引對)·상참(常參)·윤대(輪對)·유생전강(儒生殿講) 등의 인견입시(引見入侍)의 전 과정과 배알내용
⑧ 기타 임금에게 보고되는 사항

<출처 : 정만조(2001), 「승정원일기의 작성과 사료적 가치」>

먼저 『승정원일기』의 작성 과정에서 드러나는 특징은 매일의 날씨를

기록했다는 점이다. 이러한 날씨의 기록은 다른 국가기록물에서는 찾아보기 힘들다. 이를 통해서만 보더라도 다른 기록물들에 비해 되도록 하루의 모든 부분을 자세하게 기록하고자 한 의도를 엿볼 수 있다.

계사, 임금의 전교류를 비롯하여 유생들의 상소와 그에 대한 비답, 임금의 거동과 관련된 일체의 행사, 신료인접, 기타 임금에게 보고되는 사항들이 모두 기록되었던 점을 통해 국왕을 중심으로 한 하루의 국정 운영의 전반이 빠짐없이 기록되었다는 것을 알 수 있다. 계사나 상소문, 전교 등은 글로 작성되어 전달되었기 때문에 기록에 어려움이 덜하였던 것으로 보이지만 행사 중의 대화 내용이나 신료인접 중의 대화는 구두로 이루어졌기 때문에 이를 빠짐없이 기록하려면 한문 실력이 뛰어나더라도 쉽지 않았을 것이다.

『승정원일기』는 누가 기록했을까

『승정원일기』를 기록하고 관리하던 기관은 승정원이다. 승정원 제도는 조선조 1400년(정종 2)에 성립되어 조선말까지 지속되었는데 그 기원은 이미 고려시대의 제도에서 찾아볼 수 있다. 고려 성종은 병관시랑 한언공의 건의를 수용하여 승정원의 전신이라 할 수 있는 중추원을 신설하였는데 이는 송나라 추밀원제의 영향을 받은 것으로 보인다.

고려시대 중추원은 초기에는 궐내의 의례나 궁중의 서무, 왕명을 출납하는 등의 활동을 하였으며, 고려 후기로 가면서 점차 국정에서의 지위가 올라갔다. 조선의 개국 이후에도 이러한 왕명의 출납이나 궁중의 서무를 담당할 기관이 필요했기 때문에 고려의 중추원이 자연스럽게 계승되었다.

조선 초기 승정원 조직은 왕명의 출납을 담당한 지신사, 좌승지, 우승지, 좌부승지, 우부승지 등과 더불어 일반 기록과 사무를 담당하는 당후관, 잡무를 담당하는 연리 등으로 구성되어 있었다. 이러한 기본적인 직제는 조선 초기 수차례에 걸쳐 개정되었으며, 경국대전에 명시되면서 조선후기까지 이어졌다.

조선초기 승정원의 직제

시기	승지(정3품 당상)						주서(정6품)	아전
	도승지	좌승지	우	좌부	우부	동부		
태조	지신사	좌승지	우	좌부	우부		당후관	연리
정종	지신사	좌승지	우	좌부	우부		당후관	연리
태종	지신사	좌승지	우	좌부	우부		당후관	연리
	지신사	좌대언	우	좌부	우부	동부	주서	연리
세종	도승지	좌승지	우	좌부	우부	동부	주서	연리
경국대전	도승지	좌승지	우	좌부	우부	동부	주서	서리

〈출처 : 한충열(1987), 「조선초기 승정원 연구」〉

승정원에서의 활동은 다양하였다. 물론 『승정원일기』와 관련한 승정원의 중요한 활동은 국가의 정사와 왕명의 기록이었지만, 실제로는 이보다 훨씬 다양한 활동을 전개한 조직이라고 할 수 있다. 국왕을 시종한다거나 궁내에서 숙직하는 등의 기본적인 활동뿐만 아니라 국정의 효율적 운영을 위한 육조 일의 분장, 사신의 접대, 국정에 대한 상소 등의 활동을 하였다.

승정원은 특히 왕권의 강화와 밀접한 연관을 가지고 있다. 승정원 소속의 관리들은 국왕을 최측근에서 시종하고 있기 때문에 국왕은 이들에게 자문을 구하거나 승지를 비롯한 관리들과 더불어 의논하여 국사를 결정하는 경우가 많았다.

> 상이 대장 이귀(李貴), 도승지 이덕형(李德馨), 동부승지 민성징(閔聖徵) 등에게 명하여 의장(儀仗)을 갖추고 가서 대비를 모셔 오게 하였다. 이귀 등이 경운궁에 나아가 정황을 아뢰고 누차 모셔 가기를 청하였으나 대비가 허락하지 않았다. 상이 이에 친히 경운궁으로 나아갔다. 유사(有司)가 연(輦)을 대령하고 의위(儀衛)를 마련하였으나, 상이 철거하라고 명하였다. 교자(轎子)를 타기를 청하였으나 역시 따르지 않고 말을 타고 가면서 광해를 떠메어 뒤따르게 하였다.
>
> <출처 : 『승정원일기』 인조 3년 8월 무자(戊子)>

또한 승정원의 승지는 국왕의 전교를 전달하는 등 다양한 업무를 행하였음은 물론 신료인접에도 참석하여 국왕에게 조언하기도 하였다. 이는 승정원 관리들이 국정 운영에 깊게 관여하고 있음을 보여준다.

당시 『승정원일기』를 주로 작성하는 업무를 맡고 있던 관직은 주서(注書)였다. 주서 역시 승지와 마찬가지로 다양한 활동을 하였는데 그 중 가장 중요한 임무는 『승정원일기』의 기록과 국가기록물 관리였던 것으로 보인다. 주서는 시기마다 약간의 차이가 있지만 주서, 가주서, 사변가주서, 수정가주서 등이 있었다. 이들 역시 승정원을 중심으로 행하는 다양한 업무에 관여하고 있었기 때문에 업무 분장이나 위계가 명확했던 것으로 보이며 업무 유형에 따라 다양한 명칭이 나타나고 있다.

업무별 주서직 유형

직과명(법전)	실제 업무별 주서직 유형
주서	상주서, 하주서, 청주서
가주서	상가주서, 청가주서, 남행가주서, 수매가주서, 가출가주서
사변가주서	수정가주서, 천리가주서, 사변가주서겸수정가주서, 사변가주서겸

〈출처 : 강성득(2006), 「17~8세기 승정원 주서직의 인사실태」〉

이러한 주서직 유형에 따른 인원은 시대에 따라 약간씩 변동을 보이지만, 대체로 주서 2명, 가주서 1명, 사변가주서 1명으로 구성되었다. 그렇지만 인조 때 수정가주서라고 하여 주서 1명을 더 두기도 하였으며, 영조 때에는 가출가주서라는 이름으로 4명을 더 두기도 하였던 것으로 보아 국가의 정무에 있어 기록할 일이 많다거나 특별한 수요가 있을 경우, 유동적으로 운영이 가능하였음을 알 수 있다.

주서직을 유형에 따라 살펴보면 먼저, 주서는 주로 전명(傳命)을 담당하고, 가주서, 사변가주서의 업무를 전반적으로 관리하는 역할을 하였다. 국정에 관련된 기록이나 『승정원일기』의 작성은 가주서나 사변가주서가 주로 담당했는데 왕이 모든 신하들을 인견하는 경우, 가주서들 중, 교대로 1명만 참석하였다. 그러나 가주서 1명이 왕과 신하들 사이에 오갔던 모든 대화들을 옮겨 적는다는 것은 불가능해 보인다. 더구나 왕과 신하들의 말하는 빠르기나 말의 크기 등도 제각각이었으므로 가주서들이 이들이 하는 말을 모두 기록하기에는 상당한 어려움이 있었던 것으로 보인다.

"옛날의 학자들은 먼저 시(詩)를 익히고 다음 부(賦)를 익히고 다음 행문(行文)을 익혀 먼저 그 일을 닦은 다음 과거를 보았습니다. 지금은 그렇지 않아 젖비린내 나는 어린애들이 먼저 대책짓는 법을 익혀 요행을 바라고 있으니 초시(初試)에 비록 3백~6백 명을 뽑는다 하더라도 모두 구차하게 빈 장부에 인원수만 채울 뿐입니다. 또 지금 입시(入侍)하는 신하로서 일을 아뢰는 자들은 말소리가 낮고 작아서 좌우가 다 들을 수가 없는데 위에선들 어찌 다 들으실 수가 있겠습니까. 사관(史官)도 들을 수가 없어서 이곳에 있는 자가 말하면 이곳으로 달려오고 저곳에 있는 자가 말하면 저곳으로 달려가기에 또한 혼잡을 이루고 있습니다.

저번에 노재상(老宰相)들이 그 목소리를 작게 낮추어서 아뢰었으므로 그것이 습관이 되어 으레 다 낮은 목소리로 아뢰고 있으니 매우 부당합니다." 하니,

상이 이르기를,

"경의 말이 지당하다. 근래 입시하는 신하들이 으레 말소리를 작게 낮추어 하므로 어떤 때는 다 들을 수가 없어서 경연(經筵)이 끝난 뒤에 승지에게 묻고 나서야 알곤 한다. 그러니 매우 부당한 일이다." 하였다.

<출처 : 『중종실록』 31년 정월 정묘(丁卯)>

이와 같이 주서들이 국정에서 오가는 대화들을 기록하는 데 있어 문제점이 많았던 것으로 보인다. 특히 주서가 사사로이 해당 인물을 찾아가서 말한 내용을 받아 적어 오기도 하고, 국왕이 이를 다시 물어 보아 내용을

알기도 하는 등 주서들의 기록과 『승정원일기』 작성에 많은 어려움이 있었다. 따라서 승정원의 주서는 뛰어난 한문 실력을 가지고 있어야 하였다. 숙종 때의 윤양래와 같은 경우, '비주서(飛注書)'라는 별명이 붙을 정도로 한문 실력이 뛰어났을 뿐더러 속기에도 능했다고 한다.

주서의 평균 재직일은 40일조차 되지 못했다. 더군다나 가주서와 사변가주서의 경우는 주서에 비해 더욱 재직일이 짧았는데, 이에 대하여서는 여러 가지 이유가 있을 수 있다. 이는 승정원이 다른 관직에 비해 업무량이 지나치게 많았기 때문일 수도 있으며, 승정원 주서들이 한문 능력이 뛰어났기 때문에 승진하여 다른 관직으로 제수되는 일이 잦았기 때문일 수도 있다. 여하튼, 승정원의 주서는 『승정원일기』의 작성에 있어 가장 중요한 역할을 했으며, 기록상의 여러 가지 난점에도 불구하고 『승정원일기』 편찬에 각고의 노력을 기울인 것으로 보인다.

『승정원일기』의 작성 절차

『승정원일기』는 국왕이 중심이 된 국정 상황에서 바로 작성될 수 없었다. 주서들은 초책(草冊)을 먼저 작성하였다. 따라서 이 초책이 『승정원일기』의 초고본이라고 할 수 있으며, 임금과 신하들이 말한 내용들을 가장 먼저 기록한 기록물이 된다. 주서들은 이러한 초책을 지참하여 자신만 알아볼 수 있도록 재빠르게 기록하였다. 또한 말의 내용이 너무 많거나 빨라 다 기록하지 못할 경우에는 대략의 내용만 요약하여 기록해 두었다가 나중에 기억을 되살려 기록하거나 함께 참여하였던 다른 사관들의 기록과 비교하여 부족한 부분을 채워 넣기도 하였다.

주서들은 이러한 초책을 위의 형식으로 매일 정리하였으며, 이외의 상소와 같은 문건을 기록하는 경우는 아전 등을 통하여 옮겨 적어서 하루 분량의 『승정원일기』를 완성하였다. 다시 이러한 매일의 일기들을 모아 1달 혹은 반달을 주기로 하여 하나의 책으로 엮어서 이를 승정원에 등록하여 보관하였던 것이다.

이러한 과정들이 조선시대에 지속적으로 행해져 방대한 분량의 『승정원일기』가 전하여 내려오게 되었는데, 이러한 과정에 문제가 없었던 것은 아니다. 아무리 주서의 한문 실력이 뛰어나다고 하더라도 즉석에서 말하는 내용을 그대로 한문으로 옮겨 적는 것은 쉬운 일이 아니었다. 경연 등의 상황에서 국왕이나 신하가 차례로 번갈아가면서 이야기하는 것이 아닐 뿐더러 말소리의 크기도 제각각이었기 때문에 주서들로서는 이들의 말을 옮겨 적기는커녕 제대로 알아들을 수 없는 경우도 있었을 것이다. 『조선왕조실록』에서도 이러한 예를 확인할 수 있다.

> "경연(經筵)에서 일을 기록한 것에는 참으로 소략한 것이 많아서, 계해년 1월 김환(金煥)의 옥사(獄事)에 대하여 판결을 의논할 때의 말을 틀리게 적은 것이 많으니, 그때의 주서(注書)는 추고(推考)하고 일기(日記)는 고쳐 쓰게 해야 하겠습니다."
> 하니, 임금이 말하기를,
> "사옥(死獄)을 논단(論斷)하는 것이 얼마나 중대한 일인데 이토록 사실에 어그러졌는가? 매우 놀랍다. 주서는 먼저 파면한 뒤에 추고하고 그날 말한 것은 심문(審問)하여 상세히 적게 하라."

하였는데, 뒤에 영부사(領府事) 김수흥(金壽興) · 도승지(都承旨) 윤지선(尹趾善)이 입대하여 말하기를,

"일기를 소급하여 고치는 것은 뒷 폐단에 크게 관계되니, 전에 명하신 것을 거두어야 하겠습니다."

하니, 임금이 따랐다.

<출처 : 『숙종실록』 10년 3월 갑신(甲申)>

『승정원일기』를 작성하는 주서들이 경연에서 오갔던 대화를 기록하는데 있어 그 내용을 상세히 기록하지 못해 문제가 되었다는 것을 알 수 있다. 주서 개인의 성향이나 능력에 따라 상황은 달랐겠지만, 『승정원일기』의 작성이 정확하고 자세하게 이루어져야 한다는 원칙을 확인할 수 있다. 또한 주서가 잘못 기록하더라도 일기를 소급하여 고치는 것이 불가하다는 언급을 통해 『승정원일기』가 원칙적으로 한 번 작성된 이후에는 고치는 것이 불가능하다는 점을 보여준다.

그래서 주서들은 초책을 작성한 이후, 다른 사관들과 비교 대조해 보는 경우가 많았다. 다른 사초를 기록하는 사람까지 총 3인이 경연 등에 참가하여 오가는 대화를 옮겨 적었기 때문에 모든 일과가 끝난 후, 이들은 자신이 미처 기록하지 못한 부분이나 잘못 번역하여 기록한 부분 등을 서로 비교해가며 고쳤다. 그렇지만 아무리 이러한 작업을 거치더라도 경연의 내용을 빠짐없이 기록한다는 것은 사실상 불가능하였다. 따라서 조선조 내내 『승정원일기』의 작성은 큰 관심사가 아닐 수 없었다.

집의 김익렴 등이 아뢰기를,

"주서(注書)가 일기를 수정하면서 비록 착오를 빚은 일은 있으나 이

미 요점이 되는 말을 빠뜨리지 않았는데, 지금 양사가 고출(考出)한 것으로 인하여 당해 주서를 파직하라는 명을 내리기까지 하시니, 물정이 모두 미안하다고 합니다. 환수하소서."

하였는데, 상이 따르지 않았다.

<출처 : 『현종실록』 8년 2월 정사(丁巳)>

임금이 6월 13일의 인견(引見) 때의 이야기를 전혀 기록하지 않았다 하여 해당 주서(注書)를 추고(推考)하였다.

<출처 : 『숙종실록』 5년 11월 경신(庚申)>

당대 주서의 초책 작성은 수차례 문제가 되어 해당 주서가 파직되기도 하고, 주서들의 기록에 대해 이견이 있어 논란의 대상이 되기도 하였다는 점을 짐작할 수 있다.

앞서 말했듯이 『승정원일기』는 단지 초책에 기록한 내용만으로 그날의 기사가 완성되는 것이 아니었다. 이외에도 『승정원일기』를 작성하는 데는 다양한 기록이나 다른 사초의 내용들이 활용되었다. 여러 관청이나 개인이 국왕에게 올린 상소문의 경우도 이를 주서가 기록하여 『승정원일기』에 삽입하는 과정을 거쳤으며, 다른 사초를 작성하는 사관들의 초책을 비교하여 부족한 부분을 채워 넣기도 하였다. 또 다른 사료들, 예컨대 약방일기, 경연일기, 춘방일기, 조보, 개인의 일기 등을 이용하여 누락된 부분을 기록하기도 하는 등 다양한 자료들을 수집하여 『승정원일기』를 작성하기도 하였다. 이러한 과정을 거쳐 『승정원일기』는 다른 기록물에 비하여 방대한 내용을 수록할 수 있었다.

『승정원일기』를 작성할 당시 모든 글자를 주서들이 필사한 것은 아니다. 일기의 날짜와 날씨, 이를 작성한 사람들의 서명 등은 그 양식을 인쇄하여 사용하였다. 이러한 기본 양식의 사항들을 기록한 이후에 임금의 행차나 경연의 내용, 임금의 전교 등 그날 있었던 일들을 기록하였다.

『승정원일기』의 작성은 매달마다 작성하여 제출하는 것이 원칙이었다. 그달의 내용을 정리하여 다음달 20일이 되기 전까지 책으로 만들어 제출하여야 했으며, 이를 완성하여 국왕에게 보고하는 날도 한 달 이상 지체될 수 없었다. 조선후기에는 기한이 제대로 지켜지지 않아 문제가 되기도 하였으나, 『승정원일기』의 작성은 이러한 원칙에 의거하여 1910년까지 지속되었다.

앞서 언급하였듯이 『승정원일기』의 내용 중, 특징적인 부분은 매일의 날씨 기록이다. 날씨는 '청(晴;맑음), 음(陰;흐림), 우(雨;비), 설(雪;눈), 오전청오후설(午前晴午後雪;오전에는 맑다가 오후에는 눈)'과 같은 형태로 기록되었다. 오전과 오후의 날씨가 다른 경우 이에 대해 하루 중 날씨의 변화까지 기록하였다는 점에서 날씨의 기록이 매우 자세하였다는 점을 알 수 있다.

애초에 『승정원일기』는 국정을 행할 때 의문시되는 부분이나 문제가 발생할 수 있는 사안에 대하여 전례를 살펴보기 위한 참고용 기록물의 성격이 강하였다. 따라서 일기를 작성하는 데 있어 최대한 자세하게 작성하는 것을 목표로 하였다. 전례를 구체적으로 살펴보기 위해서는 당대의 전후 상황이나 전후 문맥, 이후의 판결이나 결과까지 상세하게 기록되어야 하기 때문이다. 이러한 목적을 위해서 『승정원일기』는 상소문은 물론 국왕과 신하가 인견하는 과정에서 말한 모든 내용을 기록하고자 하였다.

『승정원일기』의 작성은 엄격한 절차를 통하여 서술되었다. 그만큼 조선조에서는 기록물의 편찬에 최대의 노력을 다하였으며, 통일된 양식으로 작성하여 열람을 용이하게 하였다. 또한 해당 『승정원일기』의 작성에 관여한 관료들의 이름을 빠짐없이 기록함으로써 그 책임을 확실하게 하였다. 이러한 과정은 『승정원일기』의 방대한 내용을 정확하게 만들고자 하는 노력의 일환이었던 것이다.

『승정원일기』의 관리와 활용

조선시대 국가 기록물은 당시에 매우 중요하게 인식되어 소중히 보관되었다. 조선시대 주요 국가 기록물 및 사료에 대한 일반적인 관리는 주로 분산 보관의 방법을 택하였다. 특히 『조선왕조실록』의 경우, 조선 전기에는 서울에 있는 춘추관을 비롯하여 충주, 전주, 성주 등 여러 지역에 분산 보관되었다.

특히 임진왜란이 끝나고 난 이후에는 지역에 나누어 보관하는 것뿐만 아니라 험준한 산지에 보관하여야 한다는 인식이 생겨났다. 따라서 임진왜란이 끝난 후, 조선의 사고(史庫)는 5사고로 운영되었는데, 이들 사고는 강화도 마니산, 평안도 묘향산, 경상도 태백산, 강원도 오대산에 위치하였다. 이후 강화도의 마니산 사고는 병자호란으로 파괴되고 뒤이어 다시 화재가 발생하며 정족산으로 이전하였으며, 평안도 묘향산 사고는 청나라의 침입에 대비하여 전라도 적상산으로 이전하였다. 이후 1910년 이전까지 강화도 정족산, 전라도 적상산, 경상도 태백산, 강원도 오대산의 외사고는 계속해서 기록물 보관장소로 이용되었다. 이러한 보관방법은 고려시대의 기록물들이 외침으로 인하여 모두 손실되고 전하지 않는다는 역사적 경험과 기록물들을 후대까지 남겨두고자 했던 조선 왕실의 의도에서 비롯되었다.

외사고에 보관된 기록물들은 주로 『조선왕조실록』과 의궤, 왕실의 족보나 『고려사』, 『동국통감』, 『여지승람』, 『동문선』과 같은 책들과 국가적으로 인정받은 개인문집들이었다. 이런 다양한 저작물들은 주로 역사적 기록의 보존이라는 목적을 염두에 두고 저작된 것으로 보인다. 특히 『조선왕조실록』의 경우, 국가의 공식적인 기록물을 각 외사고에 분산하여 보존한 것은 후대에까지 이를 남겨두겠다는 의도였던 것에 비해, 『승정원일기』는 주로 당대의 국왕이 국정을 행할 때 선례를 검토하기 위해 참고하는 참고용 기록물의 성격이 강하였다.

> 윤시동은 건의하기를,
>
> "이문제술은 지금에 창설하여 거행하는 것이 아니어서 이왕의 사례에서 의거할 만한 것이 틀림없이 많을 것입니다. 삼가 들은 바로는 선왕조 병자년 봄 절제(節製)에서 주상이 낸 제목이 '구장(九章)의 의복과 팔음(八音)의 악기를 하사한 것에 대하여 본조가 사례하는 일을 가상하여[擬本朝謝賜九章八音]'라는 것이었습니다. 당시 전좌에 친림하였는지는 기억하지 못하나 제목의 말을 소중하게 다룬 것은 이것에서 점검할 수 있습니다. 승정원일기를 상고하여 의주(儀注)를 정하여 거행하는 것이 사리에 합당할 듯합니다." 하였다.
>
> <출처 : 『정조실록』 20년 4월 신축(辛丑)>

국정을 운영할 때 조금이라도 의심 가는 일이 있으면 전대의 『승정원일기』를 참조하여 결정을 내렸던 것을 알 수 있다. 특히 의례나 행사의 운영에서 논란이 될 만한 부분이 있으면 반드시 선례를 참고하여 결정을 내렸던 것이다.

따라서 『승정원일기』는 언제나 열람할 수 있도록 궁궐에 보관되었다. 따라서 궁궐에 보관되었던 『승정원일기』의 경우, 다른 사고에 보관되어 있는 서책들에 비해 전란이나 화재로 인한 피해를 입기가 쉬웠다. 실제로 현재 보존되고 있는 『승정원일기』는 1623년(인조 1)부터 1910년까지의 기록으로 그 이전의 기록은 모두 소실된 상태이다. 이는 임진왜란과 병자호란, 이괄의 난 등의 전란과 궁중의 화재로 인해 일기가 불타 없어졌기 때문이다. 물론, 『승정원일기』가 피해를 입은 이후에 일기청이 설치되는 등 『승정원일기』를 개수하고자 하는 움직임이 나타났지만, 오래전의 기록들은 사실상 복원해내는 것이 불가능했기 때문에 현재와 같은 형태로 전해지고 있다.

『경국대전』을 통해 보았을 때, 『승정원일기』가 『조선왕조실록』이나 의궤 등의 다른 기록물과 마찬가지로 분산되어 보관되었으리라는 점을 짐작할 수 있다.

> 춘추관의 시정기(時政記)와 승문원의 문서를 3년마다 한 번씩 인쇄하여 본관청, 의정부 및 사고(史庫)에 보관한다.
>
> <출처 : 『경국대전』>

『승정원일기』는 3년마다 한 번씩 인쇄하여 수도뿐만 아니라 사고에 보관하는 등 복본을 제작하는 것이 원칙임을 알 수 있다. 그렇지만, 현재 이러한 복본이 발견된 바는 없으며, 궁궐에서 관리한 『승정원일기』만 현재 전하고 있는 실정이다.

전란이나 화재로 여러 차례 개수가 이루어졌지만, 『승정원일기』는 중요하게 잘 보관되었다. 조선시대의 기록물 관리는 일반적으로 포쇄(曝曬)를 통하여 물리적인 피해를 줄였다. 포쇄는 보관되어 있는 책을 정기적으로 꺼내 햇볕과 바람에 말리는 것으로서 부식이 일어나거나 곰팡이가 피는 현상을 방지하기 위한 방법이었다. 이러한 정기적인 관리를 통하여 『승정원일기』와 같은 기록물이 손상을 입는 것을 막고, 손상이 있는 것은 더 큰 손상이 가지 않도록 하였다.

또한 형지안(形止案)을 작성하고 관리함으로써 『승정원일기』의 관리가 더욱 철저하게 이루어졌다. 기록물과 관련한 형지안은 주로 그것이 소장되어 있는 실태나 출납 정보, 개수나 포쇄에 대한 정보를 담은 일종의 장부이다. 『승정원일기』의 경우, 전례에 대한 확인이나 활용이 주된 목적이었기 때문에 고출형지안(考出形止案)을 통하여 『승정원일기』가 출납된 사례를 빠짐없이 기록하고자 했다. 또한 개수나 포쇄가 시행될 경우에도 주로 형지안이 작성되었던 것을 미루어 볼 때, 『승정원일기』 역시 철저한 국가의 관리 하에 보존되고 활용되었던 것으로 보인다.

이처럼 『승정원일기』는 국가의 체계적인 관리 아래 보존되고 활용되었다. 물론 전란이나 화재 등으로 인하여 상당수의 기록물들이 소실되었지만 조선조 관리들의 기록물 관리에 대한 관심이 방대한 양의 『승정원일기』를 보존하게 만들었던 것이다. 『승정원일기』는 『조선왕조실록』과는 다른 의도에서 자주 활용되었던 자료였음에도 불구하고 잘 보존되어 조선시대의 정치사에 대한 생생한 기록을 남겨주고 있다.

『승정원일기』의 개수와 개작

여러 기록들에 따르면 『승정원일기』는 조선초기부터 꾸준히 기록된 것으로 보인다. 그렇지만 현재 남아 있는 부분은 1623년(인조 1)부터 1910년에 이르는 기간 동안의 기록이다. 그 이전의 자료는 대부분 임진왜란이나 이괄의 난 등으로 불타버렸다. 그렇지만 앞서 보았듯이 조선조 관료들이 사료의 제작이나 기록물을 남기는 일에 지대한 관심을 가졌다는 점을 고려해 볼 때, 전란으로 소실된 사료들에 대해서 그 대응책을 마련했을 것으로 볼 수 있다.

정경세는 아뢰기를,

"나라에 역사가 있는 것은 관계된 바가 매우 중합니다. 나라는 망할 수 있으나 역사는 없을 수 없습니다. 당대 20여 년 동안의 일기가 병화가 스쳐간 통에 남김없이 산실되었으니, 극히 한심합니다. 춘추관(春秋館)으로 하여금 상의하여 사료를 수습케 하고, 지방의 수령으로서 춘추관원을 겸하는 규정이 있으니 그 중에서 총명하고 기억력이 뛰어난 사람을 골라서 춘추 관원의 직임을 겸하도록 하며, 또한 잘 생각하여 기록해 약간 두서를 이룰 수 있게 한다면 전연 모양을 갖추지 못하는 상태에 이르지는 않을 것입니다."

하고, 박홍로는 아뢰기를,

"사관(史官)이나 겸춘추(兼春秋)를 지낸 사람에게 만일 가장(家藏)된 일기가 있으면 빨리 수습하여 민멸되는 지경에 이르지 않게 하는 것이 마땅합니다. 이정형(李廷馨)은 병자년간으로부터 조보(朝報)에서 유관한 것을 뽑아 일기를 만들었는데, 지금 춘추관에 있습니다. 이와 같은 것을 또 찾는다면 어찌 소득이 없겠습니까." 하였다.

<출처 : 『선조실록』 28년 2월 신해(辛亥)>

『승정원일기』가 가장 크게 피해를 입은 사건은 아무래도 임진왜란이었을 것이다. 이 전란으로 인하여 선조대 이전의 『승정원일기』가 모두 불타버렸는데, 이에 대하여 조정의 관료들은 불타버린 『승정원일기』를 복구하고자 하는 움직임을 보였다.

그렇지만, 조선 초부터 매일의 일들을 기록한 『승정원일기』의 양은 만만치 않았다. 그렇기 때문에 위의 사례에서도 알 수 있듯이 정경세가 말한 『승정원일기』의 복구는 다만 선조대의 것에 지나지 않았던 것이다. 선조대의 『승정원일기』를 복구하기 위하여 관료들은 기억력이 뛰어난 사람을 찾고, 당대의 일을 기록해놓은 자료들을 서둘러 모아서 재구성하는 방법을 통하여 불타버린 『승정원일기』의 일부를 개수하고자 하였다.

이후에도 『승정원일기』는 이괄의 난, 병자호란, 영조대의 창덕궁 화재로 인하여 크게 화를 당했다. 이렇게 『승정원일기』가 화를 당할 때마다 개수의 움직임을 보였는데, 특히 창덕궁 화재로 인해 『승정원일기』가 거의 불타버린 상황에서 국가 기록물을 남기고자 하는 관료들의 움직임이 적극적으로 나타났다.

임금이 대신과 비국 당상을 인견하였는데, 대신에게 일기청(日記廳)을 구관(句管)하라고 명하였다. 이에 앞서 갑자년 일기(日記)가 모두 불탔으므로, 이때에 이르러 청(廳)을 설치하고 당상(堂上)과 낭청(郎廳)을 차출하여 찬집(纂輯)하게 했는데, 사국(史局)을 중히 여기는 뜻에서 이 명이 있게 된 것이다. 이어 대내(大內)의 일기(日記)를 반포하였는데, 일

기청 당상 홍계희(洪啓禧)가 아뢰기를,

"선묘(宣廟) 임진년부터 경묘(景廟) 신축년까지의 일기가 모두 1천 7백 96권인데, 경인년 일기 1권, 기해년 일기 2권은 진연(進宴)에 관한 일을 고열(考閱)하느라 미처 옮겨오지 않았기 때문에 불탄 가운데 들어가지 않았습니다만, 이미 불탄 것이 1천 7백 93권입니다. 인묘(仁廟) 계해년 이전의 일은 오래되어서 증험하기가 어려우니, 계해년 반정(反正)부터 시작하여 찬집하겠습니다. 따라서 사가(私家)에서 저보(邸報)를 등서(謄書)해 둔 것이 있으면 듣는 대로 가져오게 하고 시골에 있고 권질(卷秩)이 많은 경우에는 또한 역참(驛站)을 통하여 실어 오게 하여 참고할 바탕으로 삼는 것이 마땅하겠습니다."

하니, 임금이 허락하였다. 또 아뢰기를,

"기유년 5월 보름 뒤의 일기도 또한 없어졌습니다. 이는 의당 그때의 당후(堂后)로 하여금 추보(追補)하게 해야 합니다."

하니, 허락하였다.

<출처 : 『인조실록』 22년 5월 을묘(乙卯)>

영조대의 화재로 인한 『승정원일기』의 소실과 이를 개수하고자 하는 움직임은 일기청의 설치로 나타난다. 이때의 화재로 인하여 불탄 일기는 1,793권에 이르는데, 이 시기에 논의된 개수 역시 이전 일기의 경우, 증험하기 어렵기 때문에 당대에서 멀지 않은 시기부터 개수가 이루어진 것을 확인할 수 있다.

이처럼 현재 전해지고 있는 『승정원일기』는 여러 전란이나 화재로 인하여 끊임없이 개수되어 작성된 것들이다. 이후, 고종대에도 화재로 인하여 약 300여 권이 불타버리는 사건이 발생했으며, 이때에도 임시로 일기청이 설치되어 여러 자료를 수집하여 『승정원일기』를 개수하였다. 이를 통해 보았을 때, 엄밀히 말하여 『승정원일기』가 그 당대의 사실을 그 당시 기록한 것은 아닐지 몰라도, 일기가 소실될 때마다 이를 다양한 사료들을 수집하여 개수함으로써 당대의 일들을 광범위하고 자세하게 수록하였던 기록이라는 점은 틀림없다.

또 하나 『승정원일기』와 관련하여 언급하여야 할 것은 세초(洗草)와 관련한 부분이다. 원칙적으로 『승정원일기』는 한 번 작성되면 개작하거나 임의로 바꿀 수 없는 것이었지만 『승정원일기』를 보면 삭제된 부분이 적지 않게 나타난다. 이러한 삭제는 물론 국정에서의 논의의 결과에 따른 것이며, 100건이 넘는 부분이 삭제되었다. 『승정원일기』가 삭제된 부분은 주로 영조대인데 특히 영조 29년에서 40년 사이에 집중되어 있다.

영조대 『승정원일기』 삭제 건수

영조재위년	25	26	27	28	29	30	31	32	33	34	35	36	37	38	39	40	
삭제건수	1				3		5	7			2	5	52	38		1	114

〈박홍갑 외(2009), 『승정원일기, 소통의 정치를 논하다』〉

영조 29년에서 40년 사이에 세초한 부분이 많은 것은 임오화변(壬午禍變)과 무관하지 않다. 임오화변은 사도세자가 부왕인 영조에 의해 뒤주속에 갇혀 죽은 사건을 말한다. 사도세자는 당시의 어지러운 정국에서 노론세력과 영조에 의해 희생당했는데, 이러한 과정 역시 승정원일기에는 빠짐없이 기록되었던 것으로 보인다. 그렇지만 이와 관련한 내용은 후에 많은 부분이 세초되어 전모를 자세하게 알기 힘든데, 당시 『승정원일기』의 세초와 관련한 기록이 『조선왕조실록』에 일부 언급되어 있다.

임금이 집경당(集慶堂)에 나아가 하교하기를,

"이번에 하교한 것은 나라를 위하고 충자(沖子)를 위한 것이나, 오히려 미진한 것이 있었다. 왜냐하면 비사(秘史)는 의논할 수 없더라도, ≪정원일기(政院日記)≫로 말하면 천인(賤人)들도 다 보고 사람들의 이목(耳目)을 더럽히는 것이다. 사도(思悼)가 어두운 가운데에서 알면 반드시 눈물을 머금을 것이니, 어찌 후세에 유족(裕足)을 끼치는 뜻이겠는가? 비사가 이미 있으니 일기가 있고 없는 것이 무슨 관계가 있겠는가? 오늘 시임(時任)·원임(原任)이 마침 입시(入侍)하였으므로 이미 하교하였다. 승지(承旨) 한 사람이 실록(實錄)의 예(例)에 따라 주서(注書) 한 사람과 함께 창의문(彰義門) 밖 차일암(遮日巖)에 가서 세초(洗草)하라. 내 마음은 종통(宗統)에 대하여 광명(光明)하나 이 일은 수은(垂恩)에게 차마 못할 일이었으니, 이번 하교는 병행하여도 어그러지지 않을 것이다. 일기를 보더라도 다시 그 글을 들추는 자는 무신년의 흉도(凶徒)의 남은 무리로 엄히 징계할 것이다. 다들 반드시 이 말에 따르고 국법을 범하지 말아야 한다." 하였다.

<출처 : 『영조실록』 52년 2월 병오(丙午)>

『승정원일기』에서 사도세자와 관련된 부분을 삭제하라는 어명이 있었으며 이에 따라 그 기록이 세초되었음을 알 수 있다. 『승정원일기』에서 사도세자와 관련된 기사를 삭제하는 이유는 비사[실록]가 이미 있으므로 『승정원일기』의 유무가 관계없기 때문이었다. 그렇지만 이는 국왕을 비롯한 정사의 모든 부분을 기록하고자 한 『승정원일기』의 성격과는 다른 결정이었다.

『승정원일기』에 실려 있었을 것으로 보이는 '세자 비행 10여 조'는 이미 세초되어 그 내용을 알 수 없다. 따라서 사도세자와 관련된 죄목이 어떤 사안이었는지, 사도세자가 폐위되고 죽을 만한 사안이었는지는 정확하게 파악할 수 없다.

사도세자와 관련된 기록의 세초를 주도한 것은 세손[정조]이었다. 영조 52년은 이미 세손이 대리청정을 하고 있던 시기였으며, 할아버지인 영조에게 『승정원일기』에서 아버지인 사도세자의 사건과 관련된 부분의 세초를 요청하였다. 결국 위의 예와 같이 세초의 명이 떨어지고, 사도세자와 관련된 부분은 모두 세초된 것이다.

『승정원일기』를 세초할 경우, 삭제가 끝나는 지점이나 상단부에 세초에 대한 사항을 기록하는 것이 원칙이었다. 이는 영조 29년 6월 기유(己酉)의 기사에서 보이는 '병신년 전교를 내려 세초[丙申因傳教洗草]'했다는 기록이나 영조 40년 2월 임인(壬寅)의 기사에서 영조의 명에 따라 세초했다는 기록이 남아 있는 예를 통하여 알 수 있다. 그렇지만 세초 기록이 모두 남아 있는 것은 아니며, 삭제되었으나 아무런 기록이 되어 있지 않은 경우도 있어서 『승정원일기』가 작성될 당시의 모습 그대로 전해지지 않고 있다.

아무튼 『승정원일기』가 조선시대 국정에 대한 방대한 사항을 기록하고 있다는 것은 틀림없다. 또한 다른 기록물과 마찬가지로 당대의 국정이나 상황을 상세히 기록하려고 노력하였으며, 사실대로 기록하려고 노력했던 것은 분명하다. 해당 주서가 그날 일어났던 여러 가지 일들을 잘못 적거나 적지 않음으로 해서 파직되는 경우가 허다했던 점을 비추어 볼 때, 이러한 조선 관료들의 노력을 분명히 알 수 있다. 또 전란이나 화재로 인하여 『승정원일기』가 소실된 경우, 이를 복원하고자 임시 기관을 설치하여 복구에 최대한의 힘을 기울였으며, 이를 통하여 상당수의 일기들이 개수되었다는 것을 알 수 있다. 이처럼 공식적으로 사실만을 담기 위해 항상 노력해왔지만 국왕의 승인 하에 세초되는 예도 있었다.

『승정원일기』의 가치

『승정원일기』는 조선시대 각종 기록물 가운데 중요한 위치를 차지한다. 실록을 통해 볼 때, 조선시대 국정의 운영에서 각종 문제나 사건을 해결할 때 주로 『승정원일기』를 통하여 이전의 예를 참고하여 결정을 내렸다는 점을 알 수 있다. 이러한 사실을 통하여 당대에도 『승정원일기』의 기록과 보존이 중요하게 취급되었으며 국정운영에도 중요한 역할을 하였다는 것을 알 수 있다.

비록 1623년부터 1910년까지의 기록밖에 남아있지 않지만 이 기간 동안 하루하루 상세한 기록이 이루어져 총 3,243책이 전해 내려오고 있다는 점에서 가치 있는 기록물이라 하겠다. 이러한 중요성이 반영되어 2001년 9월 4일에 『승정원일기』가 세계기록유산으로 지정되었다.

『승정원일기』의 사료적 가치는 무엇보다도 그 방대함에 있다. 현전하는 『조선왕조실록』이 조선 전 기간에 걸쳐 1,893책에 이르고 있는데 비해 『승정원일기』는 1623년(인조 1)부터 1910년까지의 288년간의 기록이 3,243책에 이르기 때문에 양적인 측면에서 비교할 수 없을 정도로 방대하다. 중국에서 가장 방대한 사료로 평가되는 명실록(明實錄)도 3,000책이 되지 않는다는 점을 통해서도 『승정원일기』의 기록량이 엄청나다는 것을 알 수 있다. 자수(字數)로 볼 때 2억 4천자가 넘는 글자로 구성되어 있다는 점에서 세계에서 가장 방대한 기록물 중 하나라고 볼 수 있다.

또한 분량이 방대한 만큼 필연적으로 내용 또한 상세하다. 국왕과 신하의 인견 상황에서의 모든 대화를 기록하고자 한 점이나 각종 상소문, 국왕의 행차에서 일어난 일들에 대한 모든 사항을 매일 기술함으로써 다른 사료들에 비해 매우 상세한 모습을 보여준다. 『승정원일기』가 소실되어 개수하는 과정에서도 최대한 많은 자료와 당시의 여러 기록물을 남겼던 사람들을 불러 모아 최대한 원본에 가깝도록 작성하였다는 점으로 볼 때, 당대 관료들이 기록을 매우 중요하게 생각하였음을 알 수 있다. 특히 『조선왕조실록』의 경우 중요한 사항이나 내용을 압축적으로 기록하고 있는데 반해 『승정원일기』의 경우, 하루에 있었던 일들을 다양하게 서술하고자 노력하였기 때문에 그 기록의 상세함은 조선조 기록물 중에서도 단연 돋보인다.

『승정원일기』는 조선시대의 정치적, 사회적 변화와 정치활동에 대해 비교적 자세하게 보여주는 1차 자료이다. 특히 『조선왕조실록』의 경우 19세기 고종과 순종에 대한 기록이 객관적 사료로서의 가치를 가지지 못한다는 점을 고려할 때, 이 시기 정치변동의 실상을 보여주는 중요한 자료이다. 물론 광해군 이전의 자료가 현재 전해지지 않을 뿐더러 이후에도 각종 개수와 개작의 과정을 거치면서 원 기록이 전승되지 못한 점에서 한계를 보이지만, 역사적 사료로서 충분한 가치를 가진다. 또한 당시의 기상상황에 대한 기록을 빠짐없이 하고 있다는 점에서 조선시대 기후 변동 상황에 대한 연구 자료로서의 가치 역시 크다.

『승정원일기』는 조선시대 기록문화에서 매우 중요한 위치를 차지하고 있음은 틀림없다. 현재 『승정원일기』를 국역하는 작업들이 이루어지고 있는데, 이 작업이 완료되면 조선시대 기록물은 더 이상 전문가들만의 영역이 아니라 일반인들도 쉽게 접할 수 있는 매개물이 될 것이다. 나아가 외국어로 번역이 이루어진다면 세계인들에게 한국 기록문화의 우수성을 알리는 계기가 될 것이다.

참고문헌

강성득, 「17~18세기 승정원 주서직의 인사실태」, 『한국학논총』 31, 국민대학교 한국학연구소, 2009.

김종수, 「승정원일기 편찬체제와 타 문헌과의 비교 검토」, 『인문학논총』 3, 국립7개 대학 공동논문집 간행위원회, 2003.

신병주, 『조선 최고의 명저들』, 휴머니스트, 2006.

신병주, 「조선후기 기록물 편찬과 관리」, 『기록학연구』 17, 한국기록학회, 2008.

양진석, 「승정원일기! 어떻게 편찬되었나」, 『기록인』 2010 SPRING 제10호, 2010.

오항녕, 「조선후기 승정원일기 개수 연구」, 『태동고전연구』 제22집, 한림대학교 태동고전연구소, 2006.

이근호, 『승정원일기 ; 소통의 정치를 논하다』, 산처럼, 2009.

정만조, 「승정원일기의 작성과 사료적 가치」, 『한국학논총』 24, 국민대학교 한국학연구소, 2001.

한충희, 「조선초기 승정원 연구」, 『한국사연구』 59, 한국사연구회, 1987.

한춘순, 「조선 성종의 육조직계제 운용과 승정원」, 『한국사연구』 122, 한국사연구회, 2003.

제 5 장

조선왕조의궤

조선왕조의궤(朝鮮王朝儀軌)

Uigwe: The Royal Protocols of the Joseon Dynasty
(2007년 등재)

조선왕조의궤의 의미와 가치

조선왕조의궤는 2007년 6월 남아프리카 공화국 프레토리아에서 열린 제8차 유네스코 기록유산 국제자문위원회의에서 세계기록유산으로 등재되었다. 현재까지 발굴된 의궤의 수량은 방대하지만 모든 의궤가 다 세계기록유산에 등재된 것은 아니다. 현재 세계기록유산에 등재된 의궤는 서울대 규장각 한국학연구원에 소장되어 있는 546종 2,940책의 의궤와 한국학중앙연구원 장서각에 소장되어 있는 287종 490책이다. 최근 프랑스에서 반환된 외규장각 의궤가 조선왕조의궤로서는 더 잘 알려진 것이지만 등재 당시에는 프랑스에 보관되어 있었기 때문에 세계기록유산에 포함되지 못하였다. 그러나 프랑스에서 반환된 의궤가 어람용(御覽用)이면서

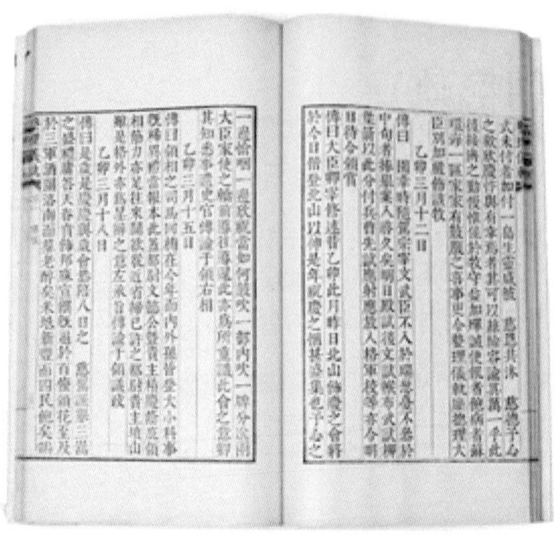

▲ 정조 대에 편찬된 『원행을묘정리의궤』

유일본이라는 점에서 규장각과 장서각에 소장된 분상용(分上用) 의궤보다 문화재로서의 가치는 더 우수하다고 할 수 있다. 이 밖에도 최근 일본의 궁내성 소장본 의궤가 알려졌지만 이 또한 세계기록유산에 등재되지는 못하였다. 궁내성 소장본은 2011년 10월 18일, 노다 일본 총리가 방한하면서 일부 우리 정부에 전달되었으며 한·일도서협약에 따라 향후 더 많은 의궤들이 반환될 예정이다.

의궤는 조선시대에 국가와 왕실에서 행해진 여러 행사나 사업의 과정을 기록한 책이다. 이는 어떤 행사나 사업이 마무리되었을 때 임금에게 사업의 경과를 보고하기 위한 보고서로서의 성격과 향후 유사한 행사를 진행할 때 참고하기 위한 지침서로서의 성격을 동시에 지녔다. 의궤라는 용어는 의식과 궤범(軌範)이라는 뜻이다. 궤범이란 일종의 모범적 사례의 모음이라고 할 수 있다.

조선은 역성혁명을 통해 이룩한 국가이다. 따라서 건국 초기에는 국가의 정체성을 확립하고 제도를 정비하는 것이 무엇보다 시급한 문제였다. 왕도정치를 표방하는 성리학을 건국이념으로 삼은 조선조에서는 왕실의 의례가 매우 중요한 문제로 다루어졌다. 특히 국가적으로 행해지는 다섯 가지 의례를 매우 중요하게 다루었는데, 그 오례는 길례(吉禮), 가례(嘉禮), 빈례(賓禮), 군례(軍禮), 흉례(凶禮)이다. 길례는 국가의 각종 제사[대사, 중사, 소사 등]와 관련된 의례이고, 가례는 혼례나 궁중 잔치, 왕비나 세자 등의 책봉과 같은 경사스런 의식과 관련된 의례이다. 빈례는 국가 간의 친화를 목적으로 제도화시킨 것인데, 대개 사신의 영접과 관련된 의례이고, 군례는 활쏘기나 강무, 대열 등 나라의 안전을 도모하기 위하여 만든 의례이다. 흉례는 국가적 장례의식이나 종묘에 신주를 모시는 부묘 의식 등을 포함하는 것으로 가례와 대비되는 의례이다. 이러한 오례를 국가적인 차원에서 다듬고 올바로 정립하려고 한 것은 각종 행사를 유교적 이념과 연계시킴으로써 조선왕조의 정통성을 강화하고자 한 것이었다.

이러한 의례를 주관하기 위해 세종조에는 『국조오례의』를 편찬하기도 하였는데, 이 책에는 오례에 대한 여러 가지 예법과 준칙이 제시되어 있다. 『국조오례의』에 따라 행해진 의식의 전말을 보고서 형식으로 제작한 것이 의궤의 모태였다. 『국조오례의』와 의궤의 관계는 법전과 판례집의 관계라고 볼 수 있다. 법률이 제정되어 있다고 하더라도 그것을 가장 바람직하게 활용하기 위해서는 실제 재판에서 적용된 다양한 사례들을 모아 다듬어야 한다. 오늘날 대법원 등에서 판례를 중요시 여기는 까닭도 이런 점에 있다. 법률 못지않게 종래의 판례가 판단의 중요한 근거가 되기 때문이다. 조선은 일찍부터 의식에 관련된 내용들을 명문화하고 이를 바탕으로 이루어진 여러 행사들의 결과를 기록으로 남겼다. 이러한 건국 초기의 관행은 조선시대 전시기에 걸쳐 꾸준히 지속되었으며 그 결과 『조선왕조실록』, 『조선왕조의궤』, 『승정원일기』, 『일성록』과 같은 세계적인 기록유산이 생산되었다.

의궤는 조선 초기부터 제작된 것으로 보이는데, 이는 1411년(태종 11)의 실록 기사문에 의궤에 관한 구절이 등장하기 때문이다. 1422년(세종 4)의 기록에는 태종의 국장과 관련하여 태조와 정종 등의 장례 의식에 관한 의궤가 언급되어 있다. 이러한 기록으로 보았을 때, 의궤는 조선 초기부터 꾸준히 제작되었던 것으로 보인다. 다만 임진왜란과 병자호란 등의 전란으로 국가기록물들이 많이 훼손되면서 조선 전기에 제작되었던 의궤들은 대부분 소실되었다. 선조 때에 제작된 의궤 가운데 불에 타 훼손된 상태로 전해지는 책이 현재 서울대 규장각에 소장되어 있다.

의궤는 그 양이 매우 방대한데 현재까지 조사된 바에 따르면 규장각에 553종, 장서각에 293종, 파리국립도서관에 191종, 그 외 일본 궁내성에 다수 소장되어 있다. 국가적 행사들을 시대별로 매우 상세하게 기록해 놓았기 때문에 당시 집행된 행사의 과정과 행정적 절차를 확인할 수 있을 뿐만 아니라 시대별 변화도 확인할 수 있다. 의궤에는 왕명을 정리한 전교(傳敎), 관원들이 왕에게 올린 문서인 계사(啓辭), 상하 등급의 여러 관련 관서와 주고받은 문서를 모은 이문(移文), 내관(來關), 감결(甘結), 관련자들의 명단을 적은 좌목(座目) 등이 기록되어 있어 행정적 절차를 정확하게 확인할 수 있다. 또한 인원 및 물자의 조달에 관한 재정 수입과 내막 등도 자세하게 기록되어 있다. 예를 들어, 오례 중 가례에 속하는 궁중 잔치의 기록 가운데에는 악기를 만드는 경비, 음식 및 의복 등을 마련하는 경비, 하사품을 마련하는 경비, 일한 사람들의 일당 지급을 위한 인건비 등이 기록되어 있다. 이는 오늘날 당시의 물가를 확인할 수 있는 중요한 기준이 되기도 한다.

의궤는 조선 왕실의 궁중 문화 연구의 중요한 사료가 될 수 있다. 실록이나 각종 자료에 정확하고 세밀하게 기록되어 있지 않아 알기 어려웠던 궁중의 생활 문화에 대한 실마리를 의궤를 통해 확인할 수 있다. 의식주와 같은 기본적인 것에서부터 장례나 제사에 이르기까지 그림과 글이 함께 전하고 있어 구체적인 검증이 가능하기 때문이다.

의궤에 포함된 수많은 각종 기물 및 시설의 도면이나 사람들의 배치도인 반차도(班次圖)는 미술사 연구와 복식사 연구 등에도 중요한 자료로 인식되고 있다. 의궤는 문자로 표현하기 어려운 도구나 건물 등을 그림으로 그려 기록하고 있는데, 특히 의례 행렬을 표현한 그림은 화려한 천연색으로 실어 놓아 당시의 회화 수준을 가늠할 수 있게 해준다. 이 밖에도 군례에 대한 자료를 통해 당시의 군사 및 국방 영역에 대한 자료를 얻을 수도 있다.

의궤는 문화재 복원에 있어서도 중요한 역할을 한다. 그 대표적인 사례가 바로 수원화성이다. 수원화성은 1997년 유네스코 지정 세계문화유산으로 등재되었는데, 세계문화유산 가운데 원형이 아니라 복원된 문화재가 등재된 사례는 수원화성이 유일하다고 한다. 화성은 6·25 전쟁 당시 파손되어 온전하게 남아 있는 시설이 별로 없었는데, 1975년 이후부터 복원 공사를 실시하여 오늘날의 모습을 갖추게 되었다. 이때 수원화성의 복원 공사가 바로 『화성성역의궤』에 의해 이루어졌다. 이 책은 화성 건축에 관한 완벽한 공사기록서로서 공사에 관한 모든 내용이 담겨 있다. 공사 일정, 관계자 명단, 공문서, 장인 명단과 지급 노임 규정, 자재 명칭과 수요, 들어간 비용 내역 등이 그것이다. 특히 시설물들을 그림으로 설명한 도설(圖說)이 있어서 완벽한 복원이 가능했다. 그 결과 의궤를 꼼꼼하게 확인한 유네스코 관계자들이 복원된 수원화성의 등재를 허락했던 것이다.

이 외에도 문화재청과 한국문화재보호재단에서는 궁중의례 재현 행사에 여러 의궤를 활용하고 있다. 『숙종인현왕후가례도감의궤』를 활용한 숙종과 인현왕후의 혼례식 재현 행사와 『고종명성황후가례도감의궤』를 활용한 고종과 명성황후의 혼례식 재현 행사가 그것이다.

의궤의 제작과 관리

조선 왕실은 행사를 진행할 때 도감이라고 하는 특별 기구를 설치하여 행사를 주관하도록 하였다. 도감은 임시로 설치된 기구로서 행사의 진행을 담당하고 나면 해체되는 조직적 특징을 지니고 있었다. 따라서 도감을 관리하는 관리들은 겸직을 하는 경우가 많았다. 특정 상설 기구의 관리들이 행사를 위해 임시적으로 임명되었는데, 그 직제는 총 책임자인 도제조(都提調)와 부책임자인 제조(提調) 및 도청(都廳), 낭청(郎廳), 감조관(監照官) 등이 있다. 도제조는 정승급에서 1명이 임명되었으며, 제조는 판서급에서 3~4명이 임명되었고, 도청은 당하관에서 2~3명, 낭청은 당하관에서 4~8명 정도 선발되었다.

이렇게 설치된 도감은 행사의 전반을 관리하였고, 행사가 끝나면 해체되었다. 이때 해체된 도감은 곧바로 의궤청으로 전환되어 행사 당시에 제작된 모든 자료를 수집, 정리하여 의궤를 제작하였다. 따라서 도감의 일을 총괄하던 도청의 담당자들이 그대로 의궤청 담당자로 임명되는 것이 관례였다.

이렇게 해서 기록되는 내용들은 임금의 지시사항을 비롯한 각종 공문서와 업무와 관련된 결과물들이 주를 이루었다. 공식문서에는 주로 전교,

계사, 이문이 있으며, 업무와 관련된 결과물로는 업무 분장, 관리 명단, 동원 인원, 소유 물품, 지출 경비, 포상 내역 등이 있었다. 여기에다가 필요한 경우 글로 표현하기 힘든 부분들을 도설이나 삽화로 처리하였는데, 특히 전 과정을 한 번에 볼 수 있도록 나타낸 반차도는 의궤의 가장 뛰어난 기록 양식이라고 할 수 있다. 반차도의 '반차(班次)'라는 말은 나누어진 소임에 따라 차례로 도열하는 것이라는 뜻이다.

현재 전하는 의궤 가운데 왕실 가례와 관련해서는 『영조정순후가례도감의궤』가 가장 유명한데, 텍스트를 확인해 보면 좌목(座目), 계사(啓辭), 예관(禮關)·이문(移文)·내관(來關), 품목(稟目), 감결(甘結), 서계(書啓), 논상(論賞), 일방의궤(一房儀軌), 이방의궤(二房儀軌), 삼방의궤(三房儀軌), 별공작의궤(別工作儀軌), 수리소의궤(修理所儀軌), 반차도(班次圖)로 구성되어 있다.

좌목은 담당 관리들의 목록이고, 계사는 임금과 신하들이 행사와 관련하여 주고받은 내용이며, 예관·이문·내관은 육조의 성격별로 업무를 분장한 것으로 이들 기관 사이에서 오고간 공문서들이 여기에 해당한다. 품목은 하급 관청에서 상급 관청에 품의한 사항을 기록한 것이며, 감결은 상급 관청에서 하급 관청에 지시한 사항을 기록한 것이다. 서계는 봉명서를 모은 것이고, 논상은 포상에 관한 기록이다. 일방의궤와 이방의궤, 삼방의궤 및 별공작의궤와 수사소의궤는 각각 도감의 하위 기관에서 작성한 진행 사항의 내용을 기관별로 정리한 것이다. 일방은 주로 국왕의 명령서인 교명 등의 의전과 관련된 일을 담당했고, 이방은 깃발과 같이 행사에 필요한 예식 도구를 담당했으며, 삼방은 옥책, 궤, 상탁 등의 상징물 등을 담당했다. 또한 별공작은 이외에 별도로 부족한 물품을 추가적으로 지원하는 역할을 담당했으며 수리소는 주로 혼례 행사와 관련된 건물의 관리를 담당했다. 반차도는 주로 도화서의 화원들이 담당했는데 행사 당일에 그려지는 것이 아니라 미리 그려져서 행사의 전체적인 모습을 보여주는 예행연습의 기능도 담당했다.

이렇게 해서 제작된 의궤는 필사본과 활자본 두 종류로 제작되었다. 제작 분량은 대략 5~9부 정도였으며, 열람자나 보관처에 따라 어람용과 분상용으로 구분되었다. 어람용이란 임금이 보고를 받거나 향후 열람하기 위해 제작된 것으로 보통 1부를 제작하며 규장각에 보관되었다. 분상용은 보관용 기록물인데 실록과 마찬가지로 여러 사고에 분산되어 보관되기도 하였고, 필요에 따라 일부는 특정 기관에서도 함께 보관하였다. 예를 들어 왕실 혼례와 관련된 가례도감의궤의 경우에는 반드시 예조에도 보관하였으며, 건축과 관련된 영건도감의궤의 경우에는 반드시 공조에도 보관하도록 되어 있었다. 뿐만 아니라 성균관에서 주관했던 대사례와 관련된 대사례의궤의 경우에는 성균관에도 보관하도록 되어 있었다. 조선의 경우 보관처의 기록 또한 철저히 남기도록 관리하였는데, 의궤의 경우 표지 등에 이와 같은 보관처를 명기하고 있다. 예를 들어 태백산 사고의 소장본일 경우 '태백산상(太白山上)', 의정부의 소장본일 경우 '의정부상(議政府上)'이라고 표기해 두었다.

의궤가 주로 보관되던 곳은 규장각, 의정부, 예조, 춘추관 및 사고라고 할 수 있다. 규장각은 정조 때에 세워졌는데, 주로 각종 어람용 문서들을 관리하기 위해 만든 곳이다. 정조는 도성 내에 규장각을 설치하여 수시로 확인할 수 있도록 하였다가 후에 전쟁에 대비하여 강화도에 별도로 외규장각을 설치하였다. 어람용 의궤는 1782년(정조 6)에 강화도에 행궁을 지으면서 강화부와 창덕궁에 보관 중이던 각종 왕실 물품과 함께 옮겨졌다. 그러나 불행히도 병인양요 때 프랑스군의 침략을 받아 외규장각의 의궤와 각종 물품이 프랑스로 반출되었다. 이것이 최근에 프랑스로부터 반환된 어람용 의궤이다.

의정부와 예조는 국가적인 의례를 담당하던 기관이었다. 의정부는 의례에 관련된 사항을 심의하던 기관이었고, 예조는 이를 집행하던 기관이었다. 따라서 실질적인 행사의 기획과 진행을 위해 양 기관에서 의궤를 보관해 왔다.

그 외의 의궤들은 춘추관과 지방 사고로 분산하여 보관되었다. 의궤 역시 조선왕조실록이나 승정원일기처럼 중요한 국가 기록물로 인식되었기 때문이다.

의궤의 종류와 내용

의궤를 주요 주제별로 나누어 보면 '태실 관련 의궤', '가례도감의궤', '국장도감의궤', '실록 관련 의궤', '종묘의궤·사직서의궤', '보인 관련 의궤', '대사례의궤', '화성성역의궤', '궁중잔치의궤', '악기 관련 의궤', '어진 관련 의궤' 등이 있다.

태실 관련 의궤는 조선시대 왕자들의 태를 봉안했던 기록인데 '태실의궤', '장태의궤'라고 부른다. 왕족은 태어나면서부터 신성한 존재였기 때문에 그 탯줄을 모아서 풍수적으로 좋은 곳을 찾아 봉안하였는데 이러한 과정이 태실의궤에 다루어져 있다. 주로 의궤에는 태실 규모, 태항아리 모양, 태실 건축 양식, 제사 모습 등이 기록되어 있으며 이 가운데 가장 유명한 것은 『정종대왕태실석난간조배의궤(正宗大王胎室石欄干造排儀軌)』이다. 이 기록은 정조의 태실을 가봉(加封)한 내용을 담고 있는데, 이때 동원된 사람의 수만 해도 약 4,300여 명에 달한다. 이는 정조가 왕세자로 책봉되었기 때문에 종래의 왕자들과 달리 확장하였던 것이다.

가례도감의궤는 왕실의 혼례에 대한 기록인데, 조선시대에는 왕실의 혼례를 '가례(嘉禮)'라고 불렀다. 가례도감의궤 가운데 가장 오래된 기록은 인조 때에 제작된 소현세자의 가례 기록이다. 그 이전에 가례도감이 제작된 기록이 조선왕조실록에 보이지만 현재 전하지는 않는다. 따라서 현존하는 것 가운데에는 『소현세자가례도감의궤』가 가장 오래되었다. 이 책은 1책으로 되어 있는데 후에 『영조정순후가례도감의궤』에서부터 2책으로 제작되었다. 1책으로 된 것은 반차도의 규모가 작은 반면, 2책으로 된 의궤는 반차도의 규모가 매우 크다. 1책으로 된 경우는 왕비의 행렬만을 담고 있지만, 2책으로 된 경우에는 왕과 왕비의 행렬을 함께 담고 있어 그 가치가 더 뛰어나다고 할 수 있다. 가례는 여타 의례에 비해 매우 화려하고 까다로운데, 일단 간택이 이루어지면 납채(納采), 납징(納徵), 고기(告期), 책비(冊妃), 친영(親迎), 동뢰연(同牢宴) 등의 육례 절차에 따라 복잡한 예식이 거행되었다. 가례의궤는 이러한 육례의 절차를 꼼꼼하게 기록하고 있다. 납채는 왕이 교명문을 내려 청혼을 하는 것이며, 납징은 예물을 보내는 의식이다. 고기는 혼인날을 잡는 의식이고, 책비는 혼례복을 입고 책명을 받는 것이다. 친영은 국왕이 별궁에 있는 왕비를 맞이하는 의식이며, 동뢰연은 혼례식 이후 이어지는 잔치에 해당한다. 가례도감의궤에는 이러한 행사와 관련하여 참석자 명단, 행사 관련 공문서, 혼례 물품 제작자 명단, 혼례 비용, 혼례 복장이 기록되어 있다.

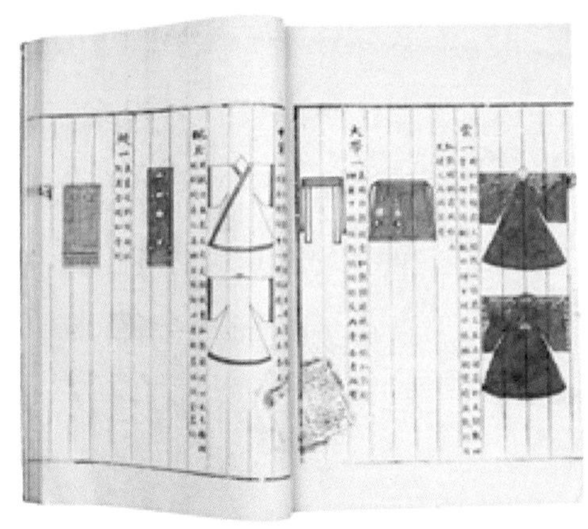
▲ 정조의 장례식에 관한 기록인 『정조국장도감의궤』

국장도감의궤는 국왕 등의 장례 절차를 기록한 것이다. 조선시대의 국장은 단순히 임금의 장례 행사에 그치는 것이 아니라 새로운 임금의 등극을 알리는 행사였기 때문에 상당히 민감한 부분이었다. 따라서 이에 대한 절차도 복잡하였으며, 이를 예의와 법도에 맞게 하기 위해 의궤를 작성하여 실수를 줄이고 모범적인 사례들을 발굴해 나갔다. 국장도감의궤와는 달리 즉위와 관련된 의궤는 전해지는 바가 없는데, 이는 장례식을 진행하면서 즉위식을 호화롭게 할 수 없었기 때문이다. 일단 국왕이 승하하면 도감이 설치되는데, 일반적인 경우와 달리 이때에는 장례를 총괄하는 국장도감과 시신을 관리하는 빈전도감, 무덤을 조성하는 산릉도감 등 3개의 도감이 설치되었으며, 주로 좌의정이 총호사가 되어 이를 총지휘하였다. 이외에 장례가 끝난 후에 삼년상을 치루기 위한 혼전도감(魂殿都監)도 설치되었다.

국장이 끝나고 나면 도감별로 의궤를 작성하였는데, 이것이 '국장도감의궤', '빈전도감의궤', '산릉도감의궤'이다. 국장도감은 주로 전체적인 절차와 업무를 지휘하기 때문에 장례식에 쓰이는 물품에 대한 기록이 대부분이고, 빈전도감은 시신의 염습을 담당하기 때문에 염습, 상복, 혼전에 쓰이는 물품에 관한 기록이 주를 이루며, 산릉도감은 능을 조성하는 사업을 담당하기 때문에 이에 필요한 각종 물품과 능의 조성 내역에 관한 기록이 주를 이룬다. 국장도감은 좌의정의 지휘 하에, 빈전도감은 예조판서의 지휘 하에, 산릉도감은 공조판서의 지휘 하에 운영되며 의궤 편찬도 마찬가지이다. 이 가운데 국장도감의궤가 국장에 관해 가장 상세하게 다루고 있다. 국장도감의궤는 도감 산하의 도청, 일방, 이방, 삼방 등의 하부 조직에서 진행한 여러 사실들을 개별 의궤로 작성하여 이를 합한 것이다. 도청의궤에는 장례 절차에 관한 국왕과 신하들의 공문서가 수록되어 있다. 일방의궤에는 장례 행렬에 필요한 영구 물품에 관한 기록과 반차도가 수록되어 있고, 이방의궤에는 주로 장례 의식에 쓰이는 물품이 수록되어 있으며, 삼방의궤는 장례 행렬에 쓰이는 기타 물품이 수록되어 있다.

실록과 관련된 의궤는 조선왕조실록의 편찬과 보관을 담당했던 실록청에서 작성한 실록청의궤가 있다. 실록청의궤는 실록의 편찬 과정과 행정적인 절차에 대해 다루고 있다. 실록청의궤에는 실록 편찬에 관해 임금과 신하들이 나눈 실무적인 이야기나 공문서가 수록되어 있으며, 각 하부 기관 등과 주고받은 여러 행정사항과 더불어 참고한 사료들의 입수 경위, 담당자의 선발과 포상에 관한 내용 등도 포함되어 있다. 또한 후대에 만들어진 실록청의궤에는 실록 봉안과 관련한 내용도 함께 다루고 있다.

종묘의궤와 사직서의궤는 조선의 통치 질서와 관련된 종묘·사직의 증축이나 의식에 관한 관리 기록이다. 종묘는 역대 국왕과 왕비의 신주를 모신 사당이며, 사직은 토지와 곡물의 신을 모시는 제단이다. 종묘는 도성에 하나만 설치하고, 사직은 지방 군현에 하나씩 설치하는 것이 기본이었다.

종묘는 국왕과 왕비가 승하하고 나면 늘어나기 때문에 증축을 해야 하였으며, 때로는 후대에 시호나 존호가 추가되어 신주 등을 교체하기도 하였는데 이러한 내용을 다루고 있는 것이 종묘의궤이다. 종묘의궤의 서문에는 종묘의 배치를 그린 종묘영녕전전도(宗廟永寧殿全圖)와 각종 제삿날에 지낸 음식의 배치를 그린 진찬도(進饌圖)가 설명되어 있으며, 본문에는 종묘의 창건이나 중건에 관한 기록, 신주를 모신 기록, 시호나 존호에 관한 기록이 주를 이루며, 필요에 따라서는 종묘와 관련된 사건 기록을 수록하기도 하였다.

사직은 종묘와 더불어 제례를 지내는 곳 중 하나로서 이곳에서 행해지는 의식은 조선의 건국이념을 상징하기 때문에 최고 수준으로 행해졌다. 따라서 이와 관련된 제사 기록이 매우 상세하게 기록되어 있는데, 특히 사직에서 거행된 제례 의식을 기록한 것이 사직서의궤이다. 사직서의궤의 서문에서도 종묘의궤와 마찬가지로 그림을 통해 설명을 하고 있는데, 주로 사직단의 모습과 신위의 배치, 제사별 음식 배치와 복장 등을 다루고 있다. 본문에서는 제례 절차와 각종 문서 작성법 및 사직 관련 고사를 다루고 있다.

보인(寶印) 관련 의궤는 조선시대 왕실 등에서 사용한 어보 등의 제작과 관리에 관한 기록인데 이를 보인소의궤라고도 한다. 이때 보(寶)란 임금이 사용하는 공식적인 도장을 의미하며, 인(印)은 왕실과 지방 관청에서 사용하던 도장을 두루 칭하는 것이다. 보인은 오래 쓰면 상하기 때문에 일정 기간이 지나면 다시 제작했는데, 이러한 보인을 제작하기 위해 임시 기관으로 보인소(寶印所)가 설치되었다. 보인소에서 보인을 제작하고 난 이후에 그 경과 과정과 관련 기록을 정리해 놓은 보고서가 보인소의궤라고 할 수 있다. 대표적인 기록으로는 『금보개조도감의궤』, 『책보개수도감의궤』, 『옥인조성도감의궤』 등이 있는데, '개조, 개수, 조성' 작업 이후에 작성된 것들이다. 이는 모두 왕실의 도장에 관한 기록이며, 이외에 『인신등록(印信謄錄)』이라고 하여 관인을 제작한 과정을 다룬 의궤 6권도 전하고 있다.

대사례의궤는 대사례(大射禮) 행사를 준비하고 진행한 경과를 적은 기록이다. 대사례는 활쏘기 시합을 통해 군신간의 우의를 다지는 예법을 의미한다. 대사례는 주로 군왕의 힘을 과시하고 군사력을 강화하려는 목적으로 행해졌다. 국왕이 강건함을 보임으로써 백성들에게 활쏘기를 장려하여 군사력을 상승시키려는 의도가 깔려 있었다. 이에 단순한 왕실 행사에 그치지 않고 향사례나 향음주례 등을 실시하여 지역에서도 활쏘기 시합과 잔치를 베풀고 전국적인 축제의 분위기를 유도하였다. 현재 전하고 있는 대사례의궤로는 1743년(영조 19)에 제작한 것이 유명한데, 이 책은 1책으로 제작되었다. 대사례의궤의 앞부분에는 <어사례도(御射禮圖)>, <시사례도(侍射禮圖)>, <시사관상벌도(侍射官賞罰圖)>가 그려져 있는데, 이는 임금과 신하가 활을 쏘는 모습과 이에 따른 시상 장면을 차례대로 그린 것이다. 이 외에도 영조가 대사례를 위해 성균관으로 향하는 과정과 이후 대사례를 주관하는 내용들이 들어 있다.

『화성성역의궤』는 정조 때에 화성을 축성한 내용을 기록한 책이다. 왕권을 강화하고 중앙집권화를 이룩하기 위해 일생을 바친 정조는 도성과 인접한 지역에 행궁을 짓고 말년을 대비할 계획이었다. 이를 위해 수원에 화성을 축성하였는데, 이는 수원이 지리적으로 외침이 있을 시에는 도성으로 진입하는 길을 틀어막을 수 있을 뿐만 아니라, 내란이 있을 시에는 도성의 병권을 견제할 수 있는 위치였기 때문이다. 정조는 화성의 축성에 상당한 공을 들였는데, 특히 축성 과정에서 발명된 정약용의 거중기는 당시로서는 혁신적인 기술이라고 할 수 있었다. 이러한 우수성을 평가받아 수원화성은 세계문화유산으로 등재되기도 하였다.

화성성역의궤는 축조된 이후 공사에 관한 내용을 기록하도록 한 것이다. 편찬사업은 일반적으로 의궤 편찬의 절차와 유사하게 공사가 끝난 이후에 이어서 시작되었으며, 그 초고와 앞서 혜경궁 홍씨의 회갑연을 위해 수원화성을 찾았던 내용을 기록한 『원행을묘정리의궤』을 비교・검토하여 수정 작업을 실시하였다. 그러나 마무리 작업 단계에서 정조가 갑작스럽게 승하하자 편찬사업이 잠시 중단되었다가 시간이 지난 후에 완성되었다. 이 책은 축성 참여자 명단, 의궤 편찬자 명단, 도설로 이루어져 있는데 특히 화성을 전체적으로 조망하고 있는 <화성전도>가 유명하다. 본문의 첫 부분에는 축성의 설계서에 해당하는 어제성화주략(御製城華籌略)이 포함되어 있고, 이어서 국왕과 신하들의 관련 대담 내용과 여러 관련 공문서, 물품과 재원, 각종 의식과 포상 내역이 들어 있다. 특히 공사에 동원된 하층민들의 이름 하나 하나와 임금 지급 내역을 꼼꼼하게 적고 있어 기록의 치밀함을 보여주고 있다.

어람용 의궤의 반환

의궤는 임금이 열람하기 위한 어람용 의궤와 보관을 위한 분상용 의궤로 나뉜다. 분상용은 보관을 위해 동일한 책을 여러 건 제작했지만, 어람용 의궤는 한 건만 제작하는 것이 원칙이었다. 어람용은 임금이 열람하는 것이었기 때문에 책의 재질과 구성 및 서체 등에 있어서 분상용에 비해 월등히 우수했다. 어람용 의궤는 고급스러운 초주지로 제작된 반면, 분상용은 질이 다소 떨어지는 저주지로 제작되었다. 어람용은 분상용에 비해 매우 정성들인 해서체로 썼을 뿐 아니라, 반차도에 나오는 인물 한 명 한 명의 표정과 동작에까지 신경을 쓴 흔적이 보인다. 또한 각 장마다 붉은색의 테두리를 하고 실 대신 놋쇠로 책을 묶었다.

이런 어람용 의궤들은 전쟁을 대비해 정조 때에 강화도로 옮겨졌다가, 병인양요 당시 프랑스에 약탈당했다. 외규장각 의궤는 1886년에 프랑스에 약탈당한 뒤 파리국립도서관에 보관되어 있던 것을 재불 서지학자 박병선이 발견하였고, 1991년에 반환에 대한 첫 협상을 가진 후, 2010년까지 10여 년의 논의를 거쳐 2010년 G20 정상회의 기간 중에 합의를 이루었다. 다만 프랑스 정부는 '반환' 대신에 '5년마다의 대여'라는 방식을 택하였다. 약탈 문화재가 대다수인 프랑스의 입장에서 의궤 반환은 다른 문화재 반환의 선례가 될 수 있다는 점을 우려한 것이었다. 협상 이후 의궤의 보관처에 관한 논의가 불거졌는데, 2010년 11월 양국 간 실무 협상 끝에 국립중앙박물관에서 관리하기로 합의를 보았고, 현재는 반환이 완료되어 국립중앙박물관에서 보관 중이다.

참고문헌

국립문화재연구소, 『국역가례도감의궤』, 1999.

국립중앙박물관, 『145년 만의 귀환, 외규장각 의궤』, 2011.

김문식 외, 『조선 왕실 기록문화의 꽃 의궤』, 돌베개, 2005.

박병선, 『조선조의 의궤』, 한국정신문화연구원, 1985.

박정혜, 『조선시대 궁중기록화연구』, 일지사, 2000.

신명호, 『조선 왕실의 의례와 생활, 궁중 문화』, 돌베개, 2002.

서울대학교 규장각, 『규장각 소자 의궤 해제집 1・2』, 2003~2004.

이성미 외, 『장서각소장가례도감의궤』, 한국정신문화연구원, 1994.

제 6 장

고려대장경판 및 제경판

고려대장경판 및 제경판

Printing woodblocks of the Tripitaka Koreana
and miscellaneous Buddhist scriptures
(2007년 등재)

국보 제32호 해인사 고려대장경판 및 제경판은 2007년 6월 남아공 프레토리아에서 개최된 제8차 유네스코 기록유산 국제자문위원회의에서 세계기록유산으로 등재되었다. 이에 앞서 국보 제52호 해인사 장경판전이 1995년 12월에 유네스코 세계문화유산으로 등록 된 바가 있다. 유네스코에서는 탁월한 가치를 지닌 각 국의 부동산유산을 세계문화유산으로 지정하고 있으며 고문서 등 전 세계의 귀중한 기록물을 세계기록유산으로 지정하고 있다. 이에 따라 현재 가장 오래되고 정확한 불교 대장경인 『고려대장경』이 세계기록유산으로 지정되었고, 이를 보관하는 건물인 장경각이 세계문화유산으로 등록되었던 것이다.

고려대장경(高麗大藏經)이란

해인사에 있는 팔만대장경(八萬大藏經)은 고려시대 때, 당시에 존재하던 불경을 모아 판각한 것으로, 정식 명칭은 고려대장경이다. 그런데 경판의 수가 8만여 판에 달해서 흔히 팔만대장경이라 부르기도 하며 84,000가지 중생의 번뇌에 대처하는 법문을 수록했다고 하여 팔만대장경이라고 부른다. 또한 초조대장경(初雕大藏經)을 다시 판각했다고 해서 재조대장경(再雕大藏經)이라고 부르기도 한다.

'대장경(大藏經)'이란 부처님의 말씀을 기록한 책으로 원어인 산스크리트어 '트리피타카(Tripitaka)'는 '세 개의 광주리'라는 뜻을 지니는데 이후에 모든 불교 전적을 뜻하는 것으로 사용되고 있다. 대장경은 경장(經藏), 율장(律藏), 논장(論藏)의 삼장으로 이루어져 있는데 부처님이 제자들과 일반 대중을 상대로 설파한 내용을 수록한 것이 경장이고, 부처님의 가르침을 따르는 사람들이 반드시 지켜야 할 계율을 담은 것이 율장이고, 위의 경과 율을 연구해서 이해하기 쉽게 해설해 놓은 것을 논장이라 한다. 중국에서는 일정한 규준 아래 집대성한 불교 경전들을 대장경이라 하였는데, 당나라 때부터 이러한 말을 사용하였으며 그 이전에는 중경(重經), 일체경(一切經), 삼장경(三藏經), 장경(藏經) 등 여러 이름으로 불리었다.

대장경의 역사

중세시대 동아시아 문명권에서 한자의 사용과 불교문화의 향유는 국가를 형성하고 운영하는 데 있어 가장 근본이 되는 주춧돌이었다. 특히 문명국이라는 자부심은 불교문화를 통해서 표출되었는데 이의 대표적인 척도가 바로 대장경의 간행이었다.

인도에서 탄생된 불교가 서역지방을 거쳐 중국으로 전래되면서 승려들에 의해서 수많은 경전이 한문으로 번역되었다. 당나라 때의 지승(智昇)은 부처님께서 열반에 드신지 천년이 지나 정법이 쇠미하니 마교(魔教)가 다투어 일어나 경전을 마음대로 위조하여 대중을 속이려하므로 참과 거짓이 섞이는 것을 염려하여 사안별로 정리한다면서 『개원석교록(開元釋教錄)』(730년) 20권을 작성하였다. 불교문화의 꽃이라고 할 수 있는 최초의 대장경은 송나라 태조 연간인 개보 4년(971)에 착수하여 태종 연간인 흥국(興國) 8년(983)에 완성된 '북송관판대장경(北宋官版大藏經)'으로 이를 '개보판대장경(開寶版大藏經)' 또는 '촉판대장경(蜀版大藏經)'이라고도 하는데, 여기에 지승(智昇)이 쓴 『개원석교록』이 실려 있다.

신라시대를 거쳐 고려시대에 이르기까지 국가의 신앙은 불교였으며 고려시대는 불교문화가 가장 융성했던 시기였다. 북송의 이러한 대장경조성사업은 고려의 문화적인 자긍심을 자극하는 계기가 되어 대장경을 판각하는 작업으로까지 이어지게 되었다.

초조대장경(初雕大藏經)

불교가 국가의 신앙이었던 고려는 거란의 침입을 받아 나라가 곤경에 처하자 부처님의 힘으로 이를 물리치기 위해 대장경 간행에 착수하였는데 1011년(고려 현종 2) 무렵에 시작되어 1087년(선종 4)경에 완성되었다. 초조대장경의 판각은 991년에 전래된 북송관판대장경(北宋官版大藏經)을 저본으로 하고 또한 1063년(문종 17)에 도입된 거란본[요(遼) 경복년간(景福年間, 1031)에 착수하여 중희(重熙) 23년(1054)에 완성]을 참고하여 간행된 것으로 동양에서는 세 번째로 완성된 것이고 그 때까지 편찬된 대장경 가운데 가장 우수한 것이었다. 대구의 부인사(符仁寺)에 도감을 두고 『대반야경』 600권, 『화엄경』·『금광명경』·『묘법연화경』 등 6,000여 권의 경판을 조성하였는데 불행히도 이 초조대장경은 1232년(고종 19)에 몽고군의 침입으로 대부분 소실되었다.

초조대장경을 판각한 이유는 부처님의 가호(加護)로 외적의 침략으로부터 나라를 지키면서 자주적인 문화민족의 긍지를 표현하려는 것이었으나 그 이면에는 불교이념을 바탕으로 왕권과 국가체제를 강화시키고자 하였던 것이다. 그리고 송나라의 대장경 외에 거란의 대장경까지 선별적으로 수용함으로써 한자(漢字) 문화권의 불교문화 교류에도 새로운 계기를 마련한 것으로 평가할 수 있다.

속장경(續藏經)

속장(續藏)이란 정장(正藏)에 대비되는 말로서 정장은 인도에서 찬술한 경·율·론 삼장의 한역본(漢譯本) 대장경을 말하는 것이고 속장은 우리나라를 비롯하여 중국과 일본, 거란 등 각 국의 학승(學僧)들이 찬술한 저술을 말한다. 이 속장을 통해서 동아시아 각국의 지역적인 특성과 문화적인 다양성에 따른 불교문화의 변천과정을 엿볼 수 있기 때문에 매우 중요하다.

고려 문종의 넷째 왕자였던 대각국사 의천(義天, 1055~1101)은 일찍이 대장경에 대한 연구서의 필요성을 자각하여 당시 요와 송에 있는 자료를 모아, 신라 고승의 저술 4백여 권을 비롯한 4천권에 달하는 대장경에 대한 연구 주석서를 모아 『신편제종교장총록(新編諸宗教藏總錄)』 상·중·하 3권을 1090년(선종 7)에 편찬하고 이를 바탕으로 하여 흥왕사에 교장도감을 설치하고 1091년(선종 8)에 조판에 착수하여 1102년(숙종 7) 의천이 입적할 때까지 4,740권의 대장경을 만들었다.

속장경은 초조대장경과 함께 팔공산 부인사에 보관하였으나 몽고군의 침입으로 제3차 침입 때인 고종(高宗) 때에 병화(兵火)로 인해서 경주 황룡사와 함께 완전히 소실되어 버렸다. 그러나 대장경의 인출본(印出本) 일부가 송광사(松廣寺)에 남아있어 보물 제204호로 지정되어 있고 다른 여러 사찰에서도 부분적으로 발견되고 있다.

고려대장경(高麗大藏經)

고려는 거란족과 여진족에 이어 끊임없이 몽고군으로부터 외침을 당하였다. 1231년(고종 18)에 몽고가 또다시 침략해오자 강화도로 천도하기에 이르렀다. 이때의 침공으로 초조대장경이 소실되자 1236년(고종 23)에 피난 중인 강화도에서 실권자 최우(崔瑀)를 대장도감으로 하여 선원사(禪源寺)에 본사를 두고 남해에 분사를 두어 2차 대장경 판각에 착수하였다. 16년간의 각고 끝에 1251년(고종 38)에 1,511종, 6,802권, 81,258판의 재조대장경이 완성이 되었는데 이것이 지금까지 전해오는 고려대장경, 즉 해인사 팔만대장경이다.

대장경 판각을 위해서 당시 화엄학승으로 명망이 높았던 개태사(開泰寺)의 승통인 수기대사(守其大師)를 총책임자로 임명하였다. 수기대사는 30여 명의 학승들을 데리고 이미 인출해 놓은 초조대장경본과 북송관판대장경본, 거란대장경본 등을 일일이 대조하여 빠진 부분을 보완하고 착오 부분을 정정하였으며, 각 국의 불전과 불전목록을 참고하여 완벽한 대장경을 편찬하기 위해서 크게 노력하였다.

팔만대장경 즉 재조대장경을 간행한 이유는 이규보의 『동국이상국집(東國李相國集)』권 25에 실려 있는 <대장각판군신기고문(大藏刻板君臣祈告文)>을 통해서 살펴볼 수 있다. 이에 관해 김성수는 <대장각판군신기고문>을 자세히 분석하여 다음과 같이 설명하고 있다. 초조대장경이 1011년(현종 2)에 거란의 침략을 물리치기 위해 발원된 것이며, 이 발원 이후에 거란군이 스스로 물러가게 되었다. 이후 고종 임금 때, 몽고 군대의 침략에 의해서 부인사에 소장되어 있던 초조대장경이 불태워져 소실되었다. 현종 임금 시절에 거란의 군대가 스스로 물러간 것처럼, 몽고의 군대도 스스로 물러가기를 확신하면서, 불태워진 초조대장경을 대신하여 재조대장경을 각판하는 것이 이규보의 <대장각판군신기고문(大藏經刻板君臣祈告文)>에 나타나는 내용이다. 이를 통하여 재조대장경의 조조 동기를 몽고군의 침략을 물리치는 데 있다는 것을 분명히 알 수 있다.

팔만대장경(八萬大藏經)의 구성과 내용

▲ 해인사 팔만대장경판전의 내부 모습

팔만대장경은 그 성격상 정장과 부장(副藏)으로 나누어 볼 수 있다. 정장은 『대장목록』에 실려 있는 경을 말하는데 대장도감과 분사대장도감에서 판각한 1,497종 6,558권의 경으로 되어 있다. 부장은 『대장목록』 에 수록되지 못한 <종경록(宗鏡錄)>등 4종을 말하는데 150권으로 되어 있는 이들 모두를 포함하여 고려 대장경판으로 보고 있다. 여기에는 총 1,511종 6,805권의 불전이 81,258장의 판목 양쪽에 양각으로 새겨져 있다.

정장의 구성은 총 1,497종 6,558권으로 여기에 포함된 불교 전적들은 10권 단위로 분류되어 있고, 이 불전들이 담겨 있는 함에는 <천자문>의 한자들이 순서대로 1번 천함(天函)에서 639번 동함(洞函)까지 붙여져 있다. 이 불전들은 목판의 양쪽에 새겨져 있는데, 이 목판의 총 면수는 16만 2천여 면에 달한다. 각 면은 대체로 세로 23줄, 한 줄 당 14자씩 판각되어 있으며, 한 면의 글자 수는 대략 322자이다. 각 경판의 크기는 대개 가로 70㎝, 세로 24㎝, 두께 2.8㎝이며, 각 목판의 무게는 283g에서 340g 정도이다.

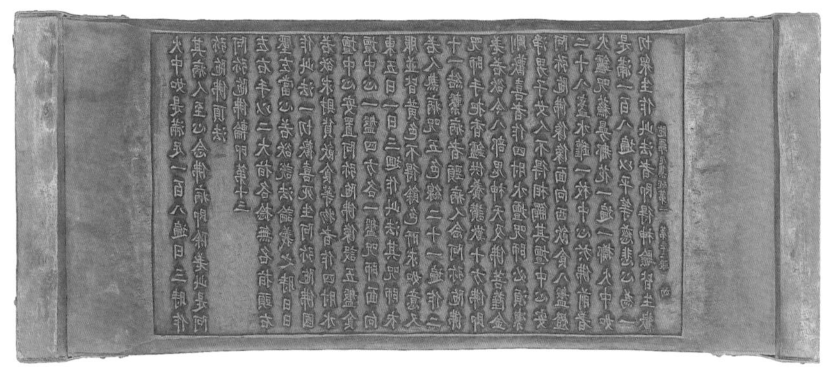

▲ 해인사 소장 팔만대장경판 모습

이렇게 완성된 고려대장경판 수량에 대해서 고려대장경의 『대장 목록』에는 책의 종류와 그에 따른 권수, 장수만 표시되어 있고 총계는 없다. 대장 목록에 따라 계산을 하자면, 1,524종에 6,569권이 되는데 목록과 각 경판의 실제 수량에 차이가 있다. 일제시대 조선 총독 테라우치(寺內正毅)가 조사한 것에 따르면 팔만대장경의 총수는 1,512종에 6,810권, 총 81,258판의 경판이 있는 것으로 보고되었다. 한국학중앙연구원에서 총괄하여 펴낸 『민족문화대백과사전』에는 팔만대장경의 수량을 정장 1,497종에 6,558권,

보유정장 4종에 150권, 총 경판 81,258판으로 설명하고 있다. 서수생 교수의 보고서에 따르면 장경의 수량은 1,524종에 6,606권, 78,500판으로 보고 있으며, 보유장경판 17종 238권, 2,720판의 경판을 더하여 총 1,541종에 6,844권, 81,240판의 경판이 있는 것으로 파악하고 있다. 가장 최근에 자료 추가에서 조사된 보고서에는 추가 81,350판이 존재하는 것으로 파악하고 있다.

이렇게 각종 조사 및 자료마다 경판의 총 판수, 경의 종류, 권수가 조금씩 다른 이유는 보유판(補遺板) 포함여부, 중복판 포함여부 등으로 인하여 발생한 것으로 보인다.

고려대장경에는 총 1,500여 종의 불교 경전이 수록되어 있고, 이들을 책으로 엮으면 무려 6,800여 권이라는 엄청난 양이 된다. 고려대장경은 당나라 『개원석교록』을 바탕으로 판각된 북송관판대장경을 주된 모본으로 해서 편집되었기에 대승 경・율・론과 소승 경・율・론 그리고 인도인과 중국인이 쓴 성현집이 전체 경 종류의 72%를 차지하며 경판 수는 전체의 78%(63,295판)를 차지한다고 한다. 그 외에는 밀교 경전류와 대장경 목록 및 사전류, 화엄경의 논서류, 선어록, 문집 등이 차지하고 있다. 이 중에 <법원주림(法苑珠林)>, <일체경음의(一切經音義)> <속일체경음의(續一切經音義)>의 경전은 고려 대장경에 수록되지 않았다면 사라질 뻔한 것으로 그 중요성이 매우 높다. <법원주림(100권)>은 당나라 승려 도세(道世)가 668년 당 고종 원년에 찬술한 일종의 불교백과사전으로 중국불교사의 중요한 자료들이 수록되어 있다. <일체경음의(100권)>은 당나라 승려 혜림(慧琳)이 783년 당 건중 말년부터 20년간 편찬한 일종의 자전(字典)으로 대승과 소승의 경・율・론에 나오는 숙어를 범어 원음을 중심으로 해석한 것이다. 일찍이 소실되었던 것인데 거란장경에 실려 고려로 전승되어 고려대장경에 편입된 것으로 자료의 가치가 매우 높다고 할 수 있다. <속일체경음의(10권)>은 <일체경음의>의 속편으로 거란 승려 희린(希麟)이 역은 것이다. 여기에는 <일체경음의>에 수록되지 않은 숙어와 <논어>, <역경>, <좌전> 등 불교 경전 외의 내용을 인용하여 주석을 가하여 엮은 것으로 대각국사 의천이 거란으로부터 수집하여 편입한 귀중한 자료이다.

대장경을 대별하는 단위는 편찬된 종류의 순서에 따라 여러 권의 책을 상자에 넣어 두는 형식인 함(函)이다. 함의 배열은 천자문의 순서에 의거하고 있다. 팔만대장경의 내용 구성을 살펴보면 다음처럼 13개 부분으로 나눌 수 있다.

1	천함天函부터 영함英函까지	1번째 함~480번째 함	개원석교록에 수록된 불경
2	두함杜函부터 곡함轂函까지	481번째 함~510번째 함	송나라 때 새로 번역된 불경
3	진함振函부터 치함侈函까지	511번째 함~515번째 함	거란본인 〈신집장경수함록〉
4	부함富函부터 경함輕函까지	516번째 함~520번째 함	송 태종이 찬술한 〈연화심륜〉 등
5	책함策函부터 정함丁函까지	521번째 함~560번째 함	정원석교록 가운데 불경
6	준함俊函부터 밀함密函까지	561번째 함~563번째 함	수기대사가 편찬한 교정별록

7	물함勿函부터 식함寔函까지	564번째 함~567번째 함	대반야경
8	영함寧函부터 초함楚函까지	568번째 함~570번째 함	정원석교록 중 불경명을 따로 떼어 수록
9	경함更函	571번째 함	재조대장경 목록
10	패함覇函부터 하함何函까지	572번째 함~585번째 함	법원주림을 수록
11	준함遵函부터 새함塞函까지	586번째 함~628번째 함	북송관판대장경을 판각한 후의 한자로 번역된 불경
12	계함鷄函	629번째 함	속일체경음의
13	전함田函부터 동함洞函까지	630번째 함~639번째 함	일체경음의

그리고 보유판 15종 238권에 대한 보유목록이 마지막 동함 뒤에 붙어 있는데 이 보유판 목록은 고려가 아닌 조선 고종 2년에 와서 새긴 것이다. 1865년에 승려 해명장웅이 수기대사가 편찬한 대장목록에서 누락된 판이 상당수 있는 것을 발견하고 이들 목록만 다시 새겨 넣은 것이다.

보유장경에는 우리나라의 고승인 원효·의상·혜심·균여·장웅 등의 논술이 들어 있어서 화엄교학을 연구하는데 귀중한 경전이 되고 있으며, 종경록과 참법 등 불교의 진체를 터득하는 데 매우 가치 있는 경전들이 실려 있다. 또한 <석화엄교분기원통초(釋華嚴教分記圓通鈔)> 권말에 부록으로 수록된 <대화엄수좌양중대사균여전(大華嚴首座兩重大師均如傳)>

에는 국문학사상 귀중한 자료인 향찰문자표기의 사뇌가 <보현십종원왕가(普賢十種願王歌)>가 실려 있어 중요하다고 할 수 있다.

팔만대장경 이운(移運)-강화도에서 해인사까지

몽고군에 의해 무참히 짓밟히고 난을 피해 도읍을 강화도로 옮겼던 피난 시절에 그 방대한 경전들을 모아서 정리, 교정한 다음 판목을 다듬어 경을 쓰고, 글자를 새겨 넣어 팔만대장경을 완성했다는 것은 불가사의한 일이다.

온 정성을 기울여 완성한 팔만대장경을 처음에는 강화도의 서문 밖에 판당을 짓고 보관하다가 얼마 후에 강화도 선원사로 옮겨 두었다. 강화 선원사는 고려시대에 몽고에 항쟁하기 위해 강화도로 도읍을 옮긴 직후, 최고의 권력자였던 최우가 세운 사찰로서, 순천의 송광사와 더불어 고려의 2대 선찰로 꼽히는 큰 절이었다. 팔만대장경을 판각한 대장도감이 바로 이 선원사에 설치되었을 것으로 추정된다.

조선이 건국되면서 팔만대장경은 1398년 태조 7년에 서울 지천사로 옮겨졌다. 『조선왕조실록』「태조실록」 5월 10일조의 기록을 살펴보면, 태조가 용산강으로 친히 거동해서 강화도의 선원사로부터 대장경판을 운반하는 것을 지켜보았으며, 그 다음날에는 비가 오는 가운데 2천 명의 군사를 시켜 지천사로 옮겼으며 이때 오교 양종의 승려들이 독경하였다고 쓰여 있다. 지천사에 있던 팔만대장경은 여름철이 지나고 가을에 곧바로 다시 해인사로 옮겨진 것으로 짐작되는데, 제2대 정종 원년 정월초 9일조 기록에 "경상감사에게 명하여 해인사에서 대장경을 인출하는 승려들에게 식량을 공급하게 하는데, 태상왕[태조 이성계]이 대장경을 인출하기 위하여 동북면[함경도]에 조와 콩 540석을 단천·길주의 두 창고에 납부하고 그것으로 해인사의 근처 고을에 있는 쌀과 콩을 그 수효만큼 교환케 하였다"라고 쓰여 있는 것으로 보아 그 해 말에 해인사로 봉안된 것으로 추측된다.

그런데 방대한 양의 경판을 강화도에서 해인사까지 어떤 방법으로 옮겼을까? 이 운반 과정에 대해서 두 가지 설이 존재한다. 우선 강을 이용하고 육로를 따라 이동했다는 설이다. 해인사 대적광전에 대장경판을 운반하는 장면을 그린 벽화가 있는데 운반 행렬의 맨 앞쪽에 동자가 향로를 들고 그 뒤로 스님이 독경을 읊으면서 길을 열면 그 뒤로 소달구지에 경판을 싣고 지게에 지기도 하고 머리에 이기도 하면서 먼 길을 가는 그림이다. 강화도를 떠난 배가 한강과 남한강을 거쳐 충주에 도착하면 여기서부터 낙동강 변에 이르기까지 인력을 동원해서 운반한 다음 낙동강에서 경판을 다시 배에 옮겨 싣고 고령까지 이동한 후 육로로 해인사까지 운반했다는 추정이다.

두 번째로는 바닷길을 이용했다는 설이다. 조세로 거둔 쌀을 운반하던 조운선에 경판을 싣고 한강을 통해서 서해 바닷길로 나온 다음 다시 남해를 돌아서 낙동강 줄기인 고령에 이르러서 다시 육로로 해인사까지 운반하였을 것으로 보고 있다. 경판을 운반하는 일은 어렵고도 험한 일이었을 것이다. 수많은 경판을 배로 옮기고 내리고 다시 소달구지에 싣고 지게에 지고 머리에 이고서 이동하는 모습을 상상해보면 부처님의 힘으로 나라를 지키고자 한 백성들의 정성스런 마음이 전해져 온다.

대장경의 판각 과정

해인사팔만대장경 홈페이지의 내용을 참고해서 대장경이 제작되는 과정을 정리하면 다음과 같다. 초조대장경이 소실된 후, 새로 대장경을 만들기 위해서 우선 강화도에 임시기구인 대장도감을 설치하여 대장경 제작 업무를 주관하게 하였다. 그리고 남해와 진주 등지에 분사대장도감을 두어 경판을 조성하게 하였다. 최우, 최항 등 당시 권력을 쥐고 있던 무신정권의 실세들이 국가 행정기관의 전폭적 지지를 받아 일을 입안, 진행시켰고, 또한 재정적 지원도 담당했으며 개태사의 주지를 맡고 있던 수기스님이 대장경 제작의 총 책임을 맡았다.

남해의 판각지에서는 경판에 쓸 나무를 주로 마련하였다. 경판지에 쓰일 재목은 신중하게 골라졌는데 짧게는 30년, 길게는 40~50년씩 자란 나무 중에서 굵기가 40cm 이상이며 곧고 옹이가 없는 나무가 선택되었다. 거제도와 완도, 제주도 등지에서 자생하는 자작나무를 비롯하여 산벚나무, 돌배나무 등 10여 종의 나무가 사용되었다. 판각에 쓰일 재목을 지리산에서 벌목하여 섬진강 하구에 띄우면 조류로 밀린 나무들이 저절로 남해까지 내려왔다.

판각지로 옮겨진 원목을 바닷물에 1~2년 동안 담가두었다가 경판 제작에 알맞은 크기의 판자를 만들고 다시 소금물에 삶아 말렸다. 이러한 과정에서 나무의 진액이 모두 빠지고, 수분을 흡수하는 성질을 가진 소금기가 나무 표면에 발라진 상태가 되어 건조할 때 갈라지거나 비틀어지는 등의 결함을 줄일 수가 있었다. 또한 이러한 결 삭힘의 과정을 통해서 부식 예방, 방제 효과를 볼 수 있었다. 소금물에 삶은 판자는 물이 잘 빠지고 바람이 잘 통하는 곳에서 약 1년 동안 건조시켰다. 750여 년이 지난 오늘날까지 경판이 온전하게 보전될 수 있었던 이유는 이렇게 목재 가공에 각별한 노력을 기울였기 때문이라고 할 수 있다.

경판으로 쓸 재목이 준비되는 동안 한쪽에서는 종이를 만들었다. 닥나무를 베어 그 껍질을 곱게 두들긴 다음 풀을 섞어 묽은 종이죽을 만들었다. 이를 체로 받쳐 얇게 뜨면 종이가 만들어지게 된다. 고려가 뛰어난 인쇄술을 보유하고 대장경 작업에 착수할 수 있었던 것은 질 좋은 종이를 대량으로 생산할 수 있었기 때문이기도 하다.

다음 과정으로는 판하본 원고를 쓰는 것이다. 정확한 대장경 원고를 만들기 위해서 책임자 수기대사를 비롯하여 경전에 밝은 승려들이 대거 참여하여 고증작업을 거쳐 원고를 만들었다. 종이 한 장에 23줄, 한 줄에 14자를 쓰는데 마치 한 사람이 쓴 듯이 구양순 필체로 원고를 쓰는 데 참여한 많은 관료와 문인들이 일정기간 필체 교정 교육을 받았을 것으로 여겨진다. 완성된 원고는 경판에 붙여 글씨를 새기게 되는데, 경판에 붙인다는 의미에서 판하본이라고 부른다.

이렇게 원고가 마련이 되면 건조된 목재를 경판으로 쓸 수 있도록 다듬어야 했다. 정해진 두께에 맞게 깎아내고, 대패로 정밀하게 마무리하였는데 오차가 거의 없을 정도로 일정하였다. 이렇게 준비된 판자 위에 판하본 원고를 잘 보이도록 뒤집어서 경판새김에 들어갔다. 한 자라도 잘못 새기면 수년간 제작해온 목재를 버려야 하므로 온갖 정성을 쏟아야만 했다. 조각 실력이 뛰어난 전국의 각수가 모두 동원되었는데 숙련된 각수가 경판 한 면을 새기는데 걸린 시간은 약 5일 정도로 추정된다고 한다.

판각을 끝낸 경판은 제대로 새겼는지 확인하기 위해 한 장씩 찍어 내어 원고와 대조하였으며 그 결과 잘못된 글자가 있는 경우에는 그 부분을 제거하고 다른 나무에 새로 새겨 그 자리에 붙여 넣었다. 글자를 모두 새긴 경판에는 마구리 작업을 하였다. 이는 경판끼리 서로 부딪히는 것을 막고, 보관 시에 바람이 잘 통하도록 하기 위해서이다. 경판 양쪽 끝에 경판보다 두꺼운 각목을 붙인 후, 네 귀퉁이에 구리판을 장식한 것을 마구리라고 한다. 완성된 경판에는 옻칠을 하였는데, 이 작업 역시 경판을 장기간 동안 벌레가 먹거나 뒤틀림 없이 보관하게 하는데 결정적인 도움을 주었다.

해인사 사간판(寺刊板)

사간판(寺刊板)은 글자 그대로 사찰에서 제작한 것을 말한다. 이 경판들은 승려들의 교육을 목적으로 혹은 불경을 유통할 목적으로 사찰 자체의 재원 혹은 관청이나 일반 독지가의 후원으로 이루어졌다. 해인사 사간판은 158종 5,963판이 있는데 거의가 고려 각판이다. 여기에는 국보 206호로 지정된 28종의 2,725판과 보물 734호로 지정된 26종 110판이 있다. 사간 경판을 내용에 따라 분류해보면 크게 불교 경전과 불교 의식 경판류와 문집류와 국어국문학 관계 경판류로 구분할 수 있다.

해인사 사간판 중에서는 1236년에서 1251년 사이에 판각된 국간판 고려대장경판보다 먼저 판각된 경판이 있는데 수창(壽昌) 4년, 1098년 고려 숙종 3년의 조판기를 남기고 있는 '진화엄경(秦華嚴經)' 제45권 21장을 비롯하여 주본(周本) '화엄경(華嚴經)' 40권본과 '금강경(金剛經)', '능엄경요해(楞嚴經要解)', '사분률산번보궐행사초상집기(四分律删繁補闕行事抄詳集記)' 경판 등은 국내에 남아 있는 매우 귀중한 목판 기록물이다.

사간장경의 가치와 특징에 대해서 전 조계종 총무원장인 지관(智冠) 스님은 다음과 같이 설명하고 있다.

『보현행원품』, 『당현시범』, 원효의 『십문화쟁론』·『대승기신론해동소』, 의상의 『백화도량발원문』·『대각국사문집』, 남양선생 『시집』, 목우자의 『수심결』, 홍각범의 『임각록』, 해봉의 『호은집』판 등은 문학작품으로서 높은 가치를 지니고 있으며, 『몽산법어』, 『오대진언』, 『부모은중경』, 『왕랑반혼전』, 『미타경언해』 등의 판본은 국문학연구에 비할 데 없는 귀중한 자료이다. 명연의 『염불보권문』·『신편염불보권문』, 청허의 『운수단가』·『예념미타참법』·『아미타경』, 허주덕진의 『정토감주』·『용서정토문』·『정토발원문』·『염주경』판 등은 정토사상연구에 없어서는 안 될 자료이며, 불공의 『오대진언집』·『실담장』판 등은 범어연구에 필수 자료이고, 각종 인경발문(印經跋文), 『역대왕조연표』·『해인사고적』·『해인사사적』·『간기사』판 등은 불교사연구에 소중한 자료이며, 『사분률비구이백오십계본』·『범망경보살계본』·『칠중수계의궤』·『사분률산번보궐행사초상지기』·『호계첩』판 등은 율장에 관련된 귀중자료이고, 『능가경』·『선종영가집』·『고봉선요』·『금강경』·『선종유심결』·『육조법보단경』·『청어집』·『구자무

불성화간병론(狗子無佛性話揀病論)』·『경덕전등록』판 등은 선사상연구에 가장 중요하며, 『제반문』·『운수단』, 추담정행의 『승가일용작법』·『시식문』·『천도문』, 나암의 『석문가례초』·『다비작법』·『삼단작관변공』·『영혼』판 등은 불교의례의 원전자료이고, 『진화엄경변상도』를 비롯하여 『주화엄경변상도』, 『삼존변상도』, 『부모은중경변상도』, 『한산습득의 변상도』 그리고 각 경마다 면지(面紙)에 해당하는 변상도판 등은 불교의 선모문화(線模文化)의 차취이다. 이러한 변상도는 8세기를 전후한 당나라 말기 이후로 불교의 영향을 받고 유행하던 설창문학(說唱文學) 작품의 한 종류인데 불교경전에 나타난 여러 가지의 비유 및 본생담을 소재로 하고 있다. 교설을 대중에게 이해시키려는 수단으로 시각적 방법을 동원하여 이루어져 있는데 회화 및 소묘연구에 절대적인 가치가 있는 자료로 평가되고 있다.

팔만대장경의 특성과 가치

우리나라의 국보이자 전 세계인의 유산인 고려대장경의 특성과 가치에 대해서 천혜봉 교수의 평가를 참고하여 정리하면 다음과 같다.

첫째, 당시의 동양 한역장경으로는 그 수록범위의 규모가 가장 큰 점을 우선 손꼽을 수 있다. 초조장경은 북송의 개보칙판 장경을 바탕으로 하고 거란장경에서 북송판에 미수된 것을 비롯하여 본문에 누락과 착사가 심하고 이역인 것을 가려 새겨 편입하였으며, 송조에서 들어온 신역(新譯)

또는 조인(雕印) 경론을 다량으로 추가하였다. 그리고 이것을 바탕으로 재조할 때도 초조본에 누락된 것을 거란본과 국내전본 등에서 가려 추가 또는 대체 편입하고, 그 끝에 보유를 더한 것이 재조대장경이다. 이렇게 이루어진 고려대장경은 당시 어느 한역장경보다도 수록범위의 규모가 가장 큰 불전이므로 그 내용의 연구에 있어서 매우 귀중한 자료가 된다.

둘째, 동양의 어느 한역대장경보다도 본문이 우수함을 또한 손꼽을 수 있다. 고려대장경의 재조본은 수기법사 등 여러 교정승이 동원되어 초조본, 북송본, 거란본과의 대교는 물론 각종의 석교록을 섭렵하여 본문의 오자, 탈자, 착사, 전도 등을 바로잡고 이력을 논증하여 보수하였으며, 초조본에서 누락된 것을 가려 추가하거나 별로 필요하지 않은 것과 대체 편입하였다. 그리고 장경전반에 걸쳐 교정한 내용과 사유를 소상하게 기록한 『고려국신조대장교정별록(高麗國新雕大藏校正別錄)』을 엮어 새로 추가하였다. 이렇게 본문이 크게 교감되자 일본은 우리 고려대장경을 부러워하며 끊임없이 수입하여 불교연구와 전파의 초전(初傳)으로 삼았으며, 19~20세기에 들어와서는 마침내 고려대장경의 본문을 정본(正本)으로 삼고, 송・원・명본으로 교주한 <축쇄대장경>과 <대정신수대장경>을 간행해냈다. 중국도 그 <축쇄대장경>을 역수입(逆輸入)하여 바탕으로 삼고 『빈가정사판대장경(頻伽精舍板大藏經)』을 출판하였다. 이들 대장경이 오늘날 세계 도처에 보급 이용되고 있으니, 고려대장경 본문의 우수성이 새삼 돋보인다.

셋째, 동양의 역대 한역대장경 중, 그 경판이 가장 오래되면서 정각(精刻)의 원형을 가장 완벽하게 유지하고 있음을 또한 손꼽을 수 있다. 몽고군의 외침에 대항하면서 새긴 것이지만, 워낙 철저한 연판처리를 거쳤기 때문에 7백 여 년이 지난 오늘날에 있어서도 원형이 고스란히 유지되고 있다. 유네스코는 그 경판의 가치를 인정하고 세계기록유산으로 지정하여 난중(亂中)에 이룩한 민족정기의 소산을 세계만방으로 하여금 우러러 보게 하였다. 참으로 우리 문화민족의 긍지와 자부심을 드높여 주는 문화유산이다.

넷째, 국간장경 못지않게 사간장경도 중요한데, 수창본의 경우에는 팔만대장경보다 더 오래된 장경으로서 가치가 있다. 또한 불경연구 외에 여타 불교문화 전반, 특히 변상도와 관련하여 회화 및 소묘 관련 자료를 제공해 주고 있어 그 가치가 크다.

다섯째, 대장경의 내용뿐만 아니라 대장경을 만드는 과정의 한 부분인 나무를 재단하고 염수에 처리하는 과정, 판에 새기는 각수 과정 등도 매우 중요하다. 세계문화유산을 앞으로 어떻게 보관해 나아갈 것인가와 관련해서 팔만대장경이 보관되어 있는 장경각의 특수한 건축 구조가 세계인들의 관심을 끌고 있는 이유 또한 마찬가지이다. 그리고 우리나라의 목판인쇄술의 기술이 대장경 판각에서 잘 드러나고 있다는 점에서도 중요하다고 할 수 있다. 목판인쇄술의 기술이 축적될 수 있었던 가장 큰 이유로 대장경의 간행을 꼽을 수 있기 때문이다.

참고문헌

관암, 「고려대장경판의 내용과 의의」, 『기록인』 제10호 봄, 국가기록원, 2010, 40~45쪽.

김성수, 「고려대장경 조조의 동기 및 배경에 관한 연구」, 『불교연구』, 제32집, 2010.

김윤곤, 『고려대장경의 새로운 이해』, 불교시대사, 2002.

박상진, 『다시 보는 팔만대장경판 이야기』, (주)운송신문사, 1999.

서수생, 『해인사 팔만대장경과 사간판 연구』, 청주고인쇄박물관, 2009.

정승석 편저, 『고려대장경해제』, 고려대장경연구소, 1998.

최준식 외, 『유네스코가 보호하는 우리 문화유산 열두 가지』, 시공사, 2002.

고려대장경 연구소 홈페이지 http://www.sutra.re.kr/

해인사 팔만대장경 홈페이지 http://www.i80000.co.kr/

제 7 장

동의보감

동의보감(東醫寶鑑)

Donguibogam: Principles and Practice of Eastern Medicine
(2009년 등재)

『동의보감』은 어떤 책인가

『동의보감(東醫寶鑑)』은 허준이 1597년(선조 30)에 태의로 있을 때 선조의 명을 받들어 국가적 사업으로 저술을 시작하여 1610년(광해군 2)에 완성한 우리나라 최초의 종합 의학백과사전이다. 허준의 『동의보감』은 당시의 중국과 우리나라의 각종 의학 지식을 정리하여 종합적으로 저술한 의서로서, 필사 원본은 전해지지 않고 최초의 초판본은 내의원에서 1613년(광해군 5)에 목활자로 간행되었다.

『동의보감』은 크게 내경(內景), 외형(外形), 잡병(雜病), 탕액(湯液), 침구(鍼灸)의 다섯 편으로 구성되어 있으며, 목록 2책을 비롯하여 내경편 4책, 외형편 4책, 잡병편 11책, 탕액편 3책, 침구편 1책의 분량이 배분되어 있다. 백과사전식으로 찾고자 하는 부분을 탐색하여 찾아내기 쉽도록 하기 위해 만든 목록 2책은 『동의보감』이 가지는 종합 의서로서의 실용성을 한층 더 잘 나타내주는 부분이라 할 수 있다.

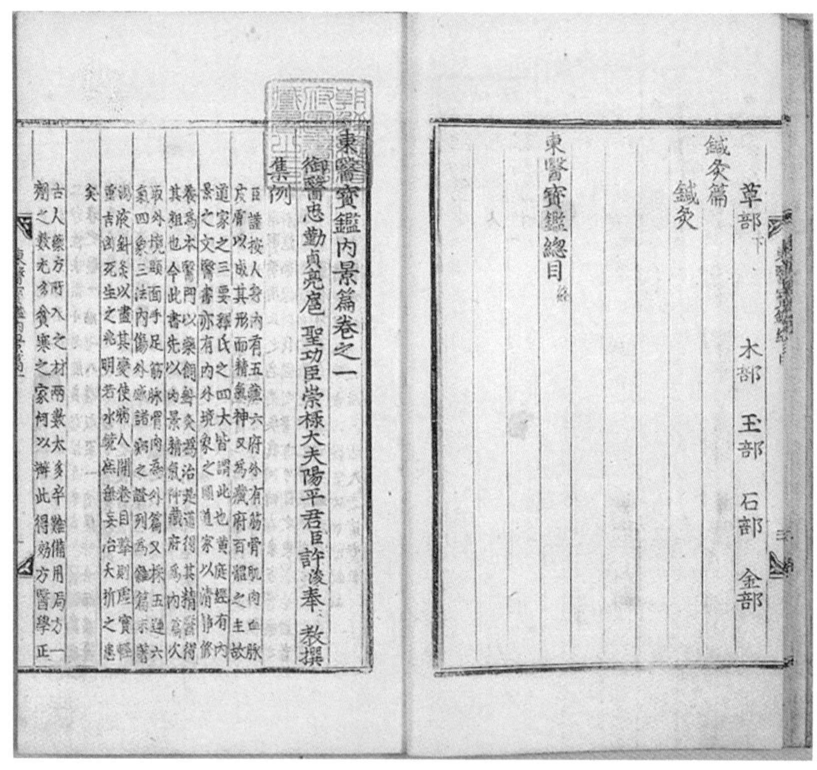

▲ 『동의보감』 내경편

『동의보감』은 목록 2권 2책, 본문 23권 23책, 총 25권 25책으로 구성되어 있는데, 현재 전하는 완질본 『동의보감』은 1613년(광해군 5)에 간행된 한국학중앙연구원 장서각 소장본(보물 1085-2)과 1614년(광해군 6) 국립중앙도서관 소장본(보물 1085-1)이다. 그 외 낙질된 『동의보감』은 보물 1085-3

호로 지정된 규장각 한국학연구원 소장본 2점을 비롯하여, 직지사 성보박물관본, 화봉책박물관본, 허준박물관본, 영남대 중앙도서관본, 청주 고인쇄박물관본 등이 있다. 『동의보감』의 한글 언해본은 19세기 중엽에 언해, 필사된 것으로 추정되는데 이는 당시 왕실 여성들의 의학 실용서 역할을 한 것으로 보인다.

『동의보감』의 의학사적 가치

『동의보감』은 당시 중국과 우리나라의 한의학이 이룩해 놓은 수많은 의학 이론과 지식, 의술 등을 체계적인 항목으로 정리한 의학백과사전이다.

원래 동양 의학은 후한(後漢) 시대의 '장중경(張仲景)'으로 대표되는 실제 임상 중심의 의학이, 송나라에 이르면서 음양오행설(陰陽五行說) 등 성리학의 적극적인 수용을 통해 그 틀을 잡게 되었다. 이러한 의학적 기틀을 바탕으로 금원(金元) 시대에 이르러 전란과 역병이 세상을 들썩이게 하자, 이에 맞게 의술 또한 비약적으로 발전하기 시작하였다. 그리고 이는 금원사대가(金元四大家)와 같은 당대의 명의들이 등장하는 배경이 되었다.

중국을 중심으로 한 동양 의학이 크게 발전하면서, 금원 시대 이후에는 다양한 진단법과 처방법이 봇물처럼 나오기 시작했다. 의학적 지식이 풍부해졌다는 점에서는 상당히 좋아진 것처럼 보이지만 실제로 의학은 사람의 건강과 생명을 좌우할 수 있으므로 그 정확성이 매우 중요하기 때문에 이 당시 풍부했던 의학적 지식은 도리어 위험한 요인으로 작용하였다. 진찰법과 치료법이 난무하면서 진단이나 처방이 혼란스러워지고 하나의 병에도 여러 처방법이 적용되면서 절차가 뒤섞이거나 즉각적인 치료가 힘들어졌다. 결국 금원 시대 이후의 이러한 혼란과 무질서는 동양 의학에 대한 신뢰도를 떨어뜨렸고, 치료를 절실히 필요로 하는 환자들에게 재앙을 가져다주었다. 이 모든 것은 당시 풍부했던 의학 지식들을 체계화시켜 정리하지 못한 데에서 온 참담한 결과였으며, 허준이 살았던 시대의 중국과 우리나라를 비롯한 동양 의학의 실태였다.

허준은 이전까지 내려오던 의학의 기본 사상체계인 오행론(五行論)에 근거하여 중국과 조선의 수많은 의학 지식들을 체계적으로 정리하였다. 명확한 체계를 잡고 그 속에서 임상에서의 활용성이 적거나 잘못된 의학 지식들은 빼고, 우리나라 실정에 맞고 실제 임상에서 직접 검증된 의학 지식만을 정리하였다.

『동의보감』의 방대한 분량과 구성은 매우 체계적으로 이루어져, 중국의 북의(北醫)와 남의(南醫)에 버금가는 우리의 독자적인 '동의(東醫)'를 창조해 내었으며 우리나라의 의학 성서로서 거의 절대적인 가치를 지니게 되었다. 또한 그 우수성을 대외적으로도 인정받아 일본뿐만 아니라 의학 지식의 원천지인 중국에도 수출되어 임상에 활용되거나 수많은 의원들의 교육용 서적으로 활용되었다. 게다가 현대에 이르러서도 그 의학적 활용 가치를 인정받아 현대적으로 계승하는 작업을 거쳐 의학 실용서로 쓰이고 있다. 이를 통해 볼 때, 『동의보감』의 의학사적 가치는 시대를 초월하고 있음을 알 수 있다.

양생론(養生論)을 통한 예방 우선의 의료

『동의보감』이 가지는 다른 의서와의 차이점은 질병을 대하는 태도에 있다. 당시의 의서들은 질병이 걸리면 그것을 치료하는 데 집중하였으나, 『동의보감』은 유교의 양생론(養生論)을 적극적으로 수용하여 예방 차원의 의료법을 주장하였다. 양생론을 따로 언급한 의서는 있었으나, 『동의보감』은 그러한 의서와는 다르게 양생론을 언급한 후, 그것을 전체적인 지식 체계의 바탕에 깔아둠으로써 항상 의료는 양생으로 귀결됨을 크게 강조하였다.

민중을 생각하는 향약(鄕藥) 정책

우리나라는 비싼 단가로 인해 중국의 약재를 수입해 오기가 힘들었다. 일반 민중들은 비싼 중국 약재를 쉽게 얻을 수 없었기 때문에, 중국 약재 중심의 의서들은 실제로 우리나라 민중들에게는 그렇게 효용성을 발휘하지 못하였다.

이에 『동의보감』에서는 약초의 본 이름 뒤에 항상 향명(鄕名, 고유어 이름)을 덧붙여 정리함으로써 일반 민중들도 알아볼 수 있도록 하였다. 또 당시 비싼 약재로 탕약을 지을 수 없었던 많은 민중들을 고려하여 주변에서 흔히 구할 수 있는 재료로 질병에 대해 처방할 수 있는 '단방(單方)'을 엮어 두었다. 약재의 비용을 십분 고려하여 우리 향약(鄕藥)을 중심으로 하되, 주변에서 구하기 쉬운 하나의 약재로 처방하는 단방의 방법을 함께 제시하여 처방의 부담을 줄이고자 하였던 것이다.

우리나라 실정에 맞는 독자성

우리나라는 기후, 풍토, 지리 등 환경적인 측면이 중국과 매우 달랐다. 그렇기 때문에 중국과는 다른 질병이 백성들 사이에서 유행하였고, 그에 대한 처방법도 중국과 상당 부분 차이가 있었다. 허준은 이전의 의학 체계와 지식을 정리하되, 실제로 임상에서 실험하는 등 우리나라 실정에 맞게끔 의학 지식을 새롭게 고쳤다. 그리하여 중국의 북의와 남의와는 확연히 구분되는 우리나라만의 독자적인 '동의'로서 우리만의 의학 체계가 확립되었던 것이다. 『동의보감』은 이후, 우리나라 한의학의 흐름을 제시해 주는 큰 줄기로서의 역할을 하였고, 나아가 일본, 중국 등지에 널리 전파되어 동양 의학을 발전시킨, 인류의 소중한 보물이 되었다.

실용주의 : 실증성과 체계성

『동의보감』은 이전 중국과 우리나라의 의학 저서를 참고하고 수많은 의학 지식을 인용하여 집대성하였기 때문에 어떻게 보면 이전의 의서들을 단순히 총정리한 책이라고 생각할 수도 있다. 그러나 수많은 의학 지식을 집대성하되, 우리나라 실정에 맞고 실제 임상에서 효율성이 검증된 의학적 지식을 중심으로 수록하였다. 실제로 치료법을 사용해보고 우리나라 실정과 민중의 실정에 걸맞는 정확하고 구체적인 처방을 기록함으로

써 그 실용적인 가치를 한껏 드러내었다. 한편으로 참고한 의서의 내용이 정확한 것으로 판명되어 그대로 인용할 때에는 그 출처를 명확히 밝혀 신뢰도를 높였다. 『동의보감』은 참고로 한 역대의방 86종과 각종 문헌의 인용부분에 대해서 명확히 출처를 기재하면서, 단순히 인용한 것이 아니라 우리 실정에 맞는 것을 끌어와 우리의 형편에 맞는 방법을 고안해 독창적으로 기술함으로써 그 실용성을 한층 더 높였던 것이다.

한편 수많은 한의학 저서들이 질병에 따른 처방법을 기술한 반면, 『동의보감』은 몸의 정신적인 구성 요소를 설명하고, 몸의 내적인 구성과 그것들이 연결되어 있는 외적인 육체를 연관지어 질병에 대한 근본적인 원인과 해결법을 체계적으로 제시하였다. 이전의 중구난방의 지식 체계를 재정립하되, 중국 금원시대 사대가들이 언급한 사상을 바탕으로 우리나라 실정에 맞도록 재구성하였던 것이다. 이 과정에서 허준은 내경편, 외형편, 잡병편, 탕액편, 침구편의 총 다섯 편으로 의학 지식을 정리하고, 맨 앞에 목차 부분을 수록하여 색인이 가능하고 실용적으로 활용할 수 있도록 하였고 또한 몸속의 구성에 대한 이론을 언급한 뒤에 실제 임상에 적용시키는, 독자적이고 효율적인 체계를 세웠다.

『동의보감』이 간행된 후, 그 의학적인 가치는 우리나라는 물론 중국, 일본 등지에까지 널리 인정받았다. 또한 17세기에 광해군은 『동의보감』을 다수 간행하여 전국에 보급하고자 노력을 기울였다. 또한 지방의 사대부들은 『동의보감』 속에 내재된 유교적 의학 정신과 실제 의학 기술을 읽고 내면화하여, 민중의 건강과 조선 사회의 건강을 동시에 도모하였다.

『동의보감』의 의학사적 가치는 당대에 머물지 않는다. 오늘날 동양 의학이 전 세계적으로 주목받는 이때에, 『동의보감』은 현대 서양 의학이 주목하고 있는 동양 의학의 가치를 여실히 보여주고 있는 매우 중요한 의학서이다. 스트레스를 신(神, 정신)의 허약으로 구체화시켜 규정한 『동의보감』의 관점은 곧 동양 의학의 관점이기도 하며, 스트레스의 정체를 새롭게 규명하려는 현대의 정신 건강과 의학에 있어서 이론적으로 이바지하는 바가 매우 크다. 또한 양생론을 바탕으로 치료적 관점보다 예방적 관점을 우선시한 『동의보감』은, 현대 의학이 질병의 치료 위주에서 점차 건강한 생활을 추구하는 웰빙 위주로 바뀌어 가는 시대에 큰 지침서 역할을 해줄 것으로 보인다.

결국 『동의보감』은 ① 16세기 당시까지 있었던 동아시아 의학 서적 1000여 권을 집대성한 의학 백과사전으로서의 가치, ② 백성들이 일상생활 속에서 병에 대한 예방법, 대처법을 이용할 수 있도록 목록별로 쉽게 구성한 공중 보건 안내서로서의 가치, ③ 인간과 세계에 대한 사상적, 철학적 기초를 바탕으로 한 동양 의학의 대표 저서로서의 가치 등을 십분 인정받아 세계 인류의 대표적인 공동 유산으로 인정받게 된 것이다.

『동의보감』의 내용 들여다보기

내경편(內景篇)

내경(內景)은 말 그대로 몸속의 경관을 보여주는 장이다. 내경편은 인체의 구성과 요소들을 언급하고 있는데, 단순히 내장기관으로서의 설명이 아니라, 의학의 사상적 바탕, 다시 말해 인체관, 세계관이 칠학적인 형태로 언급되어 있다. 내경편에 따르면 인체는 정(精), 기(氣), 신(神), 혈(血)의 본질적인 요소로 이루어져 있으며, 이를 바탕으로 오장(五臟)과 육부(六腑)가 구체적인 부위로 몸속에 형성되어 있다고 한다. 내경편에는 허준이 말하는 의학적 철학 체계와 사상이 잘 드러나 있는데, 몸을 구성하는 근본을 언급하면서 질병에 걸리기 전에 심신을 수양하여 몸을 건강하게 만드는 것이 중요하다는 '양생론'을 펴고 있다.

[몸의 근본]

- **신형(身形)** : 몸의 실제적인 구성을 언급하는 부분. 신체의 내부에는 오장(간, 심장, 비, 폐, 신)과 육부(위, 소장, 대장, 담, 방광, 삼초)가 있으며, 기본적으로 몸을 잘 다스리고 양생(몸을 잘 유지하여 병이 없도록 예방하는 차원의 처방)에 가장 힘써야 한다.
- **정(精)** : 정은 정액으로 몸속에 흘러 다니는 중요한 액체라고 할 수 있다. 정은 몸의 근본이며, 지극한 보배이다. 그러므로 이를 잘 간직하고 굳건히 유지하여 몸의 기운을 잘 보존해야 한다.
- **기(氣)** : 기는 몸속에 흐르는 기운이라 할 수 있다. 기는 몸을 지키는 기운이며 목숨을 유지하게 하는 요소이다. 기를 수련하면 늙은이도 젊어질 수 있다.
- **신(神)** : 신은 마음, 정신을 뜻하는 것으로 몸의 주인이라 불릴 정도로 중요한 요소라고 할 수 있다. 신은 마음이 맑으면 안정되고, 나쁜 마음을 먹게 되면 흩어져버린다. 정신이 가장 으뜸이기 때문에 실재적인 형체에 대해서 보양하는 것도 중요하지만, 그전에 정신의 보양

이 그 무엇보다 소중하므로 항상 마음을 편하게 가져야 한다. 현대적 의미로 굳이 설명하자면 스트레스에 대한 대처의 중요성과 연관 지을 수 있을 것이다.

▸ **혈**(血) : 혈은 우리가 음식물을 섭취하여 얻어내는 기운으로 신체의 운용에 상당히 중요한 것이라 할 수 있다. 현대적인 의미로 에너지 정도가 될 수 있겠으며, 몸속의 맥을 따라 흐른다. 온몸에 퍼져 오장을 고르게 하고 몸을 건강하게 한다. 혈이 풍성하면 몸이 튼튼해지고 혈이 부족하면 몸이 자연스럽게 쇠약해진다.

[몸의 상태]

▸ **꿈** : 꿈은 사물과 작용함으로써 나타나는 현상이다. 사기(邪氣, 사특한 기운)가 침범하거나 마음이 흐트러짐으로 인해 몸이 허해지면, 사물에 정신을 빼앗겨 꿈을 꾸게 된다.

▸ **목소리** : 목소리는 신(神, 정신, 마음)에서 나오는 것으로 목소리를 들어봄으로써 그 사람의 오장육부 중 어느 곳에 문제가 발생하였는지를 알 수 있다.

▸ **말** : 말은 폐에서 나오기 때문에 사특한 기운이 폐를 침범하거나 혹은 간의 기운을 막아버리면 헛소리를 하거나 말이 나오지 않게 된다고 한다. 사특한 기운이 폐를 침범하지 않게 하려면 불필요한 말은 하지 말고 좋은 말을 가려서 하도록 해야 한다.

▸ **진액**(津液) : 진액 중, 진은 대장이 주관하고, 액은 소장이 주관하는데, 기가 모이는 곳에 진액이 생기므로 진액이 충분하려면 위장의 기가 충분해야 한다. 음식을 조절하지 못하여 위장의 기가 부족하면 진

액이 생기지 않고 말라버리므로 위장에 병이 생긴다.

▸ **담음**(痰飮) : 같은 액체지만 진액과는 다르게 몸에서 나오는 해로운 것이다. 기가 막히면 막힌 곳에 담이 생겨 모여 있다가 나오는데, 그 색은 맑지 않고 탁하다. 담이 많이 생겨 뭉치면 병을 일으키게 되므로 토하게 해야 한다.

[몸을 다스리는 기관]

▸ **오장육부**(五臟六腑) : 인체를 구성하는 가장 중요한 부분이다. 오장은 몸 밖으로 난 구멍과 연결되어 있어서 오장의 이상이 겉으로 드러나기도 하고, 외부의 건강 상태가 오장에 영향을 미치기도 한다. 사람마다 오장의 허실 여부에 차이가 있는데, 이는 곧 사람의 성격에 영향을 크게 끼친다. 오장은 오행(五行)과 연결되어 있어 오행처럼 서로 상생이나 상극의 관계를 맺고 있다. 이들이 조화를 이루면서 적당한 상태를 유지하면 탈이 없으나, 근심이 지나쳐 신(神)이 망가지거나 사특한 기운이 침범하면 병이 생기게 된다.

▸ **간장**(肝臟) : 간은 사계 중, 봄의 기운과 통한다. 화를 잘 내는 사람은 간에 문제가 생기게 되는데, 화를 내어 기운이 위로 솟구쳤다가 되돌아오지 못하면 아래에 나쁜 피가 모여 간이 상하게 되는 것이다. 간이 상하게 되면 먼저 사람의 안색으로 알 수 있으며, 양쪽 옆구리와 아랫배가 아픈 증상이 나타나게 된다.

▸ **심장**(心臟) : 심장은 사계 중, 여름의 기운과 통한다. 심장은 여름의 생명력과 연관이 있는 장기로 생명과 정신이 머무르는 곳이라고 할 수 있다. 몸에 열을 생기게 하는 기능을 한다. 정신과 관련이 있는 장

기이므로 심장의 크기에 따라 근심과 그로 인한 병에 대한 내성을 알 수 있다. 심장이 크면 클수록 근심을 하지 않는 경향이 있으며 그로 인해 병도 잘 생기지 않는다. 주변에 근심이 많아 정신이 탁해지면 심장이 상한다.

▸ **비장(脾臟)** : 비장은 사계 중, 늦은 여름과 통한다. 비장은 습한 기운과 흙의 기운을 내는 장기로서 이러한 성격 때문에 음식을 빠르게 몸으로 받아들이게 하는 기능을 맡는다. 비장은 작을수록 좋은데 비장이 작은 사람은 오장이 전체적으로 편안하여 잘 상하지 않아, 겉모습을 보면 살결이 누렇고 부드럽다. 반면에 비장이 큰 사람은 오장이 답답하여 빠르게 걷지를 못한다. 이러한 사람들의 겉모습은 흔히 살결이 거침으로 드러난다. 술이나 음식을 과하게 섭취하거나 과로하는 등 몸에 무리가 가는 행동을 하면 비장이 상하게 된다.

▸ **폐장(肺臟)** : 폐는 사계 중, 가을과 통한다. 폐는 오행 중, 금(金)의 기운을 내는 장기로서 속에는 24개의 구멍이 있어 기가 드나들기 때문에 호흡을 통해 기가 정하고 탁한 정도를 가늠할 수 있다. 폐가 건강하면 기운이 몰리거나 응어리지지 않으므로 기침을 하지 않고 흐름이 순탄하게 되는 반면, 폐가 허약하면 소갈(消渴, 먹어도 여위고, 마셔도 갈증이 나며, 소변량이 많아지는 증상)이나 황달(黃疸)이 생긴다. 몸이 차가울 때 찬 것을 많이 접하면 폐가 상하게 되는데, 폐가 많이 상하면 기침이 심하게 나고 가끔 피가 섞인 가래를 뱉어내기도 한다.

▸ **신장(腎臟)** : 신장은 사계 중, 겨울과 통한다. 신은 내신과 외신으로 나누어 볼 수 있는데, 내신은 일반적으로 말하는 신장이며, 외신은 방광과 요도를 말한다. 신장은 좌우로 2개가 붙어 있는데, 남성은 왼쪽

신장이, 여성은 오른쪽 신장이 근본이다. 신장은 비장처럼 크기가 작아야 잘 상하지 않는데, 신장이 상하면 허리가 아파오는 증상이 나타난다. 주로 신장은 몸의 정액을 저장하는 곳이기 때문에 성생활을 지나치게 하면 상하게 되며, 무거운 것을 들거나 습한 곳(물속, 습지대)에 장기간 접촉하여도 상하게 된다.

▸ **담부**(膽腑) : 쓸개는 사람의 용기와 연관이 있는데, 이 때문에 쓸개가 크고 실하면 무서움을 잘 타지 않는 대신에 화를 잘 낸다. 이러한 사람은 손톱과 발톱이 두껍고 누런빛이 감돈다. 반대로 쓸개가 작고 허하면 무서움을 잘 타며, 손톱과 발톱이 얇고 연한 빛이 감돌게 된다. 쓸개는 크게 놀라거나 두려워하면 상하게 되는데, 쓸개가 상하면 입에 쓴맛이 감돌고, 구역질이나 한숨이 잘 나온다.

▸ **위부**(胃腑) : 위는 명치와 배꼽 사이에 있는 장기로서 평상시에는 1자 6치의 길이로 있으나, 음식물이 들어가 늘어나면 2자 6치까지 길어진다. 음식을 과다하게 섭취할 경우, 장과 같이 상하는데 위가 상하면 가슴과 배가 더부룩해지면서 식욕이 사라지므로, 몸이 여위게 되고 얼굴이 노란 빛을 띠게 된다.

▸ **소장부**(小腸腑) : 소장은 배꼽에서 왼쪽으로 16바퀴 굽어져 있는 장기로서 보통 길이는 32자이고 무게는 2근 14량이다. 위에서 소화한 음식은 소장으로 들어가게 되는데, 음식물의 맑은 기운은 몸으로 흡수하고 탁한 찌꺼기는 다른 기관으로 보낸다. 걸러진 찌꺼기는 액체일 경우, 흡수되어 방광으로, 고체일 경우는 대장으로 간다. 소장이 상하면 아랫배와 허리가 아프게 되며 설사를 한다.

▸ **대장부**(大腸腑) : 대장은 배꼽에서 오른쪽으로 16바퀴 굽어져 있는

장기로서 보통 길이는 21자이고, 무게는 2근 12량이다. 큰 주름이 잡혀 있으며 끝 부분은 항문과 연결된다. 대장이 상하여 병이 생기면 배가 끊어질 듯 아파 서 있지 못하고, 뱃속에서 지속적으로 소리가 나며 설사를 하게 된다.

▸ **방광부**(膀胱腑) : 아랫배에 위치하는 방광은, 신(腎) 중에 외신(外腎)에 해당하는 부분으로 오장 중 하나인 내신(內腎) 신장과 연결되어 있다. 방광은 액체 찌꺼기인 오줌을 담는 곳인데 최대 9되 9홉을 담아낼 수 있다. 방광은 단전의 기에 영향을 많이 받는다. 따라서 단전에 기가 잘 통하면 오줌이 잘 나오고, 단전의 기의 흐름이 허약하면 오줌이 잘 나오지 않게 된다. 방광이 상하여 병이 나면 아랫배가 부어오르는데, 아랫배를 누르면 오줌이 누고 싶어지지만 나오지 않는 증상이 생긴다.

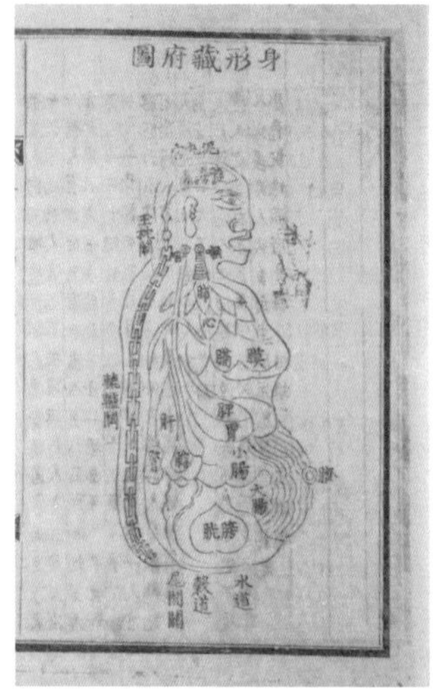

▲ 신체 장부를 그린 신형장부도

▸ **삼초부**(三焦腑) : 삼초는 상초(上焦), 중초(中焦), 하초(下焦)로 나누어져 몸의 수분을 관리하는 작용을 한다. 이외에도 각자 맡은 기능들이 있는데, 상초는 양기(陽氣, 따뜻한 기운)를 생산하므로 피부 속을 따뜻하게 해 준다. 중초는 음식을 기운(에너지)으로 바꾼 후, 신체 각 부위에 공급하기 위해 경맥(硬脈)으로 이를 보낸다. 하초는 몸속의 노폐물을 제때 나갈 수 있도록 한다. 삼초가 상하여 병이 나면 소변을 보지 못하고 복수(腹水)가 차, 배가 단단하게 부풀어 오르는 증상이 생긴다.

▸ **포**(胞) : 오장육부에는 해당하지 않으나, 여성에게 반드시 필요한 장기이다. 오장에 해당하지 않기 때문에 오행과는 상관이 없으나, 땅의

기운을 근본으로 하고 있어, 땅이 만물을 생기게 하는 것처럼 여성이 생명을 잉태하는 중요한 역할을 한다. 남자의 경우는 포가 없으므로 맥(脈)이 지속적으로 돌게 되지만, 여성의 경우에는 맥이 포에서 특정 기간 동안 멈추어 월경기가 되면 포에 머무는 맥의 기운이 풍성해진다. 이때 경혈이 순조로운 상태에서 남자에게 정을 받고 맥이 지속적으로 양호하면 아이를 잉태하게 된다. 월경은 매달마다 하는 경우도 있고, 그렇지 않은 경우도 있는데 그것은 문제가 되지 않는다. 포가 상하여 월경이 비정상적이라고 판단하는 기준은 색이다. 흔히 말하는 '냉(冷)'은 포가 상하여 생기는 병으로 포에서 하얗고 뿌연 액체가 나오는데, 이러한 증상이 계속되는데도 방치하면 불임이 되기 때문에 빠르게 처치를 해야 한다.

▸ **충(蟲)** : 오장육부에도 해당하지 않으며, 몸에 있으면 안 되는 해로운 '충(벌레)'이다. 『동의보감』에서는 '몸의 기관'을 언급하는 부분에서 따로 우리 몸에 해로운 '충'에 대해서도 언급하고 있다. 충은 사람이 나면서부터 몸속에 머물러 숙주인 인간의 생명을 빨아먹고 사는 소위 '삼시충(三尸蟲)'과 '오장충(五臟蟲)'을 말하는 것이다. 삼시충은 상충, 중충, 하충이 있는데, 각각 뇌, 얼굴의 명당, 배에 기생하며, 오장충은 말 그대로 오장에 기생한다. 충은 보통 지렁이 모양을 하고 있으며, 위의 기가 약해져 있을 때 날것을 먹거나 비위생적인 것을 먹는 등 섭식을 잘못하면 생긴다.

삼시충과 오장충 외에도 결핵을 일으키는 노채충(勞瘵蟲)이 있는데, 전염성이 매우 크고 당시에는 고병원성이라 심하게는 한 마을이 결핵으로 모두 사망한 경우도 있었을 정도라고 한다.

[몸속에 머물러 있는 것]

▸ **소변**(小便) : 앞의 소장부와 삼초부에서 언급하였듯이 음식물이 대장으로 가기 전에 하초에 의하여 걸러져 방광에 머무르는 액체 형태의 노폐물. 소변의 색깔로 상태를 가늠할 수 있는데, 술을 많이 마셨을 때는 소변의 색이 붉은색을 띠며, 간이나 아랫배에 열이 많으면 소변색의 노란 정도가 진해진다.

▸ **대변**(大便) : 소장부와 대장부에서 음식이 모두 소화되고, 음식의 수분이 모두 흡수되었을 때, 대장부에 남아 있는 찌꺼기 형태의 노폐물. 소변과 마찬가지로 대변 또한 그 색으로 몸의 건강 상태(병의 여부)를 확인할 수 있다. 섭식을 잘못하거나 배를 차게 하면 대장에 사특한 기운이 들어오는데, 이 때문에 대장에 병이 나고 그것이 대변의 색으로 드러난다.

외형편(外形篇)

몸의 내부를 설명하는 내경편과는 달리, 외형편은 겉으로 보이는 인체와 그것의 기능 및 관련 질병에 대하여 설명하는 부분이다. 하지만 외형편에서도 마찬가지로 철학적 세계관에 근거한 인체관이 드러나며, 내경편에서 언급한 내용과 매우 밀접하게 연관 지어 설명하고 있다. 몸의 내부는 몸의 외형과 연결되어 있으며, 내부의 상태가 곧 외형 기관의 모습으로 드러나기 때문일 것이다.

본편에서는 머리와 얼굴, 몸통(등, 가슴, 젖, 배, 허리), 오체(피부, 살, 맥, 힘줄, 뼈), 변방(팔, 다리, 모발, 생식기, 항문)으로 나누어 몸의 외형을 설명하는 동시에 외형의 증상을 내부의 문제에 관련하여, 여러 임상사례에서 근본적인 원인과 해결책을 제시해주고 있다. 이런 점에서 현재 설명하기 힘든 병에 대한 설명력을 높여 주는 등 현대 의학의 한계점을 보완 혹은 극복할 수 있다는 의의를 지닌다.

[머리와 얼굴]

▸ **머리** : 사람의 머리는 하늘과 닮아 둥글며, 특히 중요한 부분이므로 머리에 문제가 생기면 중한 병이 생길 수 있다. 머리에 오는 이상으로 대표적인 어지럼증은 몸의 기와 혈이 약하고 사특한 기운이 들어왔다는 증거이다. 머리에 있는 경맥에 사특한 기운이 들어가면 두통이 발생하고, 머리에 찬 기운이 들어가면 풍(風)이 온다.

▸ **얼굴** : 얼굴은 오장과 마찬가지로 오행이 각 부위와 연관되어 있다. 오행의 유사성으로 이마는 심장, 턱은 신장, 코는 비장, 왼쪽 뺨은 간장, 오른쪽 뺨은 폐장과 연결되는데, 얼굴 각 부위의 외형을 통해 내부 장기의 건강을 가늠할 수 있다. 또한 얼굴의 색으로도 장기의 상태를 파악할 수 있는데, 색이 푸르고 화를 잘 내면 간에, 붉고 잘 웃으면 심장에, 노랗고 트림을 잘 하면 비장에, 희고 기침을 잘 하면 폐장에, 검고 겁이 많으면 신장에 병이 있을 가능성이 크다.

▸ **눈** : 눈은 간장과 연관이 있어, 간장이 약해지면 눈이 침침해지고 시야가 흐릿해진다. 오장의 정기가 모이는 곳으로 매우 중요한 부위이며, 눈동자는 뼈, 검은자위는 힘줄, 흰자위는 기, 핏줄은 혈에서 타고나 전체적으로 눈을 구성한다.

▸ **귀** : 귀는 신장과 연관이 있어, 신장이 상하면 정기가 새어나와 정기의 부족으로 들리지 않거나 귀가 울리는 증상이 생긴다. 성을 자주 내거나, 과로를 하거나, 기름진 음식을 자주 먹으면 신장이 상하기 때문에 자연스레 귀가 나빠진다.

▸ **코** : 코는 폐장과 연관이 있어, 폐가 실하면 냄새를 잘 맡지만 그렇지 않으면 냄새에 둔해진다. 폐는 뜨겁고 차가운 데에 약하기 때문에, 자극적인 온도에서 오래 있으면 폐가 상하게 되어 그것이 코의 상태로 나타나게 된다. 한편, 코가 늘 붉은 색을 띠는 사람은 풍의 위험이 크다고 할 수 있다.

▸ **입 / 혀** : 입은 비장과 연관이 있고, 혀는 심장과 연관이 있다. 따라서 비장과 심장의 상태는 혀의 건강상태나 미각의 예민성을 좌우한다. 한편 오장에 머무는 열의 정도에 따라 입속에 도는 맛이 달라지는데, 신맛은 간장에, 쓴맛은 심장에, 단맛은 비장에, 매운맛은 폐장에, 짠맛은 신장에 열이 있을 때 맨입에 잘 감돈다.

▸ **치아** : 치아는 신장과 연관이 있어서 신장이 좋으면 치아는 신장에서 영양분을 공급받아 튼튼해진다. 덧붙여 충치에 대한 언급도 나와 있는데, 충치란 이 사이에 끼인 찌꺼기가 썩게 되면 벌레가 음식물과 동시에 치아도 파먹게 되는 현상을 말한다.

▸ **인후(咽喉)** : 식도와 후두를 말하며, 음식물과 공기가 통하는 중요한 부분이다. 식도는 길이 1자 6치, 너비 2치 5푼, 무게 10냥이며, 후두는 12마디의 대롱 모양으로 길이 1자 2치, 너비 2치, 무게 12냥이다.

▸ **목** : 목은 태양경(太陽經)에 해당하는 혈인 풍부혈(風府穴)이 있는 자리이다. 정확히 풍부혈은 목 뒤쪽에 있는데 몸이 허약한 사람은 풍부

혈에 사기가 들어가서 상한병(傷寒病)이 들기도 한다.

[몸통부위]

▸ **등** : 등은 정기가 흐르는 통로의 역할을 하는 부분이다. 등은 삼관(三管)을 통해 전신의 위아래로 정기를 보내는데, 길이는 3자이며 7개의 마디씩 3부분으로 총 21개의 마디로 구성되어 있다.

▸ **가슴** : 목구멍에서 격막까지의 부분을 말한다. 길이는 9치이며 둘레는 4자 5치이다. 가슴은 심의 기를 담고 있기 때문에, 과한 감정으로 기가 흐트러질 때에는 심(心)이 상하여 가슴이 아픈 현상이 생긴다.

▸ **젖** : 여성의 생명의 근본이 되는 부분. 남성의 경우는 생식기가 생명의 근본이나, 여성의 경우는 젖이 여기에 해당된다. 젖에 기혈이 적당히 있어야 젖이 잘 나오는데, 너무 강하면 뭉쳐서 막히고, 너무 약하면 말라서 나오지 않는다.

▸ **배** : 배는 배꼽 주위를 기준으로 윗배, 아랫배로 나누어 볼 수 있다. 윗배가 아픈 이유는 음식을 잘못 먹어 사특한 기운이 들어와 체했다는 증거이고, 배꼽 주위가 아픈 이유는 몸속에 화(火)의 기운이 과하다는 증거이며, 아랫배가 아픈 이유는 담, 오줌이 잘 나오지 않아 문제가 발생했다는 증거이다.

▸ **배꼽** : 몸의 중심에 있는 부분으로, 팔다리를 위아래로 편 상태에서 딱 반을 재면 그 위치가 배꼽이다. 배꼽 양 옆으로 2촌 거리되는 곳에 천추혈(天樞穴)이 자리하고 있다.

▸ **허리** : 신장의 경맥이 허리에 연결되어 있으므로, 허리는 곧 신장과 관련이 있다. 그래서 허리가 약해져 몸을 제대로 굽히지 못하면 신장

이 상한 것을 의심해 봐야 한다. 허리에 통증이 오는 것을 요통이라고 하는데, 그 종류와 원인은 신허요통(腎虛腰痛, 허한 신장), 담음요통(痰飮腰痛, 담음), 식적요통(食積腰痛, 과식, 과다한 성생활), 좌섬요통(挫閃腰痛, 허리에 무리), 어혈요통(瘀血腰痛, 부딪혀 피맺힘), 풍요통(風腰痛, 신장에 풍), 한요통(寒腰痛, 찬 기운), 습요통(濕腰痛, 습한 기운), 습열요통(濕熱腰痛, 기름진 음식), 기요통(氣腰痛, 허한 기)으로 매우 다양하다.

▸ **옆구리** : 겨드랑이 아래 부분으로, 간과 담의 경맥과 연결되어 있다. 따라서 간과 담에 사특한 기운이 침범하면 양쪽 옆구리가 시리고 아프다.

[몸의 오체]

▸ **피부** : 피부에 해당하는 부분들은 오장 중에 폐장과 관련이 있다. 따라서 폐가 상하게 되면 그것이 피부와 털의 상태로 나타나게 된다. 피부는 몸속의 진액을 밖으로 내보내는 역할을 한다.

▸ **살** : 살의 양과 색은 오장 중에 비장과 관련이 있다. 비장은 기와 혈을 생산하는 곳인데, 이러한 기와 혈의 정도가 살의 양과 색으로 나타나기 때문이다. 흔히 음식을 잘 먹으면 살이 찌고 때깔이 좋다고들 하는데, 음식을 충분히 섭취하면 기가 실해져 살이 붙고, 혈이 실해져 색이 좋아지기 때문이다.

▸ **맥** : 맥은 오장 중에 심장과 관련이 있으며, 총 12경맥에 흐르는 맥으로 살펴볼 수 있다. 맥을 짚어 보면 오장의 상태 등 사람의 건강 상태를 알 수 있는데, 맥은 해가 떠서 음기가 없고, 음식을 아직 섭취하지 않아 몸의 변화가 없을 때 재어야 정확하다.

▸ **힘줄** : 힘줄은 오장 중에 간장과 관련이 있다. 간이 상하면 힘줄이 약해지므로 사람이 힘을 못 쓴다.

▸ **뼈** : 뼈는 오장 중에 신장과 관련이 있다. 뼈는 골수로 구성되어 있는데, 골수는 곧 신장에서 생산되는 정기로 만들어진다. 따라서 신장이 약해지면 정기가 감소하고, 정기가 감소하면 골수가 부족해지며, 골수가 부족해지면 뼈가 쉽게 상하게 된다. 뼈의 굵기나 크기는 광대뼈를 보고 알 수 있는데, 이는 광대뼈가 뼈의 근본이기 때문이다.

[몸의 변방]

▸ **팔** : 팔은 어깨로부터 가운데 손가락 끝까지의 부분을 말하는 것으로, 팔, 팔꿈치, 손목, 손, 손가락, 손톱까지를 모두 포함하는 부분이다. 손톱의 상태를 보고 간장의 이상 유무를 확인할 수 있는데, 간장에 열이 있으면 손톱이 파랗게 되고, 심각한 병이 있을 때에는 손톱이 검게 변한다.

▸ **다리** : 다리와 발은 신장의 건강과 관련이 있다. 신장은 정기를 주관하는 것이라고 했는데, 정기가 결핍되면 발은 물론, 손까지도 비정상적으로 뜨겁거나 차게 된다. 이를 방치하여 성생활을 많이 하는 등 신장을 손상시키는 생활을 계속 하면, 다리를 포함한 하체에 살이 적어지고 부실해지며 결국 명이 다하게 된다.

▸ **모발** : 모발은 혈의 기운과 관련이 있다. 몸에 혈이 풍부하면 모발에 윤기가 흐르고, 혈에 열이 많으면 모발이 누렇게 변하며, 혈이 허해지면 모발이 희어진다. 여자의 경우에는 월경으로 피가 부족하기 때문에 남자와는 다르게 수염이 나지 않는다.

- **생식기** : 생식기를 차게 하여 냉기가 침범하면 문제가 생긴다. 찬 기운이 생식기에 흐르면 이것이 곧 사특한 기운이며, 이 때문에 고환이 상하여 소변의 배출이 매우 어려워진다.
- **항문** : 항문은 대장 끝에 위치하면서 몸속의 노폐물 찌꺼기를 밖으로 내보내는 역할을 한다. 항문은 음식물을 관장하는 비장과 관련이 있는데, 과식을 하면 비장에 부담이 가서 소화가 제대로 되지 못해 음식물이 장에 남게 된다. 비장이 허하면 풍사가 쌓여 혈변이나 치질을 일으킨다.

잡병편(雜病篇)

잡병편은 질병의 원인을 설명하고, 질병의 증상과 진단법 그리고 그것을 치료하는 방법까지 자세히 제시하는 부분이다. 내경과 외형에서 설명한 기본적이고 이론적인 설명을 바탕으로, 본격적으로 질병의 임상적인 예를 설명하고 있다. 질병의 정체에 대한 정의와 설명뿐만 아니라 질병의 증상을 살펴 진단하고 그것을 치료하는 방법까지 나와 있어서 의학 백과사전이자, 의학 지침서로서 필요한 실용성을 획득하고 있다.

잡병편 부분은 언해 사업의 대상이 된 부분으로, 『동의보감』 언해본은 한자를 잘 모르는 민중을 위해서 만든 것이라고 할 수 있다. 잡병편은 실제 질병에 대한 임상적인 진단법, 치료법을 기술한 부분이므로 그 실용성이 매우 두드러진 부분이다. 따라서 잡병편은 다른 부분보다 더 민중을 구제하기 위한 국가의 정책적 의도가 다분히 구현된 부분이며, 언해 사업 또한 이러한 맥락에서 이해할 수 있을 것이다.

기후에 대해 언급하면서 기후로 인해 발생하는 역병에 대해서 대처하는 법을 서술하고, 구황법(救荒法)을 제시하여 질병 외에도 사망의 원인이 되었던 기근을 해결하고자 하였다. 또한 부인과 소아에 대한 적극적인 기술로 조선 인구수의 증가를 꾀하였다. 산모가 아이를 유산하지 않도록 영양 공급과 신체조건 구비를 잘 해낼 수 있도록 지침을 써 놓았으며, 아이를 각종 질병으로부터 보호하여 조기에 사망하지 않도록 주의사항과 치료법을 언급하였다.

잡병편은 진단학, 치료학의 기본적인 방법(2장), 병의 내외적인 원인(3장), 괴이한 병(1장), 응급 상황에 맞는 구급법(1장), 임산부와 어린아이에 대한 의료, 보건 내용(1장)을 정리하여 기술하고 있다.

[제1장]은 먼저 천지운기(天地運氣)에 대해 언급하면서 철학적인 바탕을 밝히고, 이와 관련하여 질병의 정체에 대해 설명한다. 병을 진단하는 방법[심병, 審病], 증상을 판단하는 방법[辨證], 맥을 짚는 방법[診脈]에 대하여 본격적으로 설명한다.

[제2장]은 질병에 대한 치료법에 대하여 설명하는데, 약을 쓰거나, 토하게 하거나, 땀을 내거나, 설사를 하게 하여 병을 치료하는 방법에 대하여 언급한다.

[제3장], [제4장], [제5장]에서는 병의 외적, 내적인 원인과 내적, 외적, 복합적으로 작용하여 발생하는 질병에 대해서 각각 언급하고 있다. 병의 외적인 요인은 사기(邪氣, 사특한 기운)라고 할 수 있는데, 종류로는 가장 위험한 병을 일으키는 풍(風), 차가운 기운인 한(寒), 무더운 기운인 서(暑), 축축한 기운인 습(濕), 건조한 기운인 조(燥), 북받쳐 오르는 기운인 화(火)

에 대해 설명하고 있다. 병의 내적인 원인은 몸의 내부가 상하는 내상(內傷)과 몸의 기운이 부족하고 지치는 허로(虛癆)가 있다.

이렇게 내적, 외적인 요인이 복합적으로 작용할 경우, 심한 병의 증세를 보인다. 섭식을 잘못하여 구토와 설사를 하는 것을 곽란(癨亂)이라고 하고, 입에서 내용물을 게워내는 것을 구토(嘔吐), 기침을 심하게 하는 것을 해수(咳嗽), 몸에 기가 맺히는 것을 부종(浮腫), 배가 더부룩해지는 것을 창만(脹滿), 많이 마시고 많이 먹고 싶어지며 단맛의 소변이 많이 나오는 증세를 소갈(消渴), 몸이 누렇게 뜨는 것을 황달(黃疸)이라 하여 내외적으로 복합적인 원인에서 오는 대표적 증상을 정리하였다.

[제6장]은 고치기가 매우 어렵고 까다로운 질병을 정리하였다. 지독하고 고약한 질병으로는 학질(瘧疾), 온역(瘟疫), 사수(邪祟), 옹저(癰疽), 제창(臍瘡)이 있는데, 학질은 여름에도 한기가 오는 병이고, 온역은 흔히 말하는 전염병을 말하는 것이다. 사수는 헛것이 보이는 병이며, 옹저는 몸에 종기가 생긴 것을 말한다. 제창은 어린 아이의 배꼽 주변에 부스럼이 나는 병이다.

[제7장]은 응급 상황이 발생하는 원인과 응급 상황에서의 구급법을 상세히 기술해 놓았다. 다양한 외상의 원인과 그 처치법, 중독의 원인과 해독법, 갑자기 목숨이 위태로워지는 상황과 그를 해결하는 방법, 괴상한 증상에 대해 응급 처치하는 방법, 그 외에도 일상생활에서 요긴하게 쓰이는 여러 처치법이 여기에 수록되어 있다.

[제8장]에서는 임산부의 건강 관리와 올바른 해산법, 어린 아이를 키우고 건강을 관리하는 방법이 수록되어 있다.

탕액편(湯液篇)

탕액편에서는 약물에 대하여 총론식의 개괄적인 이야기를 언급한 후, 총 1,684가지 약재의 종류와 그 채취법, 가공법 등을 상세히 기술하였다. 또한, 그렇게 얻은 약물이 어디에 쓰이는지, 복용법은 무엇인지도 설명하면서, 몸에서 어떠한 작용을 하여 몸을 회복하게 하는지 그 이유까지도 설명하고 있다.

중국의 한의학을 받아들여 약물학을 정리하되, 중국식 약재명을 우리 향명으로 고쳐 기록하고, 우리나라에서 나지 않는 약초는 제외하되 대체가 될 수 있는 향약재를 연구하여 언급해 놓았다.

탕액의 서례(書例) 부분에는 약물학 총론이 언급되어 있으며, 약재를 채취하여 건조시키는 방법이 기술되어 있다. 중국 약재학에서 언급하는 순서대로 탕약재를 나열하였는데, 중국의 약재와 우리 약재를 따로 구별하여 언급하면서도, 각각의 약재의 효능을 검사하여 효과가 없거나 잘못 표기되어 있다면 과감히 교정하였다. 당시의 국가 재정 상황이 어려웠으므로, 중국의 약재를 수입해 오기가 힘들었는데, 『동의보감』에서는 약재의 비용을 십분 고려하여 우리 향약을 중심으로 하되, 주변에서 구하기가 쉬운 하나의 약재로 처방하는 단방의 방법도 제시하여 처방의 부담을 줄이고자 하였다.

수부(水部)와 토부(土部)는 각각 탕약에 쓰이는 여러 가지 물과 흙의 종류를 기술하며, 곡부(穀部)는 낟알 곡식 중, 약재로 쓰이는 것에 대해 언급한다. 인부(人部), 금부(禽部), 수부(獸部), 어부(魚部), 충부(蟲部)는 각각 사람, 날짐승, 들짐승, 물고기, 곤충에서 나는 약재를 기술하며, 과부(果部), 채부(菜部), 초부(草部), 목부(木部)는 각각 약재로 쓰이는 열매, 나물 및 푸성귀, 풀, 나무를 정리하였다. 마지막으로 옥부(玉部)와 석부(石部), 금부(金部)는 탕약에 쓰이는 여러 가지 구슬이나 돌, 금속의 종류를 정리하였다.

침구편(鍼灸篇)

침과 뜸의 원리와 응용법에 대하여 기술하였다. 온몸의 경락(經絡)과 혈(穴)이 어디에 있는지, 무엇과 연관되어 있는지 설명하고, 침, 뜸의 처방법과 그 효과를 자세히 기술하여 이를 보고 실제로 시술이 가능하도록 하였다.

〈『(KBS) 동의보감』, 경향미디어, 2010 참고〉

『동의보감』의 저술 배경과 허준의 생애

동의보감이 저술된 당시 사회적 배경

전쟁과 역병 등에 대비할 만한 정확하고 총체적인 의학 지식이 절박하게 필요했던 선조 즉위 당시의 조선은, 중구난방으로 발전되어온 동양 의학의 실태를 바로잡고, 조선의 실정에 맞는 실용적 종합 의술서를 만들기 위하여 국가적 차원에서 절박한 노력을 기울일 필요가 있었다.

조선시대에 들어서는 과학 지식이 발전하면서 당시의 의학 지식도 발전하게 되었다. 또한 훈민정음의 창제로 각종 의서들이 한글로 번역되면서 의료 지식이 민간에게까지 확대되었다. 당시 의학의 발전은 의원의 양성과 선발, 그리고 다양한 의료 기관의 업무 분화를 보아도 알 수 있다.

의원의 양성기관에는 의학(醫學)과 의생방(醫生房)이 있었다. 의학을 설치하여 의원생을 훈련시켰으며, 각각의 의료 기관에는 의생방을 따로 설치하여 치료 과정을 현장에서 보면서 의술을 실제적으로 공부하게 하였다.

양성한 의원생은 과거 제도를 통해 국가의 의원으로 뽑히게 되는데, 조선시대에 이르러 의술이 발달하면서 조선의 의원을 뽑는 과거제도는 고려시대의 그것보다 훨씬 체계적으로 정비되었다. 의원을 뽑는 과거 시험은 잡과의 녹시(祿試)와 의과시(醫科試)인데, 녹시는 합격하면 국가 관직의 의원이 될 수 있었고, 의과시는 그보다 더 높은 고위 관직의 의원이 될 수 있었다. 더 나아가 의원 과거 시험은 하는 일에 따라 세분화되어 있는데, 나병을 치료하는 전문의를 뽑는 나역의(癩疫醫) 시험, 종기를 치료하는 전문의를 뽑는 치종의(治腫醫) 시험, 그리고 침을 전문적으로 놓는 침구사(鍼灸師) 시험이 있어 다양한 부문에서 전문의를 배출하였다.

이렇게 과거 시험을 통해 뽑은 우수한 의원들은 각각의 의료 기관에 소속되어 맡은 바 임무를 충실히 수행하였는데, 의료 기관의 경우에도 그 종류와 하는 일이 다양했다. 내의원(內醫院)은 궁중의 의료를 맡으면서 국가 전체의 중대한 질병에 대한 대책을 세우는 역할을 했으며, 혜민국(惠民局)은 민중들의 의료, 보건에 힘썼다. 동서활인원(東西活人院)은 사정이 탐탁지 않은 환자나 전염병 환자를 치료하는 역할을 맡았으며, 제생원(濟生

院)은 민중들의 의료를 담당하면서도 약재를 취급하거나, 『향약제생집성방(鄕藥齊生集成方)』과 같은 약재 총서를 만드는 일을 하였다.

조선의 발전된 의료 체계 속에서 의학 지식과 기술이 비약적으로 발달된 것은 당연했으며, 이는 곧 많은 의학서가 등장하는 배경이 되었다. 우리 약초의 효용성을 증명하고 지역별로 유명한 약초를 정리, 소개하는 『향약집성방(鄕藥集成方)』과 『향약제생집성방』, 『동의보감』처럼 본격 백과사전식 총서는 아니지만 의학 지식을 나름대로 정리한 의학서 『의방유취(醫方類聚)』, 그리고 종기를 치료하는 방법을 따로 기술해 놓은 『치종비방(治腫秘方)』, 『치종지남(治腫指南)』 등의 수많은 의학 저술서가 등장하였다.

이렇게 조선시대에는 의학과 관련된 제반의 국가 제도, 연구나 저서 등이 상당한 발전을 이루었다. 그러나 중국의 의학을 우리 실상에 맞게 정확히 수용하여 조선만의 독자적이고 정확한 의료 지식 체계를 만들어야 할, 그리고 의료 지식이 양적으로 발전하면서 중구난방으로 활용되던 진료법과 치료법들이 하나의 체계에 맞도록 정연하게 정리되어 사용자가 쉽게 활용할 수 있도록 해야 할 근본적인 과제가 있었다. 이러한 요구는 허준이 살았던 선조 집권기에 전란과 역병이 발생하여, 일관되고 효율적인 의료 지식 보급의 필요성이 사회 전반적으로 대두되면서 더욱 절실해졌다.

조선시대의 의학 체계는 즉 의술이 발달하면서 생겨난 진단, 치료법의 다양화와 이로 인한 혼란과 폐해를 어떻게 해결할 것인지에 대한 문제에서 자유로울 수 없었다. 이러한 의학의 문제를 해결하기 위해 도모하던 도중에 조선의 의료 사회는 왜란의 발발과 역병의 창궐을 맞이하게 되었다.

사실, 전란의 영향으로 조선의 보건이나 의료가 큰 곤혹을 맞게 된 것은 사실이다. 그러나 이전에도 민중들의 보건, 의료 생활은 처참하기 이를 데 없었으며, 이에 대한 국가적인 노력이 있었음에도 불구하고 폐해는 해결될 기미를 보이지 않았다. 16세기 후반, 선조대에 이르러 당쟁의 폐해가 심각해지고, 지배 질서의 문란으로 지방 관리들의 각종 부패와 착취가 성행하였는데, 이러한 상황 속에서 굶주리고 헐벗은 백성들은 취약한 보건과 피폐해진 건강상태로 인해 많은 질병에 노출되기 십상이었다. 게다가 당시에 성행하였던 두창(痘瘡, 마마) 등의 역병에 대한 지식이 전반적으로 부족하여, 국가적인 대책을 완전하게 세우지도 못하였다. 많은 의원들이 집중해 있었던 왕궁에서도 두창에 한 번 걸리면 손을 못 썼으며, 운이 좋게 살아남는다고 해도 얼굴이 얽어져 흉측하게 변하였다. 역병이 휩쓸고 지나간 마을은 생존자가 극히 희박할 정도였으며, 당시 선조 대인 1576년에는 평안도에서 약 1만 5천여 명이 몰살당하기도 하였다. 역병뿐만이 아니었다. 간단한 질병임에도 불구하고 일반 민중들은 의원을 불러 손을 쓸 여력이 되지 않았기 때문에 많은 사람들이 의료의 혜택을 받지 못하고 죽거나 불구가 되기도 하였다. 앞에서 이야기하였듯이 조선시대의 체계화된 의원 양성, 선발 제도나 다양한 의료 기관의 설립, 수많은 의술서의 저술에도 불구하고, 일반 백성들이 이러한 의료 혜택을 두루 누릴 수는 없었으며 대부분 취약한 보건 환경에 놓여 있었다. 또한 각종 의료서는 구성상, 내용상으로 복잡하고 난해하여 백성들에게 널리 사용되지 못했다.

이렇게 조선 의술이 양적, 제도적 측면에서는 발전이 있었지만, 이를 사용하는 민중의 입장에서는 크게 도움이 되지는 않았던 것으로 보인다.

민중이 나라의 근본이므로 민중을 위한 보건과 의료가 곧 조선 의학의 근본이 되어야 했다. 허나 당시의 사회는 그것들을 온전하게 도모하지 못하였고, 혜택을 받아야 할 민중들의 의료, 보건은 매우 취약한 상태에 머물러 있었다. 바로 이러한 시기에 왜란과 역병이 발발하여 조선 사회의 근간을 뒤흔들었던 것이다.

왜란과 역병의 발발은 조선 의료의 문제점을 더욱 악화시켰다. 앞서 언급하였듯이 이전의 조선 의료 체계의 문제점은 발전된 중국 의학의 끊임없는 수입으로 인해 우리의 의료 지식 체계 또한 복잡해지고 문란해졌다는 점, 진찰법, 치료법이 우리나라 사람들의 실정에 맞지 않는다는 점, 그리하여 의료 기술이 민중 전체에 보급되지 못하였다는 점 등이 있었다. 이러한 상황에서 왜란의 발발은 조선 사회 전체를 전란의 소용돌이에 휘말리게 함으로써 각종 체계를 뒤흔들었는데, 의료, 보건 또한 더할 나위 없이 취약해지게 만들었다. 전란으로 인해 사람들은 스스로 위생에 신경을 쓸 여력이 없었으며 이때 질병이라도 걸리면 '피난을 다니랴 치료를 하랴' 정신이 없었다. 게다가 전란의 시기에 질병으로 인해 죽은 사람이나, 동물의 사체가 아무렇게나 널려 있어서 식수나 곡식 등을 오염시켰다. 살아남은 사람들은 비위생적인 환경 속에서 오염된 식수나 날알, 그리고 죽은 동물의 사체를 먹다가 질병에 걸려 사망하기도 하였다.

인구의 감소는 곧 노동력의 감소를 의미했으며, 노동력의 감소는 곧 국가의 근본을 흔들어 놓을 만한 큰 문제였다. 이러한 배경 속에서 의술의 재정비와 집성은 그 시대의 가장 큰 과제 중 하나였다. 미래의 인구증가에 가장 중요했던 부인과 소아에 대하여 『동의보감』에서 따로 장을 두어 별도로 언급되어 있는 것을 통해 충분히 그 의도를 짐작할 수 있겠다. 덧붙여 두창을 치료하여 어린 아이의 생존율을 높이기 위해 허준이 벌였던 『언해두창집요』의 저술 사업도 이와 같은 맥락에서 볼 수 있을 것이다.

전란으로 인해 황폐화된 국토와 기근과 역병으로 죽어가는 백성들을 바라보면서 당시의 왕인 선조는 유교 국가의 질서가 무너지고 사회가 혼란해지고 있다는 것을 몸소 느꼈다. 국가에 전란이나 역병과 같은 재난의 발발은 곧 임금의 탓이었기 때문에 사회의 혼란을 막고 다시금 유교적 질서의 기틀을 잡아야 하는 것은 임금의 중대한 역할이었다. 선조는 이 같은 사실을 뼈저리게 인식하고 있었다. 그는 민생을 안정시키고 국가의 기틀을 바로잡기 위해 평소에 관심이 있었던 의료, 보건의 개선이라는 정책을 펴기에 이르렀다.

결국 질병과 기근에 시달리는 민중을 구원하고 당시 조선 유교사회의 기틀을 재정비하려는 목적에서 선조는 1596년 허준을 비롯한 유의들에게 『동의보감』 저술을 명하였고, 허준은 임금의 명을 받들어 당시의 복잡한 각종 중국 의료서들을 탐독하고, 소실된 우리 의학 서적을 복원하면서 우리나라의 형편과 체제에 맞게 실증하여 정리하는 사업을 맡게 되었던 것이다.

저자 허준의 생애

허준(許浚, 1539~1615)의 일생은 그의 가문에서 간행한 『양천허씨세보(陽川許氏世譜)』나, 왕조실록(王朝實錄)에서 살펴볼 수 있다. 그러나 그의 일생에 대해서 자세히 알 수 있는 것은 아니며, 대부분 전설의 형태로 남아 있다. 허준의 출생시기나 성장배경에 관해서 의견이 분분하지만, 1539년(중종 34)에 경기도 양천에서 무관 집안의 서자로 태어났다고 한다. 허준의 집안은 대대로 무관 집안이었으나, 할아버지는 경상우수사(慶尙右水使)를 지내고 아버지는 용천부사(龍川府使)를 지낼 정도로 명망 높은 집안이었다. 이러한 배경 속에서 허준은 경전을 공부하는 등 한문학의 높은 소양을 가지고 있었다. 그러나 무관으로 성공하여 내금위(內禁衛)에서 재직했던 형이나 문과에 급제하여 탄탄대로를 달렸던 동생과는 다르게 그는 문과 시험도, 무과 시험도 아닌 잡과 시험을 보아 의원의 길을 택하였다. 그가 의술에 관심을 가지게 된 계기는 정확히 밝혀지지 않았으나, 집안에서 내려오는 의서에 관심을 가지고 공부했으며, 그것이 자신의 포부와 맞물리면서 임금의 건강을 책임지는 어의(御醫)로서의 꿈을 키워나간 것이 아니었을까 하는 추측이 있다. 더 나아가 당시의 복잡다단한 의학체계의 문제점을 발견하고 이를 개혁하려는 포부 또한 지녔을 것으로 보인다.

이러한 포부를 가지고 그는 의학 공부에 전념하였다. 그러나 어의가 되어서 왕의 건강을 책임지는 중대한 임무를 맡고, 궁내의 각종 주요 의서들을 접하여 이를 섭렵하려면 반드시 내의원(內醫院)에 들어가 근무해야 했다.

이같은 상황에서 자신의 포부를 이루려던 허준은, 다른 의원과 다르게 내의원에 들어갈 수 있는 자질을 충분히 가지고 있었다. 다른 의원들이 단순히 기술장처럼 의술을 배워 그대로 활용하는 것을 배웠다면, 허준은 그의 높은 학문적 소양을 바탕으로 의학적 철학, 원리, 지식, 기술을 받아들여 다른 의원과는 차별화된 의학 공부를 이룰 수 있었다.

한편, 허준의 의학적 자질을 키워준 스승으로 유의태(柳義泰)나 양예수(楊禮壽, ?~1597)가 거론되기도 한다. 그러나 허준의 스승은 아직 밝혀지지 않았다. 유의태는 설화에 등장하는 명의로서 허구의 인물이다. 양예수는 실존인물로 허준과 함께 『동의보감』 편찬에 참여한 기록이 있으나, 내의원이었던 그가 불과 10살이었던 허준과 직접적인 인연을 맺었을지에 대해 그 근거가 충분하지 못하며, 의술에 대한 기본 관점과 처방법이 허준과 서로 달라 과연 그가 허준의 스승이었는지 의문스러운 점이 많다.

허준의 학문적 자질은 허준이 뛰어난 의학적 지식을 바탕으로 도성 내외에 그 의술을 떨칠 수 있었던 가장 큰 요소가 되었다. 허준은 젊을 때부터 도성의 의료기관들을 찾아가 적극적으로 의술을 배웠으며, 풍부한 의학 공부를 통해 형성된 그의 의학 지식은 도성 안에서 매우 유명해졌다. 따라서 그는 국가 의원이 되기 전에도 빈번히 왕진을 다녔으며, 이후 의과에 급제하였는지 양예수의 천거를 통하였는지는 밝혀지지 않았으나 1570년대에 내의원이 되어 왕궁에 드나들게 되었다.

어의가 된 허준은 이후로도 중대한 업적을 다수 남겼다. 1590년에는 당시 세자였던 광해군이 전염병인 두창(痘瘡)에 걸려 생사를 헤매고 있었는데, 아무도 손대지 못하던 두창 치료에 발 벗고 나서 결국 그를 치료하는 커다란 업적을 세웠다. 임진년에 난리가 일어나 의주로 파천할 때는 선조를 모시는 역할을 하기도 하였다.

결국 선조의 총애를 얻은 허준은 그의 곁에서 건강을 돌보았으며, 더 나아가 명을 받아 각종 의서를 정리하는 역할을 하였다. 허준은 당시 가장 중요한 국가적 사업 중 하나인 의서 편찬에 있어서 핵심적인 인물로 자리를 잡았다. 허준은 어의로서도 맡은 바 책무를 다했지만 그의 주력

분야는 의서를 편찬하는 일이었다. 전란으로 소실된 각종 의서를 복원, 정리하는 사업을 맡아서 하기도 하였고, 『치산집(治産集)』, 『창진집(瘡疹集)』, 『구급방(救急方)』 등의 의서를 번역하는 등 민중에 보급할 목적으로 언해본을 만드는 사업을 추진하기도 하였다. 이들 의학서 사업 중, 가장 큰 업적이 바로 『동의보감』의 저술이었다.

『동의보감』 저술에 대해 선조에게 처음 명을 받았던 때는 1596년(선조 29)이었다. 허준은 왕의 건강관리와 각종 사업에 바빴기 때문에 『동의보감』의 편찬에 총력을 기울일 수 없었다. 게다가 정유재란이 일어나 의원들이 뿔뿔이 흩어지는 바람에 인력조차 부족한 상태였다. 그러나 허준은 궁내의 각종 서적들을 조사하여 『동의보감』 사업에 힘을 기울이려 노력하였다.

몸이 열이라 해도 모자란 바쁜 상황 중에 선조가 급체를 하여 승하하자, 허준은 당시의 정치권력 싸움에 휘말려 선조의 죽음에 책임을 지고 2년 동안 귀양을 갔다. 그런데 이는 『동의보감』의 저술 사업에 총력을 기울일 수 있었던 계기가 되었다. 또한 당시 집권하였던 광해군이 허준의 공로를 고려하여 도성 내의 의서들을 마음대로 볼 수 있도록 허락해주는 등 허준의 사업을 도와주면서 『동의보감』의 저술 작업은 더욱 활발해질 수 있었다. 결국 1610년(광해군 2) 허준의 나이 65세에 조선 의학의 성서이자 동아시아의 보물인 『동의보감』이 완성되었다.

이후에도 허준은 말년을 의서 저술에 매진하면서 보냈다. 신종 전염병이 또 국가 전체를 휩쓸자, 광해군의 명을 받아 『신찬벽온방(新纂辟瘟方)』, 『벽역신방(辟疫神方)』 등 각종 전염병 치료서를 편찬하였다. 이렇게 끝까지 의서 저술에 매진하던 그는 1615년(광해군 7)에 70세의 일기로 생을 마감하였다.

유교 · 도교 사상의 결합

조선 왕조는 신유학을 국가 경영의 이념으로 삼았기 때문에 당시 유학은 지배계급의 사상 대부분을 지배하고 있었다. 이 같은 바탕 속에 의학을 바라보는 이념이나 관점도 마찬가지로 신유학에 입각한 것이었다. 이전 고려시대까지 주요한 이념으로 자리 잡고 있었던 불교의 경우, 의학이 적극적으로 발전하지 못하게끔 하는 요소가 있었다. 삶과 죽음은 이어져 있기 때문에 죽음을 달게 받아들이며, 오로지 참선과 수양으로 마음이 평안해지면 병이 오지 않는다고 믿고 있었다. 그런데 이 같은 생각은 그 사상적인 측면에서는 일리가 있는 말이지만 의학사의 발전사적인 측면에서는 큰 장애물이었다. 반대로 조선시대에는 신유학이 본격적으로 중심 사상으로 도입되면서, 불교의 내세 지향적인 수양론에서 벗어나 현세의 경영과 이를 위한 합리적인 사고를 중요시하게 되었다. 이를 바탕으로 민생과 직접적으로 관련된 의료의 문제를 보다 적극적으로 해결하려 했으며, 곧 적극적인 해결의식은 의학의 발전으로 이어졌다.

기본적으로 한의학은 도교 이론에 근거하고 있다. 도교의 장생불사(長生不死)에 대한 관심이 곧 의학에 대한 관심과 연관이 되었다고 할 수 있으며, 실제로 도가의 비서 중에는 의료서가 많이 등장한다. 한의학 의서인 『동의보감』도 이러한 도교 이론에서 벗어날 수 없었으며, 특히 내경과 외형을 구별하여 몸의 내부를 구성하는 것으로서 형(形), 정(精), 기(氣), 신(神)을 삼았다는 것은 도가의 사상과 매우 유사하다는 것으로 생각할 수 있다.

도교 이론에서는 정, 기, 신의 흐름을 주요하게 보았는데, 먼저 정은 생명 에너지의 근원으로 신장을 중심으로 각 오장육부에 존재하고 있다. 생명력인 정이 넘치면 생명을 만들어내는 정액을 생산하게 된다. 따라서 성생활을 과도하게 하면 몸속의 정이 줄어들어 몸이 쇠해지고 장수하지 못하게 된다.

기는 정이 단전에서 변환되어 생성된 것으로 심장을 중심으로 오장육부에 존재하고 있다. 기는 몸 전체에 활력을 불어넣어 각 부분을 제대로 작동하게 하는데, 활기찬 몸을 유지하려면 온몸의 기 순환을 건강하게 하고 사특한 기운이 침입하지 않도록 몸 관리를 잘해야 한다.

신은 기가 단전에서 변환되어 생성된 것으로 인간의 정신과 매우 밀접하게 관련되어 있다. 신이 맑으면 사람의 생각이 맑아지고, 반대로 사람이 좋은 것을 많이 접하여 건강한 생각을 하게 되면 신도 활기를 얻는다.

위의 정・기・신에 대한 논의는 도가 사상에서 다루어지는 것이다. 이러한 사상이 종교적인 요소를 빼고 오로지 의학적 실용의 목적으로 활용된 것이 당시 중국의 금원 시대 한의학이었으며, 허준의 『동의보감』은 이러한 사상을 함께 공유한 것으로 보인다.

한편 송대에 발전한 신유학을 금원 의학자들이 수용하여 한의학의 체계를 잡으면서, 이후 한의학은 도교적인 성격뿐만 아니라 유교적인 성격까지 아우르는 모습을 보인다. 유교에서는 사람의 건강에 있어 '양생법(養生法)', 다시 말해 질병에 걸리기 전에 몸을 건강히 하여 질병을 예방하는 법을 중시하였다. 마음을 다스리고(치심, 治心), 위상을 튼튼히 하고(양위, 養胃), 신장을 온전히 지킴(보신, 補腎)으로서 몸을 정갈하고 건강히 하는 것은 유교 사상의 중요한 덕목이며, 이를 준수하여 몸을 미리 지키는 것(양생, 養生)은 도교에서 말하는 각각의 신과 기와 정을 튼실히 하여 질병을 예방하는 것과 자연스럽게 연결이 된다.

한편 유교적 관점에서 몸의 오장은 '목화수금토(木火水金土)'의 오행과 연관이 있다. 또한 오장 중에서도 화를 주관하는 심(心)을 가장 중요시하였는데, 이는 심이 주관하는 신(神)의 수련, 다시 말해 정신의 수련을 중요한 것으로 여겼기 때문일 것이다.

이처럼 유교 철학의 관점은 도교의 관점과 어우러져 한층 체계적인 의학 사상으로 변모하였다. 그러나 유교 사상이 의학에 가장 크게 영향을 미친 것은 사상적인 측면보다는 현실적인 측면에서 더욱 두드러진다고 할 수 있다. 앞서 말했듯이 신유학의 관점에서 의학이란 도덕적 수양을 통한 심신의 단련과, 이를 통한 현실적인 치국의 관점에 무게를 두고 있다. 그리하여 양생론을 근거로 만백성들이 심신의 수련을 통해 몸을 건강히 하여 질병에 걸리지 않게 함으로써, 태평성대의 안정적인 국가 경영과 조화로운 세계의 유지를 도모하였다. 참고로 『동의보감』의 내경편에서 양생의 중요성을 강조하여 언급하고, 밖으로는 『동의보감』의 언해 사업을 추진하였던 것은 이러한 의도를 바탕으로 한 것이라고 할 수 있을 것이다.

또한 성리학에서 보이는 현실적이고 실용적인 태도는 도교에서 언급하는 지극히 추상적이고 종교적인 관점을 배제하고 실제 임상에서 검증된 의료 지식을 체계적으로 정리하는 데 큰 기여를 한 것으로 보인다.

중국과 우리나라의 한의학 체계는, 도교 사상을 기반으로 등장했던 의학을 신유학의 양생론과 실용론을 바탕으로 새롭게 정립했던 것이었다. 『동의보감』은 사상적인 측면에서 이러한 체제를 따르면서도 당시에 범람하였던 수많은 지식을 우리나라의 실정에 맞게 다듬은 것이며, 백과사전이라고 불릴 만큼의 체계성과 실용성을 겸비한 저서이다.

참고문헌

김중권, 「<동의보감>의 문헌적 연구」, 『서지학연구』 권11, 1995.

김 호, 「조선중기 사회와 허준의 <동의보감>」, 『역사비평』 27호, 1994.

______, 「허준의 <동의보감> 연구」, 『역사학보』 권166, 2000.

봉성기, 「동의보감의 세계기록유산 등재 의의 및 활용」, 『기록인』 10호, 2010.

옥영정, 「<동의보감> 초간본과 한글본 <동의보감>의 서지적 연구」, 『장서각』 24호, 2010.

원진희, 「<동의보감>의 의학사적 가치에 대한 고찰」, 『장서각』 24호, 2010.

이인수·윤창열, 「<동의보감>의 목차에 대한 연구」, 『대한한의학원전학회지』 권18-No. 3, 2005.

이재태, 「[건강] 한의학의 역사와 동의보감에 대하여」, 『오토저널』 권22-4호, 2000.

정우열, 「<동의보감>과 허준의 의학사상」, 『한국과학사학회지』, 권13-2호, 1991.

조남호, 「<동의보감>의 이론적 구조와 그 성격」, 『동방학지』, 2006.

표만석 외 KBS 특집다큐멘터리 <동의보감> 제작팀, 『(KBS) 동의보감』, 경향미디어, 2010.

제 8 장

일성록

일성록(日省錄)

Ilseongnok: Records of Daily Reflections
(2011년 등재)

『일성록』의 성격

『일성록』은 1752년(영조 28)부터 1910년까지 150여 년간 국왕의 동정과 국정의 전반에 대해 기록한 국가의 공식적인 기록물이다. 현재 전하는 것은 1760년(영조 36)부터 1910년까지 총 2,327책이며 현재 서울대학교 규장각 국보서고에 보관되어 있다. 『일성록』의 모태가 되었던 것은 정조가 세손시절부터 기록하기 시작한 『존현각일기』였는데 1783년(정조 7) 이후에 규장각 검서관이 기록하여 각신(閣臣)과 임금이 교정하는 방식으로 체제가 바뀌었다.

『일성록』은 조선시대의 다른 국가기록물과 그 성격이 다르다. 국왕이 그날의 국정을 반성하기 위해 집필한 일기의 성격을 지닌다는 점과 당시

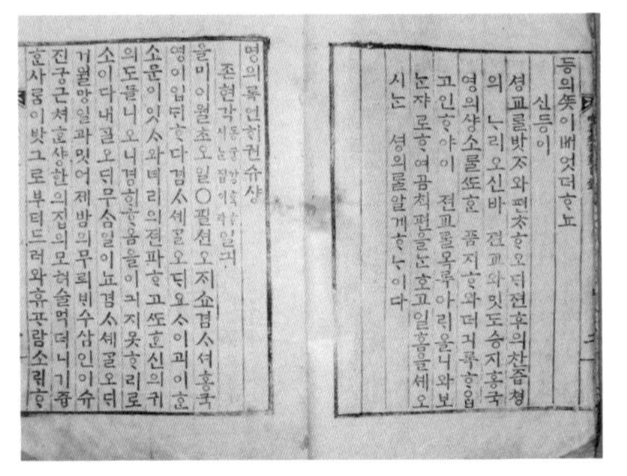

▲ 정조가 세손시절부터 쓴 『존현각일기』

의 정치, 사회 상황을 잘 반영하고 있다는 점, 각종 상소문이나 외교문서의 전문과 백성들의 청원에 대한 자세한 기술들을 항과 목을 나누어 정연하게 기록하였다는 점 등은 조선시대 다른 국가기록물은 물론 근대 이전 다른 국가의 기록물과도 크게 다르다.

조선 제22대 왕인 정조는 그를 둘러싼 여러 가지 사건들과 개혁정치로 우리에게 잘 알려진 인물이다. 그는 기울어져가는 조선왕조를 일으켜 세우고자 여러 가지 정치개혁을 단행하였다. 비록 갑작스러운 죽음으로 온전히 실현시키지는 못하였지만 그는 후대의 여러 왕들에게 모범이 될 만한 인물이었다.

정조는 순탄하게 왕위에 등극한 인물이 아니었다. 그의 아버지인 사도세자는 영조와 노론세력들에 의하여 비극적인 죽음을 맞이하게 되었으며 정조 역시 죄인의 아들이라는 시선을 받을 수밖에 없었다. 영조는 그 후, 정조에게 대리청정을 명하게 되는데, 당시 신하들의 반대가 만만치 않았다. 그렇지만 영조는 왕위를 계승할 후계자 교육에 매우 철저하였으며 직접 학문을 연마하여 신하나 세손을 가르칠 만큼 교육에 적극적이었다. 물론 정조의 총명함도 중요했겠지만 그가 후대 여러 왕들의 모범이 될 수 있었던 것은 이러한 학문과 교육을 통해 이루어진 것이 아닐까 한다.

정조는 그의 불안한 정치적 입지 때문에 매사에 신중하였으며 일기를 통하여 자신의 언행을 반성하고자 하였다. 정조는 세손시절부터 매일 일기를 썼는데, 이를 『존현각일기』라 하였다.

나는 일기 쓰는 버릇이 있었다. 그리하여 아무리 바쁘고 번거로운 일이 있을 때라도 반드시 취침하기 전에 기록하여 내어 이를 하루에 세 가지로 반성한다는 의미였다. 성찰하기 위한 것일 뿐만이 아니라, 심력(心力)을 살펴보기 위해 지금까지 폐기하지 않고 있는 것이니, 그 기재한 것들이 공언(空言)이라 말할 수 없다.

<출처 : 『정조실록』 5년 8월 기축>

정조는 세손시절부터 『논어』 '학이편'에 나오는 증자의 "오일삼성오신(吾日三省吾身)[매일 세 가지로 나를 반성한다]"이라는 구절을 염두에 두고 일기를 써왔다. 이러한 일기쓰기는 왕이 된 이후에도 계속되었으며, 정조 7년 이후, 규장각 검서관들이 작성하는 것으로 공식화되었지만 정조의 일기에 대한 관심은 여전하였다.

정조뿐만 아니라 조선시대 관료들이 기록물의 편찬에 지대한 공을 들였음은 『조선왕조실록』이나 『승정원일기』 등 여러 기록물을 통해서도 드러난다. 정조 역시 기록물의 보존과 후세로 전승하는 일에 큰 관심을 가졌으며, 이로 인해 개인의 일기에 지나지 않았던 『존현각일기』가 『일성록』이 되어 순종 대까지 꾸준히 기록될 수 있었다.

현재 남아 있는 『일성록』은 규장각에서 공식적인 절차에 따라 기록한 것이지만, 여러 측면에서 정조의 영향을 확인할 수 있다. 대표적으로 『일성록』의 기록에는 '여(予)'라는 표현이 자주 나오는데 이는 『일성록』이 국가기록물임에도 불구하고, 『존현각일기』의 표현에 영향을 받은 것으로 볼 수 있다. 이렇듯, 『일성록』은 당시 국정에 대한 정조의 관심과 고민이 고스란히 반영되어 있는 기록물이라고 할 수 있다.

『일성록』이 기록되는 과정

『일성록』의 편찬이 국가의 기록체제로 갖추어지게 된 것은 1785년(정조 9)이다. 『일성록』 기록의 절차에 대해 『규장각지(奎章閣志)』에는 입직한 각신이 조보, 정목, 전교, 비답 등을 모아서 출초하고 5일마다 교정한 다음 입계하여 임금의 열람과 수정을 거친 후에 옮겨 적는 과정을 거치는 것으로 기록되어 있다. 각종 경연이나 국왕의 행차와 관련된 일들을 기록하고, 상소와 비답 등을 초책(草冊)으로 만들어 이를 토대로 다시 하루치의 일기를 작성하는 『승정원일기』와 크게 다르지 않았던 것으로 보인다.

『일성록』의 기록은 입직 검서관이 각종 기록과 상소 등을 초출하는 것으로부터 절차가 시작된다. 『일성록』은 매일의 일을 기록하는 형태였는데 정조가 『일성록』의 작성에 특별한 관심을 기울이고 있었으므로 기록의 초출은 매우 중요한 작업이었다. 당시 『일성록』에 조금이라도 잘못이 있다면 해당 입직 검서관을 지방으로 좌천시킬 만큼 국왕의 『일성록』에 대한 관심은 각별하였다.

이렇게 초출한 기록을 모아 5일마다 정서(淨書)하고 교정하였다. 『일성록』을 교정하는 작업은 규장각 검서관이 중심이 되어 여러 관원들이 담당했던 것으로 보인다. 『규장각지』의 기록에는 검서관의 역할이 빠져 있지만, 다음 『일성록범례』의 기록을 보면 검서관의 역할을 짐작할 수 있다.

> 출초는 입직검서관이 다루었는데, 매일 여러 문서를 거두어 편집하여 출초한 후 각신이 그것을 살펴보고 수정하였다.
>
> <『일성록범례(日省錄凡例)』 서(序)>

검서관이 여러 문서를 수집하여 편집, 출초하는 일을 담당했음을 볼 때, 검서관이 『일성록』의 작성에 중요한 역할을 담당했다는 점을 알 수 있다. 『일성록』의 가장 마지막 부분에는 입직 각신과 검서관의 이름을 서명하는데, 이는 『일성록』의 작성에 착오가 없도록 하기 위함이었다.

검서관이 출초한 이후, 검서관과 입직 각신들이 모여 다시 정서하고 교정하는 작업을 펼친 이후, 임금의 열람과 수정을 거친다. 『일성록』은 국가기록체제로 변하기 이전에는 임금의 개인 일기였다고 할 수 있다. 국가의 공식기록체제로 전환되고 난 이후에도 국왕의 관심은 줄어들지 않았다. 『승정원일기』와 변별성을 가져야 할 뿐만 아니라, 후대에 계속적으로 열람하고 국정의 운영에 참고할 필요가 있었기 때문에 기록의 엄정성에 더욱 신경을 쓴 것으로 볼 수 있다.

위와 같이 임금의 열람과 수정을 거치는 것은 5일에 한번씩 올리는 것이 원칙이었다. 『일성록』이 작성되던 초기에는 초출한 것을 각신들이 교정하여 바로 임금에게 올려 수정을 거친 경우도 있었다. 그렇지만, 이후 순조대부터는 주로 월단위로 하여 임금의 열람과 수정을 거쳤던 것으로 보인다. 한 달의 기록을 다음 달 20일에 임금에게 올려 수정하였는데, 이는 『승정원일기』의 선례와 유사한 방향으로 절차가 변한 것으로 보인다.

또한 완성된 『일성록』에 빠진 부분이 있을 경우, 다음 해 정월에 임금에게 허락을 받고 꺼내어 보충하였다. 『일성록』의 보충 역시 기록으로 명시된 경우는 보이지 않지만, 대략적으로 위와 비슷한 절차를 통하여 보충하였으리라 짐작된다. 이러한 과정을 통하여 완성된 『일성록』은 주로 한 달을 기준으로 1~2권 정도의 분량이었다.

『일성록』의 기록은 다른 사료와 같이 엄정성이 요구되었기 때문에 기록을 담당한 검서관들은 많은 고초를 겪었다.

> 전교하여 말하기를
> "일성록의 책 여러 곳에 오자가 많으니 검서관 서이수를 면직시키고 전검서관인 박제가를 임명하라."
> <출처 : 『내각일력(內閣日曆)』 정조 13년 1월 기사>

위 기록을 보면 『일성록』에 잘못 기록된 부분이 많아서 해당 검서관이 면직된 것을 알 수 있다. 그 이후에도 1795년(정조 19)에 『일성록』을 잘못 정리하여 해당 각신은 물론 해당 검서관이 일시에 면직되는 일이 있기도 하였다. 이처럼 『일성록』의 기록은 엄격한 관리 속에서 이루어졌음을 알 수 있다.

정조의 개인 일기로부터 시작된 『일성록』은 후에 국가공식기록물로 전환되면서 엄격한 과정을 통하여 기록되었음을 알 수 있다. 그만큼 정조는 『일성록』에 대한 관심을 많이 가지고 있었으며, 이를 수시로 국정 운영의 참고자료로 활용하였다. 기록과정에서의 엄격함이 이후 국왕들에게도 전해짐으로써 방대한 양의 기록물이 전승되는데 큰 역할을 하였다.

『일성록』의 내용과 체제

『일성록』의 기록에 있어서 가장 문제가 되었던 부분은 『조선왕조실록』과 『승정원일기』 등 다른 기록물들과의 변별성이었다. 『일성록』이 국가기록물로서 기록되기 이전에는 임금 개인의 일기에 불과했기 때문에 이를 동일한 체제로 기술하여 정리하는 작업은 필수적이었다. 이 과정에서 다른 국가 기록물들과의 변별성이 문제가 되었다. 『조선왕조실록』과 『승정원일기』뿐만 아니라 『비변사등록』 등 여러 기록물이 국정의 운영과 관련한 많은 사항들을 기록하고 있었으므로 이들과 변별되는 특징이 있어야 비로소 새로운 국가 기록물로서의 가치를 가질 수가 있었기 때문이다. 정조는 이 점을 각별히 신경 썼다.

> 장차 이를 후세에 전하려면, 범례(凡例)를 만들기가 매우 어렵다. 만일 이를 잘 만들지 않는다면 『정원일기(政院日記)』와 다를 것이 없으니, 어떻게 하면 되겠는가?
>
> <출처 : 『정조실록』 5년 8월 기축>

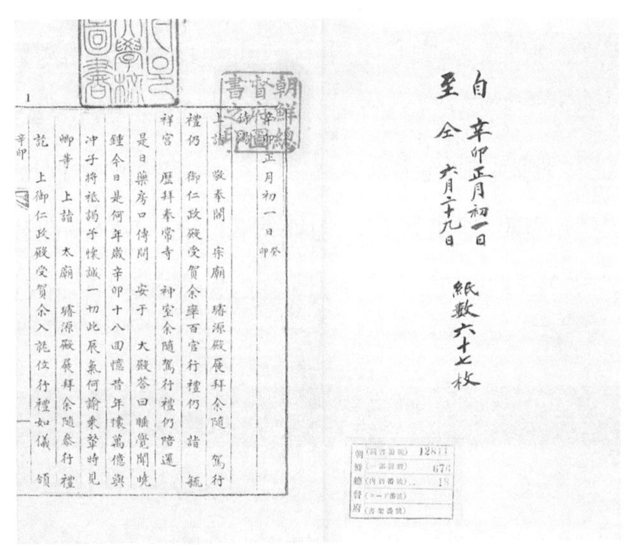

1

辛卯正月初一日癸卯

上詣 敬奉閣 宗廟 璿源殿展拜余隨 駕行

禮仍 御仁政殿受賀余率百官行禮仍 詣 毓

祥宮 歷拜奉常寺 神室余隨 駕行禮仍陪還

是日藥房口侍問 安于 大殿答曰睡覺聞曉

鍾今日是何年歲辛卯十八回憶昔年懷萬億與

冲子將祗謁予懷誠一切此辰氣何諭衆聲時見

卿等 上詣 太廟 璿源殿展拜余隨參行禮

訖 上御仁政殿受賀余入就位行禮如儀 頒

辛卯

自 辛卯正月初一日

至 仝 六月二十九日

紙數六十七枚

▲ 정조 때부터 왕의 일과를 기록한 『일성록』

정조는 『일성록』의 범례를 신중하게 만들지 못한다면 이는 『승정원일기』와 다를 바가 없기 때문에 다른 방식으로 편찬할 것을 지시했다. 『승정원일기』는 국정과 관련된 사항들은 물론 왕의 행차나 언행까지 기록하였기 때문에 그 내용이 방대하고 자세할 수밖에 없었으므로 이와 변별성을 가지기 위해서는 각고의 노력이 필요했을 것이다.

『일성록』이 국가기록체제로 변환된 것은 1783년(정조 7) 이후이다. 구체적인 『일성록』의 편찬 체제는 이때 제정된 것으로 보이는데, 이후 1827년(순조 27) 유본예(柳本藝)에 의해 『일성록범례(日省錄凡例)』가 편찬되면서 『일성록』의 기록체제가 공식기록으로 전하게 되었다. 『일성록범례』에 나타난 『일성록』의 기록원칙은 '소경위선(所敬爲先)'이었다. 하루에 일어난 일은 그날의 항목으로 모두 기록하였는데, 하루치의 기사를 배열하는 방법으로서의 '소경위선[높여야 할 것은 앞에 둔다]'은 하루에 일어난 일들을 그 중요도에 따라 작성한다는 원칙을 말한다.

『일성록범례』에서는 하루에 일어나는 일을 11가지로 유형화하였는데 '천문류(天文類)', '제향류(祭享類)', '임어소견류(臨御召見類)', '반사은전류(頒賜恩典類)', '제배체해류(除拜遞解類)', '소차류(疏箚類)', '계사류(啓辭類)', '초기서계별단류(草記書啓別單類)', '장계류(狀啓類)', '과시류(科試類)', '형옥류(刑獄類)' 등이 그것이며, 천문류부터 형옥류까지 순서대로 기록하였다.

천문류

'천문류'는 그날의 날씨와 비가 올 경우 강우량 등을 나타낸 것을 말한다. 『승정원일기』에도 날씨가 기록되어 있는 것으로 보아 날씨에 대한 조선인들의 관심이 각별했던 것 같다. 『승정원일기』의 경우 날씨에 대한 정보가 청(晴), 음(陰), 우(雨), 설(雪), 오전청 오후설(午前晴午後雪) 등 간략하게 표기되어 있다. 『일성록』은 '천문류'를 통하여 날씨를 기록하고 있다. 천문류는 비나 눈, 서리가 올 경우 작성하는데 이에 대한 정보까지 수록되어 있어 『승정원일기』에 비해 한층 더 자세하다.

> 비가 내렸다.
> 인시(寅時)부터 유시(酉時)까지 내린 비로 측우기의 수심이 2푼이었다.
> <출처 : 『일성록』 정조1년 7월 정유>

정조 1년 7월 정유의 기상상황과 강우량이 기록을 통해 드러나는데 같은 날의 날씨에 대한 『승정원일기』의 기록은 '우(雨)'로만 나타나 있다. 이를 통해 『일성록』의 천문류는 비가 올 경우, 비가 온 시간과 강수량까지 꼼꼼하게 기록하여 당시 기상상황에 대한 더 많은 정보를 전하고 있다.

제향류

'제향류'는 왕실과 국가에서 행하는 공식적인 제향에 대하여 준비과정과 시행에 관련된 내용을 기록한 것이다. 제향은 조선조 전반에 있어 중요한 기능을 담당하였던 행사로 종묘나 사직에 대하여 올리는 공식적인 제향은 물론, 기우제와 같이 특별한 목적으로 시행되는 제향에 대해서도 그 전모를 기록하고 있다.

임어소견류

'임어소견류'는 주로 경연이나 소대 등 임금과 신하들이 모여 국정 운영에 대해 논의를 한 내용과 참석한 신하와 장소 등에 대한 기록이다. 조선은 국왕이 중심이 된 전제군주 국가였지만, 국왕의 전제집권을 견제하기 위한 여러 가지 방안들을 강구하였다. 그 중 하나가 경연과 같이 임금과 신하가 모두 모여 국정에 대한 논의를 해나가는 방식이다. 이러한 사항들은 조선시대 전반에 걸쳐 시행되었으며, 국왕의 하루 일과 중에서도 중요한 부분을 차지했을 것이다.

반사은전류

'반사은전류'는 국왕이 신하나 백성에게 각종 사유로 은전을 내린 사례나 정초에 농사를 장려하기 위해 반포한 권농 윤음(綸音)에 대한 내용 등을 기록한 것이다. 조선시대의 여러 기록들을 살펴보면 해마다 화재·수재 등 각종 재해에 따른 이재민에 대한 기록들이 매우 많다. 국왕은 이들에 대한 관심과 더불어 휼전을 지급하는 등의 적극적인 대책을 강구하고 있다. 또한 왕권의 강화나 여러 가지 목적으로 연회를 열었는데, 여기에서의 신하에 대한 시상 등의 내용도 자세하게 기록되어 있다.

제배체해류

'제배체해류'는 문무관료에 대한 인재선발 및 임용과 관련된 기록이다. 조선시대 각종 부서, 규장각, 예문관, 홍문관 등의 부서에서 관리를 선발할 때는 전임자들이 모여 권점을 찍어 후임자를 선정하였다. 이러한 과정을 『일성록』에 기록하고 있을 뿐만 아니라, 이후 관료의 임명과 그 이유까지 서술하고 있다. 뿐만 아니라 감찰사가 파견되어 지방 관원들을 감찰한 결과나 노인직의 제수 등에 대하여 논의한 내용들을 서술하고 있다.

소차류

'소차류'는 문무관료나 지방 유생 등이 올린 상소 등과 이에 대한 국왕의 비답에 대한 기록이다. 정조의 재위기간은 물론 이후의 시기는 정치적으로 붕당정치나 세도정치로 인해 국정이 매우 혼란스러웠던 시기이다. 따라서 지방의 유생들은 물론 문무관료들이 국왕에게 상소를 올리는 일이 매우 빈번했으며, 또 이에 대해 임금은 답을 하여야 했으니, 이 자료만 해도 매우 방대한 분량이었다. 따라서 모든 상소문의 전문을 기록하지는 못한 것으로 보이며, 『일성록범례』에서도 요점만 취하여 정리하여 실었으나 국왕의 비답이나 법령, 왕명 등의 경우는 전문을 수록하였다.

계사류

'계사류'는 중앙의 각 관청에서 업무에 대한 승인을 받기 위해 국왕에게 보고한 사항이나 이에 대한 국왕의 비답 등을 기록한 것이다. 비변사의 경우 비변사 회의에서 결정된 사항을 계사로 보고하는 경우가 있었으며, 승정원, 삼사의 경우에도 중요한 사항을 계사로 국왕에게 보고하는 경우가 많았다. 각 관청의 업무가 모두 달랐으며, 이에 대한 기록이 『일성록』에 다양하게 실려 있다.

초기 · 서계 · 별단류

'초기 · 서계 · 별단류'는 국왕에게 보고되었던 각종 사항과 이에 대한 처리를 기록한 것이다. '초기'는 중앙의 각 관청에서 국왕에게 간단히 보고하는 양식이다. '서계'와 '별단'은 지방으로 파견되는 어사의 활동에 대한 보고나 중국에 파견된 사신이 돌아와 그 결과를 국왕에게 보고하는 양식이다. 『조선왕조실록』이나 『승정원일기』의 경우, 이러한 '초기 · 서계 · 별단' 등이 간략하게 서술되어 있는데 비해 『일성록』의 경우 그 내용이 비교적 상세하게 서술되었다. 이는 『일성록』이 국정운영에 있어 왕이 자유롭게 열람하여 참고하는 자료로서의 성격을 잘 보여준다고 할 수 있다.

장계류

'장계류'는 각 지방에서 사행 중에 있는 관료나 지방관이 직무수행 중에 국왕에게 보고한 내용을 기록한 것이다. 각 지방의 사행이나 지방관이 국왕에게 올리는 장계의 경우에도 그 내용이 매우 다양한데, 죄인에 대한 처벌, 각종 재난과 피해상황 보고, 기타 특이사항 등을 장계로 보고한 내용이 서술되어 있다. 또한 세자에게 보고할 경우에는 장달(狀達)이라고 하여 국왕에게 올리는 장계와 구분하였다.

과시류

'과시류'는 식년시, 특별시 등 각종 과거의 시행과 합격자 명단, 성명, 시험을 감독한 시관(試官) 등에 대한 기록이다. 조선시대 과거의 경우 3년마다 정기적으로 식년시가 열렸는데, 이외에도 부정기적으로 증광시(增廣試), 별시(別試), 알성시(謁聖試), 정시(庭試), 춘당대시(春塘臺試) 등이 열렸으며, 문과뿐만 아니라 무과와 잡과까지 실시되었으니 사실상 과거에 대한 기록 역시 방대할 수밖에 없다.

형옥류

'형옥류'는 관원에 대한 처벌 및 전국의 각종 죄인들에 대한 심문과 판결, 처형 등을 기록한 것이다. 『조선왕조실록』의 경우, 주로 19세기 자료가 이전시기에 비해 상세하지 않으며 『승정원일기』 역시 지방에서 발생한 사건의 기록 등은 상세하게 기록되어 있지 못하다. 그렇지만 『일성록』의 경우 관원의 위법행위, 현재 투옥되어 있는 죄인들의 사건에 대한 내용과 처벌, 죄인의 석방, 범죄유형 등을 상세하게 서술하고 있어 조선후기 형법 집행과 관련한 시대상황을 자세하게 파악할 수 있다. 특히 정조는 형법의 집행 하나하나에 사람의 생사가 달려 있기 때문에 이를 매우 중요하게 여겼으며, 이것이 『일성록』의 기록에 반영되어 있다.

이상의 기록들은 모두 그 기사 하나하나에 항과 목이 설정되어 있다. 국정의 참고자료로 활용하기 위하여 만든 기록물인 만큼 즉시 해당기사를 찾아볼 수 있는 방법을 고안한 것이다. 이는 항상 자신을 성찰하여 잘못된 것을 반성하고자 했던 정조의 의식이 국정의 운영에도 그대로 반영되어 한층 더 선례를 참고하기 용이한 방식을 만들어낸 것이다.

조선시대 관료들은 『일성록』이 국가의 공식적인 기록체제로 전환되는 순간부터 다른 국가기록물과의 변별성을 두기 위하여 다각도로 고민해왔다. 특히 『승정원일기』는 조선의 어떤 기록물보다 방대한 양을 기록하고 있었기 때문에 이와는 다른 체제를 설정하여 변별성을 드러냈다. 또한 자신을 성찰하고 심력을 살피는 자료로서의 가치를 무엇보다 중요하게 여겼던 정조의 의식이 항과 목의 분류를 통한 체계적 기록이라는 방식으로 나타나게 되었던 것이다.

『일성록』의 수난 – 소실(燒失)과 도삭(刀削)

화재로 인한 소실

조선시대 국가기록물은 엄격한 관리하에 보관되었다. 조선시대는 기록의 시대라고 할 만큼 방대한 기록물을 작성하고 보존하였다. 『일성록』도 그 중 하나로 정조가 세손시절부터 기록하기 시작하여 순종 대까지 작성되고 보존된 것이 2,317책이나 되니 매우 방대한 양이다. 『일성록』은 다른 기록물들과 마찬가지로 엄격한 관리 하에 보관되었던 것으로 보인다.

그렇지만 모든 사료들이 그 목적과 활용빈도가 달랐기 때문에 동일한 방법으로 관리되지는 않았다. 특히 『조선왕조실록』의 경우, 보존과 전승을 목적으로 한 기록물이었기 때문에 여러 권이 제작되어 각기 다른 사고에 보관되었으며 특별한 상황을 제외하고는 원칙적으로 열람이 금지되어 있었다. 이러한 보존방법을 통하여 『조선왕조실록』은 500년 동안의 기록이 거의 온전하게 전승될 수 있었던 것이다.

『일성록』의 경우, 그 목적에서도 알 수 있듯이 국정에 참고자료로서의 성격이 강했기 때문에 『조선왕조실록』과 같은 방법으로 보존되지는 않았다. 국왕이나 관료들이 국정의 전반에 대해 전례를 참고하기 위해 적극적으로 활용했기 때문에 자유로운 열람이 허용되었다. 기사마다 표제를 붙여서 내용을 기록한 것도 전승보다는 활용을 염두에 둔 구성이었다.

이와 유사한 기능을 하였던 국가의 기록물은 『승정원일기』이다. 『승정원일기』 역시 국정 운영의 참고자료로 활용되었으며, 정조가 『일성록』의

범례를 결정할 당시 『승정원일기』와는 다른 체제로 정하도록 지시하는데 이는 『승정원일기』가 『일성록』과 여러 면에서 유사한 성격을 지녔다는 것을 보여준다. 『일성록』과 『승정원일기』는 각각 빠진 부분이나 더 자세하게 작성된 부분도 있어 서로 보완하는 형식으로 국정의 참고자료로 활용되었을 것이며 보존방법도 유사하였을 것이다.

『일성록』은 궁궐 내에 보관되었다. 『일성록』이 절차에 따라 작성되면 규장각에 보관하였으며 본초는 내각에 보관하여 언제든지 이를 비교하여 살펴볼 수 있도록 하였는데, 정조는 『일성록』의 내용을 확인할 때 본초도 함께 들이도록 하여 대조하여 확인하기도 하였다. 물론 관원들에 의하여 철저하게 보관되고 관리되었지만 궁궐 내에 보관하고 자주 열람되었기 때문에 파손이나 소실의 위험에 노출되었던 것으로 보인다.

실제로 『일성록』은 의도적으로 삭제되거나 없어진 경우도 있었던 것으로 추정되며, 화재나 각종 재난으로 인하여 소실된 경우도 있었다. 1873년(고종 10)의 경복궁 화재가 대표적인 예인데 이때 『일성록』의 상당수가 소실되었다.

> 사시(巳時)에 화재가 순희당 24칸에서 일어나 석지실 12칸, 자경전 32칸, 복안당 6칸, 자미당 38칸, 교태전 36칸, 복도 28칸, 행각 188칸 반, 합하여 364칸 반으로 번져 불탔다.
>
> <출처 : 『일성록』 고종 10년 12월 갑신>

이 당시에 일어났던 화재는 그 규모가 상당하여 피해가 컸던 것으로 보인다. 화재로 인하여 364칸 반의 건물이 불타 없어졌으며 고종과 왕비,

대왕대비가 거처하던 곳이 모두 불타 거처를 옮길 정도였으니 그 피해를 짐작할 수 있다. 이 화재로 인하여 『일성록』이 상당수 소실되었던 것으로 보이는데, 당시 규장각에서 개수(改修), 보충할 『일성록』이 493권인 것으로 나타나 있다. 물론 관리소홀로 파손된 경우도 있었겠지만 많은 책들이 화재로 인해 불타버렸다고 볼 수 있다.

이 화재로 인해 소실된 『일성록』은 이후, 논의를 거쳐 개수되었다. 『승정원일기』의 경우에도 화재나 전란으로 인하여 소실되었을 경우, 개수되어 보충되었던 것을 확인할 수 있는데 『일성록』도 개수에 대한 논의와 개수 과정이 크게 다르지 않았던 것으로 보인다.

경복궁 화재 사건 이후, 『일성록』의 개수에 대한 논의는 화재가 있었던 고종 10년 12월 갑신일로부터 약 한 달 후에 이루어지기 시작했다.

> 하교하기를,
> "<일성록日省錄>과 <윤발綸綍> 가운데 불에 탄 것이 많으니, 다시 베껴 내야 한다."
> 하니, 김보현이 아뢰기를,
> "물러간 다음 시임각신(時任閣臣)과 함께 상의한 뒤에 품정(稟定)하겠습니다." 하였다.
>
> <출처 : 『고종실록』 11년 정월 신사>

고종은 경복궁의 화재로 인하여 『일성록』과 『윤발』이 화실되었다는 점을 언급하며 이를 다시 개수하여야 한다는 점을 하교하였는데 이에 당시 검교직제학(檢校直提學)인 김보현이 '시임각신과 상의하여 품정하겠다'고 말하였으며 이로부터 『일성록』 개수논의가 시작되었다. 이후 본격적인 논의가 이루어진 것은 약 1주일 후였다.

『일성록』의 개수 작업은 상당히 크게 이루어졌던 것으로 보인다. 당시에 개수하여야 하는 책이 493권이나 되었다는 점을 통해 이러한 작업이 간단하게 끝날 일이 아니었음을 알 수 있다. 또한 『일성록』의 개수에 소요되었던 비용이 5,400냥 정도나 되었지만 『일성록』의 보존, 전승을 무엇보다 중요시했던 고종과 관료들은 『일성록』의 개수 작업에 착수했던 것이다. 이 작업은 1년 반에 가까운 기간 동안 이루어졌으며, 개수가 완료된 이후 고종이 관계자 전원을 시상하는 것으로 『일성록』의 개수 작업이 마무리되었다.

이 작업에서 가장 많이 참고가 되었던 자료는 『승정원일기』였다. 『승정원일기』는 『일성록』과 그 성격이 유사할 뿐만 아니라 내용상으로도 매우 자세하고 방대하여 『일성록』의 개수에 중요한 자료가 되었을 것이다. 이외에도 각사의 문적을 이용하여 해당 기록을 최대한 방대하면서도 정확하게 기록하고자 하였다.

정치적 상황으로 도삭

한편, 『일성록』의 내용을 살펴보면 의도적으로 삭제된 부분을 적지 않게 발견할 수 있다. 물론 『일성록』은 쉽게 열람이 가능했기 때문에 원본이 어느 정도 훼손될 수 있었을 것이다. 그렇지만 정조 10년부터 정조 23년까지 13년에 걸쳐 600곳이 넘게 삭제된 흔적은 훼손의 범위를 넘어선 것이다. 이렇게 특정 기간 동안의 기록이 집중적으로 삭제되었다는 점은 의도적인 삭제라는 점을 짐작하게 해 준다.

그렇다면 이러한 삭제된 부분이 어떤 내용인가에 대한 점이 궁금증으로 남게 된다. 1786년(정조 10) 12월 1일 기사에서 도삭된 부분의 강(綱)은 '자전(慈殿)에서 빈청에 언문으로 하교하다(慈殿以諺敎下于賓廳)'이다. 자전(慈殿)은 주로 왕대비가 거처하는 곳으로 왕대비가 빈청에 언교를 전한 것이다. 이와 관련된 기사가 『조선왕조실록』에도 나와 있으니 이 내용을 토대로 도삭된 부분의 내용을 유추해 볼 수 있을 것이다.

> 미망인(未亡人)이 병신년 이후로 고질을 앓다가 근년에 와서는 날로 더욱 심해져서 조석 사이에 죽을 염려가 있었으나, 진실로 성상의 독실한 효성에 감격하여 종사를 위해 모진 목숨을 보존해 왔다. 그런데 지금 한 번도 평소 가슴에 쌓인 것을 말하지 않았다가 하루아침에 죽어버릴 경우 내가 눈을 감지 못할 한은 말할 것도 없거니와 진실로 열성조와 선대왕을 돌아가 뵈일 면목이 없다. 그렇기 때문에 부득이 이렇게 언문의 전교를 내리게 되니, 이 일은 오로지 종사를 위하고 성상을 보호하여 대의(大義)를 밝히려는 데에서 나온 것이니, 깊이 살펴 보도록 하라. 병신년과 정유년 이후로 괴변이 거듭 발생하였는데, 기해년에 이르러 홍국영(洪國榮)과 같은 흉악한 역적이 또 나와 감히 불측한 마음을 품었다. 그리하여 주상의 나이 30이 채 차지도 않았는데 감히 왕자를 둘 대계(大計)를 저지하고 상계군(常溪君) 담(湛)을 완풍군(完豊君)으로 삼아 가동궁(假東宮)이라고 일컬으면서 흉악한 의논을 마음대로 퍼뜨렸다. 주상이 그의 죄악을 통촉하고 그 즉시 쫓아내자, 흉악한 모의가 더욱 급해져서 밤마다 그의 집에 상계군을 맞이하여 놓고 널리 재화를 풀어 무식한 무리들과 체결하였으므로 잠깐 사이에 변이 일어나게 되었다. <출처 : 『정조실록』 10년 12월 경자>

당시 왕대비는 언교를 통하여 홍국영과 상계군 이담(李湛) 등이 역적임을 알리고 있다. 『일성록』의 해당 기사에서 도삭된 부분의 전후를 살펴보면 상계군 이담에 대한 내용이라는 점을 알 수 있다. 같은 해 12월 3일의 경우에도 도삭된 곳이 10여 군데나 되는데 『조선왕조실록』과 대비해 볼 때, 상계군 이담이나 은언군 이인과 관련된 내용이다. 이러한 내용들이 도삭된 이유는 이후 제25대 왕으로 즉위한 철종과 관련이 있다. 철종이 즉위한 후, 대왕대비는 즉시 상계군을 가덕대부에 복작하고, 은언군 집안에 소속된 문적을 모두 세초하고 은언군과 상계군을 치제(致祭)하는 등의 일에 관여하였다.

철종은 정조의 아우 은언군의 손자로 전계군의 아들이었다. 은언군은 정조 때 역모사건으로 인하여 강화도에 귀양을 가게 되었는데, 이후 천주교 박해와 관련하여 1801년(순조 1)에 죽었다. 철종인 이원범은 당시 역신의 자식으로 강화도에서 평범하게 살아가던 사람이었다. 그런데 헌종이 후사가 없는 채로 죽었기 때문에 대왕대비인 순원왕후가 헌종의 뒤를 이을 후계자로 원범을 지목하여 왕위에 등극하게 되었다. 조선후기 세도정치의 전형을 보여주는 이러한 사건은 당시의 혼란한 정치현실을 반영하고 있다.

이렇게 철종이 조선 제 25대 왕으로 즉위하였지만, 철종을 앞세운 세도가문은 철종의 선대가 역적으로 몰렸다는 점을 염려한 듯하다. 이런 이유로 대왕대비인 순원왕후는 은언군과 상계군의 지위를 다시 격상시키는 것은 물론 『승정원일기』와 『일성록』에서 해당기록을 도삭하였다. 이 일로 인해 현재 『일성록』에서 상계군 이담이나 은언군 이인에 대한 기록은 찾아볼 수 없다. 다만 『조선왕조실록』의 경우 원칙적으로 열람을 금하고 있었기 때문에 기록의 삭제를 피해갈 수 있었으며 온전히 보전될 수 있었다. 국가의 공식적인 기록물도 조선후기의 혼란한 정치적 상황에서 벗어날 수 없음을 보여준다.

이렇듯 국가의 공식기록물인 『일성록』은 화재로 인해 훼손을 당하기도 하고, 정치적 상황에 따라 삭제되기도 하였다. 이러한 훼손에도 불구하고 『일성록』을 기록하고 보존하는 활동은 순종의 재위기간까지 이루어져 기록물의 보존과 전승에 대한 관료들의 지대한 관심을 보여주며 조선후기 국정의 운영이나 사회 실태 등의 다양한 모습을 전하고 있다.

참고문헌

김명숙, 「익종대청시일록의 편찬과 정치사적 의의」, 『동학연구』 제19집, 한국동학학회, 2005.

박현욱, 「조선 정조조 검서관의 역할」, 『서지학연구』 제20집, 서지학회, 2000.

유승희, 「일성록 형옥류에 나타난 사죄 기록의 고찰」, 『서지학연구』 제38집, 서지학회, 2007.

신병주, 『규장각에서 찾은 조선의 명품들』, 책과 함께, 2007.

최승희, 「1873년(고종 10) 일성록의 일부 소실과 개수」, 『규장각』 12, 서울대학교 규장각 한국학연구원, 1989.

규장각한국학연구원 홈페이지 http://e-kyujanggak.snu.ac.kr/

민족문화대백과사전 홈페이지 http://encykorea.aks.ac.kr/

유네스코와유산 http://www.unesco.or.kr/heritage/mow/kormow_ilsungrok.asp

조선왕조실록 데이터베이스 http://sillok.history.go.kr/main/main.jsp

제 9 장

5·18 민주화운동 기록물

5·18 민주화운동 기록물

Human Rights Documentary Heritage 1980 Archives for the May 18th Democratic Uprising against Military Regime, in Gwangju, Republic of Korea
(2011년 등재)

세계기록유산으로서의 가치

5·18 민주화운동 기록물은 2011년 5월에 세계기록유산으로 등재되었는데, 이에 관한 자료는 아직 많이 알려져 있지 않고 구하기가 힘든 실정이다. 이에 문화재청 홈페이지에 실린 내용과 유네스코한국위원회 문화커뮤니케이션팀이 구축한 '유네스코와 유산'이라는 홈페이지에 게재된 내용을 전재하기로 한다.

우리나라의 민주화는 필리핀, 태국, 베트남 등 아시아 여러 나라의 민주화운동에 커다란 영향을 주었으며 민주화 과정에서 실시한 진상규명 및 피해자 대상 보상 사례도 여러 나라에 좋은 선례가 되었다는 점에서 높이 평가 받았다. 세계의 학자들은 5·18 민주화운동을 '전환기의 정의(transitional justice)'라는 과거 청산에서 가장 모범이 되는 사례라고 말한다. 남미나 남아공 등지에서 발생한 국가폭력과 반인륜적 범죄행위에 대해 과거청산작업이 단편적으로 이루어진 반면, 광주에서는 '진상 규명', '책임자 처벌', '명예 회복', '피해 보상', '기념사업' 등 5대 원칙이 모두 관철되었다.

그러한 의미에서 5·18 광주민주화운동 관련 기록물이 유네스코 세계기록유산으로 등재된 것은 올해로 31주년을 맞은 5·18의 세계화는 물론, 우리나라 민주화 운동사에 한 획을 긋는 역사적인 사건이다. 한국 현대사의 크나큰 비극으로, 오늘날 한국 민주화의 초석이 된 5·18의 가치와 그 유산을 세계가 인정해 준 셈이다.

그렇다면 5·18 민주화운동 기록물은 무엇인가? 5·18 민주화운동 기록물은 광주 민주화 운동의 발발과 진압, 그리고 이후의 진상 규명과 보상 등의 과정과 관련해 정부, 국회, 시민, 단체 그리고 미국 정부 등에서 생산한 방대한 자료를 포함하고 있는 기록물로서, 총 9개 주제로 분류한 기록문서철 4,271권, 858,900여 페이지, 네거티브 필름 2,017컷, 사진 1,733점에 해당하는 방대한 자료이다. 이번에 세계기록유산에 등재된 5·18 민주화운동 기록물은 크게 3종류로 나눌 수 있다.

먼저 공공 기관이 생산한 문서이다. 여기에는 중앙 정부의 행정 문서, 군 사법기관의 수사·재판 기록 등이 포함되어 있다. 이것들은 당시 국가체제의 성격을 드러내는 매우 중요한 자료이다. 사건 당시와 그 후 현장 공무원들에 의해 기록된 상황일지 등의 자료가 있으며, 이후 피해자들에 대한 각종 보상 관련 서류 등이 포함되는데 이것들을 통해 당시의 피해 상황을 어느 정도 짐작해 볼 수 있다.

다음으로 5·18 민주화운동 기간에 단체들이 작성한 문건과 개인이 작성한 일기, 기자들이 작성한 취재수첩 등이다. 각종 성명서, 선언문, 대자보, 일기장과 취재수첩을 포함하고 있으며 그 중에서도 사진 기자들과 외국 특파원들이 촬영한 사진들은 외부와의 통신이 단절된 상태였던 광주의 상황을 생생하게 전해주고 있다. 또한 피해자들에 대한 구술 증언 테이프 등도 포함된다.

끝으로 1980년 5·18 민주화운동이 종료된 후, 군사정부 하에서 진상규명과 관련자들의 명예회복을 위해 국회와 법원 등에서 생산된 자료, 주한미국대사관과 미국 국무성 및 국방부 사이에 오고 간 전문이다. 현재 이들 자료는 광주광역시를 비롯하여 국가기록원, 육군본부, 미 국무성과 국방부, CIA 등에서 나누어 보관하고 있다.

5·18 민주화운동 기록물의 내용

기록물의 내용은 주제에 따라 9가지 유형으로 분류해 볼 수 있다.

국가기관이 생산한 5·18 민주화운동 자료

국가기관에서 생산한 5·18 민주화운동 자료는 1980년 5월 18일부터

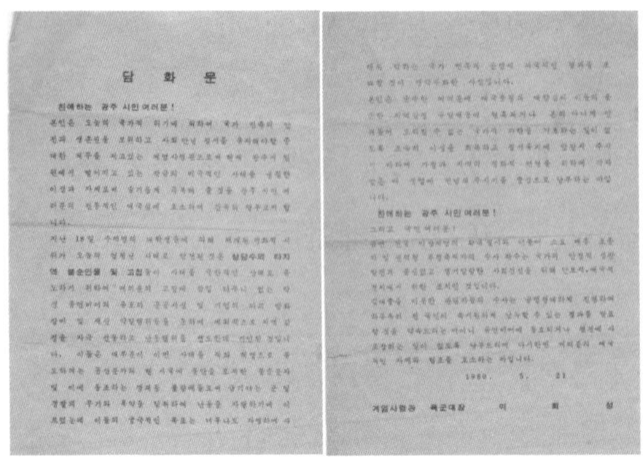

담 화 문

친애하는 광주 시민 여러분!

친애하는 광주 시민 여러분!

1980. 5. 21

계엄사령관 육군대장 이 희 성

▲ 계엄사령관 이희성 명의로 발표된 담화문(1980년 5월 21일)

중앙정부와 지방정부의 각 기관에서 생산한 문서들로, 총 25건이 유네스코에 등재되었다. 5·18 당시 각 기관에서는 계엄 포고령을 시달하고 계엄에 협조하라는 지시 등의 공문서를 지방정부에 전달했으며, 이 문서에는 피해상황, 수습대책, 복구기준, 시체 매장계획, 사망자 인적사항 조사보고, 매장자 명단 등이 포함되었다. 또 포고령 위반 관련 처리지침 및 지시, 무혐의 처리 수사기록, 위반사범 접수 및 조사현황 등도 들어 있다.(연합뉴스 2011년 5월 24일)

자료 원본은 그동안 광주 동부경찰서에서 보관하고 있다가 최근 국가기록원으로 이관, 보존되어 있으며, 일부 자료는 광주광역시에서 보관하고 있다. 국가기록원은 1968년 8월에 정부의 영구보존 및 준영구보존의 문서 등을 수집·관리·보존 및 열람하기 위하여 설치된 국가기관으로 대전광역시에 그 본소를 두고 있다.

이들 자료 가운데 5.18 민주화운동 당시 계엄군에서 살포한 유인물이나 담화문도 존재한다.

군사법기관 재판자료 및 김대중 내란음모사건자료

계엄령이 선포된 상황에서는 민간인의 신분이라도 계엄령을 위반하면 군사법경찰인 헌병에 의하여 체포, 구금, 구속 등이 가능했으며, 계엄 위반사항에 따라 군사재판에 회부될 수 있었다. 그렇기에 이 시기에 체포된 사람들은 계엄령 위반과 내란 혐의로 체포되어 군사재판에 회부되었으며, 모두 사형이나 무기징역 등을 선고받고 교도소에 이감됐다. 이 항목의 기록물은 이와 관련한 군검찰 수사기록, 불기소 처분 수사기록, 기소중지자 기록, 군사재판 자료 등이다.(연합뉴스 2011년 5월 24일).

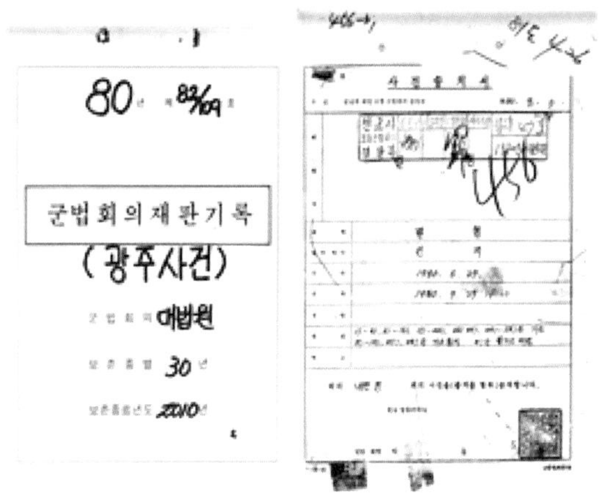

80년 제82/109호

군법회의재판기록

(광주사건)

대법원

30년

2010년

▲ 제82-109호 군법회의재판기록 광주사건 사건송치서 (1980년 8월 5일)

시민들이 생산한 성명서, 선언문, 취재수첩, 일기

유네스코에 등재된 기록물 중에는 정부기관의 기록뿐만 아니라 시민들의 기록물도 포함되어 있다. 대표적인 것이 당시 시민군의 성명문이나 선언문, 호소문, 투사회보와 같은 기록물이다. (광주광역시 홈페이지)

당시의 현장 흑백필름, 사진

5·18 민주화운동 기록물에는 문서뿐만 아니라 당시 현장을 찍은 사진과 필름도 포함되어 있다. 이 사진과 필름들은 당시 광주에서 사진관을

▲ 금남로 차량시위

운영하였던 김영복, 전남매일신문사의 사진부 기자였던 나경택, 당시 동아일보 기자였던 김녕만과 광주일보 사진부뿐만 아니라 외신 기자들이 촬영한 것도 있다. 이들이 기증한 자료는 흑백필름 2017컷과 사진 1733점에 달하는 방대한 분량으로 현재 광주광역시에 보관 중이다.(광주광역시 홈페이지, 뉴시스 2011년 5월 25일)

시민들의 기록과 증언

이것은 5·18 민주화항쟁 생존자 및 유족 1,472명의 증언을 채록하거나 녹음 또는 녹화한 자료이다. 피해자들의 증언에 대한 채록은 현재도 계속되고 있으며 이 자료들은 연구 및 교육 자료로 활용되고 있다. 이 방대한 기록물은 현재 5·18기념재단과 전남대 5·18연구소, 천주교광주대교구 정의평화위원회, 국사편찬위원회 등에서 분산 관리되고 있다.(광주광역시 홈페이지)

피해자들의 병원치료기록

이 자료는 계엄군과 경찰의 5·18 민주화 운동 기간 중에 부상을 입은 사람들이 병원에서 치료를 받은 기록물이다. 대개 진료기록부, 병상기록부 등으로 이루어져 있으며, 광주지역 내 전남대학병원, 조선대학병원, 기독병원, 적십자병원 등의 치료기록이 주를 이룬다. 이외에도 국군통합병원의 치료기록도 있다. 각 병원의 진료기록과 치료일지는 모두 광주시에 기증되어 광주시청 자료실에서 보관 중에 있다.(광주광역시 홈페이지)

국회의 5·18 광주민주화운동 진상규명 회의록

1988년 국회에서는 '5 · 18 민주화운동 진상조사 특별위원회'가 구성되어 5 · 18 진상규명을 위한 청문회가 개최되었다. 청문회는 당시 사건의 실체적 진실 규명과 함께 '5 · 18 민주화운동의 발생배경,' '집단발포 명령권자와 책임 소재,' '미국의 책임여부,' '5 · 18 민주화운동의 성격규정' 이라는 네 가지 중요한 쟁점을 놓고 총 17회에 걸쳐 67명의 증인을 소환하는 방식으로 진행되었다. 이 과정이 모두 TV 공중파를 통해 중계되었기 때문에 온 국민이 5 · 18 민주화운동의 전 과정을 가감 없이 알 수 있는 계기가 되었다.

국회청문회 자료들은 현재 국회 도서관에 보관되어 있고, 청문회 방송테이프의 원본이 방송국에 보관되어 있다. 광주시청 5 · 18 자료실에는 당시 청문회 방송을 녹화한 필름과 청문회 기획일지가 보관되어 있다.(광주광역시 홈페이지)

국가의 피해자 보상자료

1990년 국회에서 '광주민주화운동피해자 보상법'이 제정되자 국가에서는 피해자에 대한 보상을 시작하였다. 보상의 대상은 사망자, 부상자, 구속자 등 관계 법령에 의해 총 5,100여 명의 피해자가 보상을 받았다. 이렇게 보상심의 과정에서 생산된 자료의 양은 총 695,000쪽이 넘으며 3,880권이다. 이 자료는 원형 그대로 광주광역시청 문서고에 보관되어 있다.(광주광역시 홈페이지)

미국의 5·18 관련 비밀해제 문서

미국은 5·18에 대해 지대한 관심을 갖고 있었으며 주한 미국 대사관을 통해 시시각각으로 보고를 받고 대책을 논의했던 것으로 확인됐다. 이런 논의 과정에서 미국 국무부와 주한 대사관 사이에 실시간으로 주고받은 전신 자료 및 국방부와 CIA에서 생산한 문서 또한 5·18 민주화운동 기록물에 포함되었다. A4용지 규격 3,471쪽에 이르는 자료 원본은 미국 국무부와 국방부, CIA가 보관 중이며 비밀 해제된 사본 일부를 광주시에서 보관하고 있다.(광주광역시 홈페이지, 뉴시스 2011년 5월 25일)

참고문헌

광주광역시 홈페이지 (http://www.gwangju.go.kr)

유네스코 홈페이지(유네스코와 유산) (http://www.unesco.or.kr/heritage/mow/kormow_gwangju.asp)

뉴시스 (http://news.naver.com/main/read.nhn?mode=LSD&mid=sec&sid1=102&oid=003&aid=0003874536)

동아일보 (http://dna.naver.com/viewer/index.nhn?articleId=1980051600209201018&editNo=2&printCount=1&publishDate=1980-05-16&officeId=00020&pageNo=1&printNo=18034&publishType=00020)

매일경제 (http://dna.naver.com/viewer/index.nhn?articleId=1980051600209201018&editNo=2&printCount=1&publishDate=1980-05-16&officeId=00020&pageNo=1&printNo=18034&publishType=00020)

연합뉴스 (http://news.naver.com/main/read.nhn?mode=LSD&mid=sec&sid1=102&oid=001&aid=0005081966)

주간경향 (http://newsmaker.khan.co.kr/khnm.html?mode=view&code=115&artid=201005191518511&pt=nv)

한겨레 (http://www.hani.co.kr/arti/society/societygeneral/422749.html)

제 10 장

난중일기

난중일기

Nanjung Ilgi : War Diary of Admiral Yi Sun-sin
(2013년 등재)

『난중일기』란 어떤 책인가

『난중일기』는 조선시대의 명장인 충무공(忠武公) 이순신(李舜臣)이 임진왜란(壬辰倭亂) 당시 7년간에 걸쳐 진중에서 남긴 일기이다. 본래 이 책에는 특정한 이름이 붙어 있지 않았다. 이순신이 사망한지 수백 년 후인 18세기 정조(正祖) 때에 이순신의 유고(遺稿)들을 모은 『이충무공전서(李忠武公全書)』를 편찬하였는데, 일기 또한 여기에 포함시키는 과정에서 전서(全書)의 편찬자가 임의로 『난중일기』라는 이름을 붙이면서 이렇게 불리게 된 것이다.

이순신이 직접 집필한 초고본은 모두 7책이 남아 전하고 있다. 이 초고본은 근대 이전에는 이순신의 후손들인 충남 아산의 이씨 종가에서 보관하고 있었다. 일제강점기 당시에는 경제적인 어려움을 겪던 이씨 종가가 국내 및 일본계 은행들로부터 대출을 받았다가 부채를 갚지 못하면서 『난중일기』 초고본을 비롯한 유물들이 압류·경매될 위기에 처하기도 했다. 이 사실이 1931년 동아일보의 기사에 의해 세상에 알려지자, 충무공 유적보존회가 설립되고 국민적인 성금 모금운동이 일어나서 유물들이 보존될 수 있었다. 당시 성금액은 1만 6,000원이 넘는 큰돈이었으며, 그 덕분으로 이씨 종가가 진 빚 2,300여 원을 갚고 나머지 돈으로 현충사에 건물을 짓는 등 보존사업이 본격적으로 시작될 수 있었다.

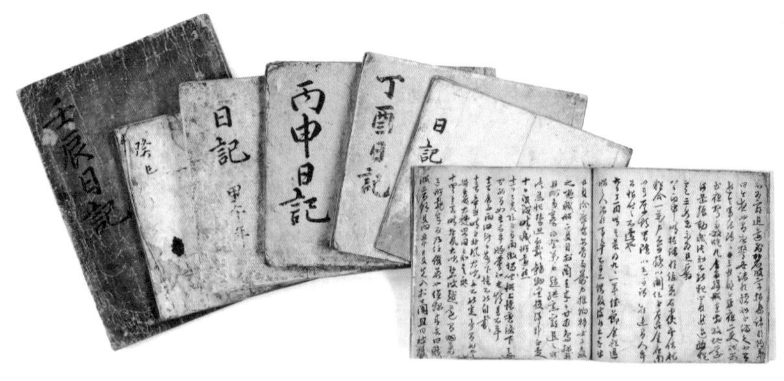

▲ 난중일기

광복 후, 1962년 12월 20일에는 '이충무공난중일기부서간첩임진장초(李忠武公亂中日記附書簡帖壬辰狀草)'란 이름으로 이순신의 서간집인 서간첩(書簡帖) 1책, 임금에게 올리는 보고서인 장계(狀啓)의 초본들을 모은 『임진장초』 두 책과 함께 국보 제76호로 지정되었다. 5년 후인 1967년 12월 31일 새벽에는 유근필 등 6명의 절도범들에 의해 도난당하여 부산에서 일본으로 밀반출될 뻔하였는데, 당시 대통령이었던 박정희는 직접 담화문을 발표하고 『난중일기』를 찾으라는 지시를 내리는 이례적인 조치를 취하였다. 결국 일주일 만에 절도범 일당이 검거되어 『난중일기』를 되찾을 수 있었다.

절도사건이 일어난 이후, 2004년에 문화재청이 주관하는 데이터베이스 작업이 이루어질 때까지 『난중일기』는 일반인에게 공개되지 않는 등 엄격한 관리 하에 놓이게 되었다. 현재는 충청남도 아산시 염치읍 백암리(白岩里) 현충사(顯忠祠)에 보관되어 있다. 한편 2013년 6월 18일 광주광역시에서 열린 제11차 유네스코 세계기록유산 국제자문위원회(International Advisory Committee of the UNESCO Memory of the World)는 이 초고본 『난중일기』와 새마을운동 기록물을 세계기록유산으로 등재할 것을 유네스코에 권고하였고, 이리나 보코바(Irina Bokova) 유네스코 사무총장은 이를 받아들여 『난중일기』의 등재를 확정하였다.

『난중일기』의 원본과 이본

현재 전하고 있는, 이순신이 한문 초서체로 직접 집필한 『난중일기』의 초고본은 모두 7권이다. 앞서 언급하였듯이 이 초고본에 『난중일기』라는 표제는 붙어 있지 않으며, 대신 연도별로 『임진일기(壬辰日記)』, 『계사일기(癸巳日記)』, 『갑오일기(甲午日記)』, 『병신일기(丙申日記)』, 『정유일기(丁酉日記)』, 『무술일기(戊戌日記)』라는 이름으로 각각 분책되어 있다. 이 가운데 『임진일기』는 계사년(1593년)의 기록 일부를 포함하고 있으며, 『정유일기』는 두 책으로 되어 있다. 그 매수와 크기, 수록일자 등을 도표화하면 다음과 같다.

표 제	크기(상하x좌우)	매수	일 자
壬辰日記	34.5 x 25.7 cm	27	1592.5.1.~1592.5.4. 1592.5.29.~1592.6.10. 1592.8.24.~1592.8.28. 1593.2.1.~1593.3.22.
癸巳日記	27.5 x 24.7 cm	30	1593.5.1.~1593.9.15.
甲午日記	29.0 x 26.5 cm	52	1594.1.28.~1594.11.18.
丙申日記	30.0 x 25.0 cm	41	1596.1.1.~1596.10.11.
丁酉日記	28.0 x 25.0 cm	27	1597.4.1.~1597.10.28.
丁酉日記	24.2 x 23.5 cm	20	1597.8.4.~1598. 1.4.
戊戌日記	27.0 x 23.0 cm	8	1598.9.15.~1598.10.7.

이 가운데 『정유일기』는 먼저 일기를 적었다가 이후 재작성하여 두 책으로 되어 있으며, 1597년 8월 4일부터 10월 8일까지의 일기가 서로 중복되어 있다. 여기에서는 기사의 가감과 간지의 착오 등이 확인되며, 뒷 책에 적힌 내용이 좀 더 상세하다. 정유년(1597년)은 이순신이 모친상을 당하거나 삼도수군통제사에서 파직되어 문초를 받고 백의종군하는 등 유난히 고난이 심했던 해였다. 이러한 상황 하에서 먼저 일기를 적었다가, 시간 여유가 있을 때 재정리하여 다시 적은 것이 아닌가 한다.

이 초고본 『난중일기』는 알아보기 힘든 글자로 써진 것이 많으며, 그로 인해 후대에 초고본을 바탕으로 재정리하여 출간할 때, 많은 오역을 낳게 하였다. 이는 전란 중의 급박한 상황 하에서 일기를 집필한 까닭으로 보인다. 또한 큰 전쟁이 일어난 시기, 혹은 이순신 개인의 신상에 문제가 있었던 시기에는 일기의 훼손상태가 심하거나 집필일자가 일정하지 않고 누락이 심한 편이다.

초고본 이 외에도 『난중일기』의 다른 이본들이 전하고 있는데, 그 가운데 중요한 몇 가지를 살펴보기로 한다. 우선 앞에서 이미 언급한 바 있는 『이충무공전서』에 실린 전서본을 들 수 있다. 『이충무공전서』는 정조 16년(1792년) 이순신의 공업을 기리고자 한 정조가 명하여 간행된 활자본 유고 전집으로, 윤행임(尹行恁)과 유득공(柳得恭)이 편찬하여 1795년(정조 19)에 완성하였다. 원집 8권과 부록 6권으로 되어 있으며, 이 가운데 원집의 5권부터 8권에 걸쳐 『난중일기』가 수록되어 있다. 이 전서본은 초간본을 비롯하여 후대까지 도합 여섯 차례에 걸쳐 간행되었다.

이 전서본과 위의 초고본을 서로 비교해 볼 때, 두 가지의 특징이 발견된다. 첫째, 전서본에 남아 있는 일자의 내용들이 초고본에는 빠진 경우가 상당수 있다는 점이다. 구체적으로는 1592년(임진년) 1월 1일부터 4월 22일까지의 부분, 1595년(을미년) 1월 1일부터 12월 20일까지의 부분, 1598년(무술년) 10월 8일부터 12일까지의 부분 등이다. 이는 초고본이 현재까지 전해지는 과정에서 망실된 부분이 많음을 보여준다. 이러한 초고본의 망실은 『이충무공전서』의 편찬 이후에 일어났을 것이나, 그 시점은 명확히 알 수 없다.

둘째, 초고본과 전서본에 모두 공통되는 일자의 기록들을 비교해 보았을 때, 같은 내용이어야 함에도 불구하고 상당한 차이가 발견된다는 점이다. 이는 친필 초고를 활자화하는 과정에서 상당수의 내용을 누락시키거나 혹은 오독(誤讀)하여 원본인 초고본보다 내용이 더 적거나 많게 잘못 기재한 결과이다.

한편 『이충무공전서』의 편찬 이후, 1935년에는 조선총독부의 관할 하에 있었던 조선사편수회에 의해 『난중일기초(亂中日記草)』가 간행되었다. 이 책은 기존에 따로 되어 있었던 『난중일기』와 『임진장초』를 한 책으로 묶어 『조선사료총간』 제육(第六), 『난중일기초・임진장초』라는 이름으로 만들어졌다. 우리나라 학자 중에서는 박영효(朴泳孝), 이윤용(李允用), 어윤적(魚允迪), 이능화(李能和), 이병소(李秉韶), 윤영구(尹甯求), 정만조(鄭萬朝), 최남선(崔南善), 임번장(林繁藏), 엄창섭(嚴昌燮), 김대우(金大羽), 홍희(洪憙) 등이 참여하였다. 초고본의 형태와 체제를 그대로 살리는 형태로 편집되었으며, 일기와 관련된 내용을 두주(頭註)에 달고 인명, 지명 등에는 방주(旁註)를 달아 놓는 등 상세하고 잘 짜여진 편집체제를 갖추었다. 이러한 특성으로 인해, 일제의 정치적 목적 하에서 편찬된 자료임에도 불구하고 『이충무공전서』와 더불어 『난중일기』 번역 및 연구에서 대표적인 전범이 되고 있다.

또한 최근에는 『충무공유사(忠武公遺事)』에 초고본과 전서본에 수록되지 않은 32일치의 『을미일기』 분량이 실려 있음이 새로이 밝혀지기도 하였다. 『충무공유사』는 1693년(숙종 19) 이후, 미상의 작자에 의해 이순신의 사적을 전사(傳寫)한 것으로 추정되며, 기존에 알려지지 않았던 『을미일기』 30일, 『병신일기』 1일, 『무술일기』 1일 등 새로운 일기 32일치를 포함하여 총 325일치의 『난중일기』 일부를 「일기초(日記抄)」라는 이름으로 수록하고 있다. 그 내용을 보면 이순신이 정적(政敵)이라 할 수 있는 원균(元均)이나 권율(權慄)에 대한 불만을 직접적으로 토로하거나, 개인적・가정사적인 내용이 중심적으로 실려 있다. 전서본에서조차 이 부분들이 누락된 것은 전서본의 편찬자들이 지나치게 개인적이고 민감한 기록이라고 생각한 탓으로 보인다.

원문을 그대로 옮긴 경우 이외에도, 근대 이후로는 『난중일기』의 한글 번역이 여러 차례 이루어진 바 있다. 번역이 가장 먼저 이루어진 것은 북한에서였는데, 벽초 홍명희의 아들인 국어학자 홍기문이 『난중일기초』와 『이충무공전서』를 토대로 번역하여 1955년 11월 평양에서 간행한 『리순신 장군 전집』에 포함시켰다. 남한의 경우, 1968년에 시인 이은상이 초고본을 기반으로 하면서 초고본에 없는 내용은 『이충무공전서』를 토대로 보충하여 하나로 합본한 『난중일기』를 만들어 현암사에서 간행하였다. 여기에는 원문만이 아닌 한글 번역도 함께 실려 있어 남한 최초의 한글 번역본이라 할 수 있다. 이후, 현재에 이르기까지 30여 편의 『난중일기』 한글 번역이 이루어졌으며, 2010년에는 노승석 교수가 그간의 연구 및 번역 성과를 모두 집대성하고 치밀한 교감을 거친 『교감완역 난중일기』를 내놓았다. 이 번역본은 『충무공유사』의 수록본을 포함하여 기존 『난중일기』 번역에서 누락된 부분들을 모두 포함하고, 오독, 오역된 많은 부분들을 바로잡은 것으로, 현재까지 『난중일기』의 가장 완전한 형태를 복원해 내었다고 할 수 있다.

비단 한글만이 아니라, 『난중일기』는 해외에서 외국어로 번역되어 출판되거나, 현재 번역이 진행 중에 있다. 2001년에는 일본 공립여자대학의 기타지마 만지(北島萬次) 교수가 동경의 평범사(平凡社)에서 『난중일기』 Ⅰ·Ⅱ·Ⅲ권을 간행하였는데, 이 책은 원문과 일본어 번역본을 함께 실었다. 또한 2012년부터는 한국문학번역원의 주관 아래 올레그 피로젠코 한국학 박사 등이 『교감완역 난중일기』를 러시아어로 번역 중에 있으며, 이는 후일 비영어권인 러시아 등지에 보급될 예정이다.

『난중일기』의 내용

『난중일기』는 진중에서의 매일의 날짜와 날씨는 물론이요, 공사(公私)에 얽힌 제반 인사(人事)들을 평이하고 간결한 문장으로 기록하고 있다. 그 내용의 대부분은 진중생활의 잡다한 사무 및 애환, 국정에 관한 솔직한 감회, 전투 후의 비망록, 수군 통제에 관한 비책 등으로 채워져 있다. 이 외에도 개인적인 애환과 가족, 친지, 장졸 및 내외 요인들과의 왕래, 부하들에 대한 상벌(賞罰), 전황에 대한 기록, 장계 및 서간문 초록, 이순신 자신의 심경을 담은 시문(詩文) 등이 함께 실려 있다. 일자에 따라 단지 당일의 기상 사항만을 짧게 적어둔 경우도 있고, 반면 명량해전(鳴梁海戰) 당일의 기록처럼 그 날 일어난 일들을 매우 길고 자세하게 기록한 경우도 있다. 흥미로운 점은 어떤 경우에도 항상 당일의 기상상태에 대한 사항을 빠트림 없이 적고 있는 것인데, 이는 바다에서 싸워야 하는 만큼 날씨 문제에 민감할 수밖에 없는 수군의 특수성에 기인한다.

『난중일기』는 전쟁 중에 보고 느낀 점을 매일같이 기록했다는 점에서 전형적인 일기형식을 갖춘 문학 작품인 동시에, 진중에서의 전반적인 사건과 문제를 소재로 하여 작성된 종합적인 기록으로서, 특히 임진왜란 당시의 상황을 잘 보여주고 있어 연구를 위한 사료적 성격 또한 매우 풍부하다. 특히 우리는 『난중일기』를 읽음으로써, 이 일기를 쓴 장본인인 이순신의 여러 면면들을 구체적으로 살필 수 있게 된다. 『난중일기』에 나타난 이순신의 모습은 크게 두 가지로 나눌 수 있는데, 하나는 임진왜란 승리의 주역이자 한반도를 왜군의 침략으로부터 구해낸 성웅(聖雄) 이순신의 모습, 다른 하나는 그러한 영웅적인 면모 뒤에 숨겨진 한 평범한 인간으로서의 이순신의 모습이다.

먼저 이순신의 영웅적인 모습에 주목해 보자. 『난중일기』에서의 이순신은 세심하고 사전준비가 철저하며, 분명한 신상필벌(信賞必罰)을 통해 엄정한 군율을 세우는 지휘관이자 행정가로 나타나고 있다. 그는 『난중일기』에 수군에게 중요한 당일의 기상 변화에 대한 상세한 정리, 각종 공·사무들의 세부적인 면면들, 높은 관리에서부터 낮은 노비 신분에 이르기까지 주변인들에 대한 구체적인 사항 등을 간결하면서도 정확한 내용으로 모두 기록해 두었다. 또한 『난중일기』에는 전쟁이 시작되기 이전인 1592년 1월에서부터 4월에 이르기까지의 수개월 동안, 미리 물자를 조달하고 수군을 훈련시키며 거북선과 같은 신병기를 시험하는 등 전란에 대비하여 철저한 준비를 갖추는 구체적인 과정이 잘 나타나 있다.

▲ 충무공 이순신 장군 영정(충무사)

특히 이순신은 군법을 엄정히 세우는 데에 많은 노력을 기울였는데, 아전과 하급 군관 및 병졸들, 백성들을 매우 엄격하게 다루면서 조금이라도

▲ 이원식 박사에 의해 복원된 거북선

군령(軍令) 및 직무에 태만하면 중벌을 주었다. 『난중일기』에는 이순신이 부하나 백성들에게 곤장을 때리거나, 목을 베어 효시하는 등 처벌에 대한 기록들을 매우 흔하게 찾아볼 수 있다. 일기의 기록을 통해 보면, 전사자보다 군율에 의한 처형자가 더 많을 정도이니, 그 엄정함을 짐작할 수 있다. 그러면서도 상벌에 항상 공정하고, 병사들과 백성들의 식량 공급과 생계, 부정부패의 절대 엄금 등의 문제에 최대한 신경을 쓰고 있었다. 부하들의 죽음이나 병으로 인한 고생에 크게 애통해하며, 사기 진작을 위해 씨름대회를 열거나 술과 음식을 내어주고 함께 즐기는 등의 모습을 보였다. 이러한 신상필벌의 원리원칙에 철저한 이순신의 태도는, 전란 중의 혼란한 상황 속에서 흐트러진 기강을 바로잡고, 그의 조선 수군이 뛰어난 전투력을 유지하게끔 만들었다.

더불어 이순신이 지녔던 전략·전술가로서의 재량과 나라를 위하는 충정, 그리고 전장에서 자신의 안위를 돌보지 않고 솔선수범하는 태도 또한 두드러진다. 그는 밤새도록 부하 장수들을 모아놓고 적군의 동태와 군사를 부리는 일에 관해 토론하기도 하고, 왜병들에게 백성들이 약탈 및 살해당했다는 소식을 듣고 나라를 걱정하는 근심으로 한 잠도 이루지 못하다가 새벽을 맞기도 했다. 이순신의 자신을 돌보지 않고 우국충정(憂國衷情)하는 명장으로서의 면모는 명량해전에 관한 『난중일기』 9월 16일의 기록에서 가장 두드러진다.

십육일 갑진 맑다. 아침에 별망(別望)군이 나와서 보고하는데 적선이 헤아릴 수 없을 만큼 많이 곧장 우리 배를 향하여 온다고 했다. 곧 여러 배에 명령하여 닻을 올리고 바다로 나가니 적선 130여 척이 우리의 배들을 에워쌌다. 여러 장수들이 중과부적임을 알고 돌아서서 피할 궁리만 했다. 우수사(右水使) 김억추(金億秋)는 물러나 이(二) 마장(馬場) 밖에 있었다.

노를 바삐 저어 앞으로 돌진하여 지자(地字), 현자(玄字) 등 각종 총통을 어지러이 쏘아대니, 마치 나가는 게 바람과 우레 같았다. 군관들이 배 위에 빽빽이 서서 빗발치듯이 쏘아대니, 적의 무리가 감히 대들지 못하고 나왔다 물러갔다 하곤 했다. 그러나 적에게 몇 겹으로 둘러싸여 앞으로 어찌 될지 알 수가 없었다. 배에 있는 사람들이 서로 돌아보며 얼굴빛을 잃었다. (내가) "적이 비록 천 척이라도 우리 배에게는 맞서 싸우지 못할 것이다. 일체 마음을 동요치 말고 힘을 다하여 적선을 쏘아라."고 하였다.

여러 장수들을 돌아보니 물러나 먼 바다에 있으면서 관망하고 진격하지 않았다. 배를 돌려 바로 중군장(中軍將) 김응함(金應諴)의 배로 가서 먼저 그 목을 베어 효시하고 싶었으나, 내 배가 뱃머리를 돌리면 여러 배들이 차차로 멀리 물러날 것이요, 적선이 점점 육박해 오면 나아갈 곳과 물러날 곳이 없을 것이다. 곧 호각을 불어서 중군에게 명령하는 기를 내리고 또 초요기(招搖旗)를 올리니, 중군장 미조항첨사(彌助項僉使) 김응함의 배가 차차로 내 배에 가까이 오고, 거제현령(巨濟縣令) 안위(安衛)의 배가 먼저 왔다. 내가 배 위에 서서 몸소 안위를 불러 이르되, "안위야, 군법에 죽고 싶으냐. 네가 군법에 죽고 싶으냐. 도망간다고 해서 어디 가서 살 것 같으냐."고 하니 안위가 황급히 적선 속으로 돌입했다. 다시 김응함을 불러 이르되, "너는 중군장으로서 멀리 피하고 대장을 구하지 않으니, 그 죄를 어찌 면할 것이냐. 당장 처형할 것이로되 적세 또한 급하므로 우선 공을 세우게 한다"고 하니, 두 배가 곧장 적진으로 들어갔다. <중략> 이때 우리의 여러 배들이 일제히 북을 치며 나아가면서 지자포·현자포 등을 쏘고, 또 화살을 빗발처럼 쏘니 그 소리가 바다와 산을 뒤흔들었다. 적선 삼십일 척을 쳐부수자 적선들은 물러나 달아나 버리고 다시는 우리 수군에 감히 가까이 오지 못했다. 배를 대어 싸우고자 하나 물살이 무척 험하고 형세도 또한 외롭고 위태로워 당사도(唐笥島)로 진을 옮겼다. 이는 실로 천행(天幸)이다.

칠천량해전(漆川梁海戰) 이후, 조선수군은 말 그대로 소멸되어 버렸고, 백의종군(白衣從軍) 중에 다시 삼도수군통제사로 복직되어 바다로 내려간 이순신이 사용할 수 있었던 수군 전력은 겨우 십여 척의 함선에 불과하였다. 이순신이 남은 전력을 가다듬는 동안 왜군은 전라도의 제해권을 장악하여 서해를 거쳐 한양을 곧바로 공격하자는 구상을 하고 1597년(선조 30) 9월에 어란진(오늘날의 전라남도 해남)으로 움직이기 시작하였다. 9월 14일 적선 200여 척이 몰려오는 것을 탐지한 이순신은 다음날 우수영 앞바다로 진을 옮겼고, 그 다음날인 16일 휘하 12척(기록에 따라서는 13척)의 배로 적군 130여척(기록에 따라서는 200척 혹은 300척 이상)에 맞서 싸우게 된다. 이것이 바로 명량해전으로, 전력비 1:10 이상의 압도적인 열세 속에서도 이순신이 이끄는 조선 수군은 단 한 척의 배도 잃지 않고 적선 30여 척을 쳐부수며 승리를 거두는 기적적인 전과를 올린다.

위에 인용한, 명량해전 당시의 상황이 기록된 이 9월 16일의 일기는 『난중일기』 중에서도 가장 긴 분량이다. 일기에 기록한 사건들 중에서 이순신이 가장 길고 긴박한 시간으로 느꼈을 것임을 짐작할 수 있으며, 이순신 스스로도 일기의 말미에서 '실로 천행이다.'라고 술회하고 있다.

16일의 일기에서 이순신은 수하 제장(諸將)들이 석군의 막내한 규모에 두려워하며 감히 나아가지 못하거나 오히려 도망치는 와중에, 홀로 단 한 척의 배와 그에 실린 군사들을 이끌고 백여 척 이상의 적선들에 맞서 싸우는 과감한 행동을 취한다. 이러한 이순신의 분전과 엄격한 군령에 힘입어 수하 제장들의 함선 또한 하나둘씩 전투에 참가하기 시작하고, 마침내 적선 30여 척을 깨트리며 압도적인 전력차를 뒤집고 승리를 거두는 극적인 장면이 담담한 어조의 서술 안에서 잘 살아나고 있다.

그리고 이틀 뒤인 18일의 기록에서는 그러한 격전 속에서도 이순신의 배에서 겨우 두 명이 죽고 세 명이 부상을 입었음을 밝히고 있으니, 이는 명량해전 직전에 이순신이 "반드시 죽고자 하면 살고, 살려고만 하면 죽는다"고 부하들을 격려한 바와 같이 된 셈이다. 결국 이순신의 솔선수범함과 죽음을 두려워하지 않는 강직함은 부하들의 신뢰를 이끌어내고 나아가 어떤 전투에서든 승리를 거둘 수 있게 한 원천 중의 하나였다.

최근 이러한 명량해전의 내용을 담은 영화 <명량>이 개봉되어 1,700만 명이 넘는 사상 최대의 관객을 동원하는 열광적인 호응을 이끌어냈는데, 이는 이순신 장군과 같은 영웅적 리더십을 희구하는 시대적 열망을 반영한 것이라 할 수 있다.

여기까지 주목한 것이 명장이자 영웅으로서의 이순신의 모습이었다면, 이제부터는 『난중일기』에 나타난 그의 한 인간으로서의 모습을 살펴보도록 하자. 『난중일기』의 기록에서 이순신 개인의 근황과 관련하여 두드러지는 한 가지는 그가 자주 병을 앓았다는 점이다. 일기에 기록된 것을 꼽아보자면 근 100여 회에 이를 만큼 많다. 물론 무인이었던 만큼 이순신이 선천적으로 병약한 탓은 아니었고, 적지 않은 나이와 전란 속에서 지휘관으로서의 과도한 업무로 인한 과로와 스트레스, 잦은 음주, 정유년의 파직과 백의종군 및 문초로 인한 건강의 악화 등이 주요 원인으로 작용했다고 볼 수 있다. 그는 병으로 인해 종종 업무조차 제대로 볼 수 없을 만큼 심한 고통에 시달렸다. 무인으로서의 자신과는 어울리지 않는 이러한 나약한 모습이 『난중일기』에는 거침없이 기록되어 있다.

한편으로 일기에서 이순신은 나라와 백성들의 안위를 걱정하고 그 대비책을 강구하는 멸사봉공(滅私奉公)의 정신 외에도, 평범한 한 아들이자 가장, 아버지로서 가족들을 깊이 염려하는 면모를 보였다. 정조 때의 학자 다산(茶山) 정약용(丁若鏞)이 『경세유표(經世遺表)』에서 "내가 일찍이 『난중일기』를 보니 어머니를 그리워하여 밤낮으로 애쓰고 지성으로 슬퍼함이 사람을 감동시킬 만하다."라고 언급한 것처럼, 일기에는 이순신이 늘 모친의 건강과 안위를 염려하고, 공직에 있으면서도 조금이라도 효도를 다하려고 애쓰는 모습이 잘 나타나 있다. 아산에 거처하는 모친에게 문안을 위해 여러 차례 사령(使令)을 보내거나 모친의 생신날에도 군무(軍務)로 바빠 미처 가지 못해 마음 아파하는 모습, 모친을 모셨다가 하직 인사를 드리고 다시 진중으로 돌아와서는 심회가 산란하여 밤새도록 잠을 이루지 못하는 모습, 결국 정유년(1597)에 모친이 작고한 이후로는 진중에 홀로 있을 때마다 모친을 생각하며 눈물을 흘리고 밤을 새는 모습 등이 그것이다.

자식들에 대한 부친으로서의 애정도 잘 나타나 있다. 일기에서는 셋째 아들 면(葂)이 병으로 심하게 고생함을 전해 듣고 갈피를 잡지 못하여 잠을 이루지 못하다가 며칠 후에 호전되었다고 하자 그지없이 기뻐하는 모습, 둘째 아들 울(蔚)의 이름을 열(莅)로 고치면서 이름의 뜻이 매우 좋은 글자라고 칭찬하는 모습 등을 찾아볼 수 있다. 특히 이순신이 셋째 아들 면의 부고(訃告)를 들은 정유년(1597) 10월 14일의 일기에서는 아들을 잃은 그의 심정을 다음과 같이 토로하였다.

> 맑다. 밤 두 시쯤 꿈에, 내가 말을 타고 언덕 위로 가는데, 말이 발을 헛디디어 냇물 가운데로 떨어졌으나 쓰러지지는 않고, 막내 아들 면이 끌어안고 있는 것 같은 형상이었는데 깨었다. 이것은 무슨 징조인지 모르겠다. <중략> 저녁에 어떤 사람이 천안에서 와서 집안 편지를 전했다. 봉한 것을 뜯기도 전에 뼈와 살이 먼저 떨리고 정신이 아찔하고 어지러웠다. 대충 겉봉을 뜯고 둘째 아들 열의 편지를 보니, 겉에 통곡 두 글자가 씌어 있어 면이 전사했음을 짐작했다. 어느새 간담이 떨어져 목놓아 통곡하였다. 하늘이 어찌 이다지도 무심할까! 간담이 타고 찢어지는 것 같다. 내가 죽고 네가 살아야 마땅하거늘, 네가 죽고 내가 사니, 이렇게 이치가 어그러짐이 어디에 있는가! 하늘과 땅이 캄캄하고 해조차 빛이 변했구나. 슬프다, 내 아들아! 나를 버리고 어디로 갔느냐? 남달리 영특하여 하늘이 이 세상에 머물러 두지 않은 것이냐? 내 지은 죄가 네 몸에 미친 것이냐? 내 이제 세상에 살아 있은들 앞으로 누구에게 의지할꼬! 너를 따라 같이 죽어 지하에서 같이 지내고 같이 울고 싶건마는 네 형과 네 누이와 네 어머니가 의지할 곳이 없으니 아직은 참으며 연명(延命)해야 하겠구나. 그러나 마음은 죽고 형상만 남아 있어 울부짖을 따름이다. 하룻밤 지내기가 일년 같구나.

인용문에서 이순신은 셋째 면이 전사한 소식을 듣고 하늘과 땅이 캄캄해지는 듯하다며 슬퍼하는 심정을 절절하게 드러내고 있다. 전쟁의 승패를 좌우하는 장수의 위치에 있었으나, 아들의 죽음 앞에서는 그 또한 천륜(天倫)으로부터 자유로울 수 없었음을 증명하는 기록이다. 며칠 후인 16일의 기록에서는 정무에 쫓겨 나흘 동안이나 통곡 한 번 제대로 하지 못하다가 내수사의 종이었던 강막지(姜莫只)라는 사람의 집에 가서 울었다고 하니, 아들을 잃은 상황에서도 장수로서의 임무에 소홀할 수 없어 제대로 슬퍼할 수조차 없었던 그의 참담한 심정을 짐작할 만하다.

또한 정적이라 할 수 있었던 원균, 권율 등에 대한 비판과 분노의 감정 또한 일기 곳곳에서 여과없이 드러나며, 그 중에서도 원균에 대한 공격적인 태도가 두드러진다. 사실 계사년(1593) 이전의 기록에서는 원균이 약속을 지키지 않은 것을 몇 차례 밝히기는 해도 개인적인 감정은 거의 나타내지 않았다. 그러나 계사년 2월 22일의 웅천(熊川) 전투 당시, 진도의 지휘선 한 척이 적에게 포위당해 위급한 것을 원균의 부하들이 못 본 체하는 것을 본 이후로는 원균을 원망하는 심정을 여러 차례 드러내게 된다. 『난중일기』에서 원균에 대한 비판은 거의 30여 차례에 걸쳐 드러나며, 여기에는 원흉(元兇)이라는 표현을 쓰거나 백성들의 입을 빌려 그 살점이라도 뜯어먹고 싶다는 언급을 할 만큼 적대적인 감정을 분명히 드러내었다.

이처럼 『난중일기』에서 이순신은 '성웅'으로 칭송될 만한 초인적인 자신의 모습 외에도, 격무와 병마에 시달리면서 고통스러워하거나 또는 희노애락(喜怒哀樂)의 감정에 휘둘리는 한 평범한 인간으로서의 자신의 모습 또한 여과 없이 드러내고 있다. 즉 우리는 『난중일기』를 통해 이순신이 지녔던 공사에 걸친 여러 면면들을 종합적으로 살필 수 있다.

『난중일기』의 중요성과 가치

『난중일기』가 지니는 중요성과 가치는 다음과 같은 몇 가지로 정리할 수 있다.

첫째, 임진왜란 당시의 상황을 기록한 실기(實記)라는 점이다. 임진왜란은 비단 조선과 일본의 관계에 국한된 전쟁이 아니었다. 당시 동아시아의 맹주였던 명(明)나라의 패권에 도전하고자 했던 일본 막부세력이 일으킨, 동아시아 삼국 모두가 휘말려든 전쟁이었다. 이 전쟁에는 동남아시아 여러 국가와 유럽의 용병이 참전한 사례도 발견되고 있으며, 특히 전란의 와중에 만주족이 세력을 키워 후일 명나라를 멸망시키고 동아시아의 새로운 패주로 떠오르는 청(淸)을 세울 수 있게 하는 주요한 동인을 제공하였다. 『난중일기』는 이처럼 중요한 전쟁이었던 임진왜란 당시의 정황을 다방면에 걸쳐 가장 상세하게 알려주는 사료 중의 하나이다. 더불어 당시의 기후나 지형, 일반 서민들의 삶에 대한 기록을 함께 전하고 있어, 16세기 후반 한반도의 자연지형 및 환경, 서민의 생활상을 보여주는 중요한 자료이기도 하다.

둘째, 이순신이라는 범국가적 위인에 대한 기록이라는 점이다. 이순신은 임진왜란이라는 국난(國難)으로부터 조선을 구하고 현대에 이르기까지 추앙을 받고 있는 우리 민족의 성웅이다. 실제로 그가 임진왜란 당시에 올린 전과는 세계 해전사를 통틀어 그 유례를 찾기 힘들 만큼 독보적인 것이다. 심지어 이순신은 적국인 일본에서조차 두려움과 존경의 대상이 되었으며, 중국과 영국 등 외국의 저명한 장군들 또한 그의 재략 및 인품을 칭찬한 사례가 있다. 이러한 위인인 그가 직접 집필한 『난중일기』는 이순신의 종합적인 면면을 살펴볼 수 있는 가장 대표적인 자료라는 점에서 중요성을 지닌다. 앞에서 살폈듯이 이 일기는 충(忠)·효(孝)·의(義)·신(信)과 같은 위대한 가치를 드러내면서 후세인의 귀감이 되는 한편, 그 이면에 숨겨진 이순신의 한 평범한 인간으로서의 모습 또한 확인케 한다.

셋째, 세계적으로도 유례가 드문, 최고위 전쟁 지휘관이 전시중에 남긴 상세한 전쟁기록이라는 점이다. 특히 이는 생사를 걸고 싸우던 당시의 진중일기(陣中日記)로서 그 생생함과 극적인 요소들이 더욱 돋보이며, 단순한 전쟁사 이상의 가치가 있다.

넷째, 가치 있는 일기문학이자 수세기 이상의 풍상(風霜)을 겪은 오래된 예술품이라는 점이다. 『난중일기』는 전반적으로 간결하면서도 진실성과 품위가 넘치는 문장력으로 씌어져 있으며, 이순신 자신의 솔직담백한 감회를 담은 여러 시문(詩文)과 시적인 표현들이 종종 나타나고 있어 하나의 잘 짜여진 문학작품으로서 손색이 없다. 또한 그 서체(書體)에서는 이순신의 인품을 짐작케 하는 아름답고 웅혼(雄渾)한 필치가 돋보이고 있다.

참고문헌

기타지마 만지・김문자, 「『난중일기』로 본 임진왜란」, 『이순신 연구논총』 1, 순천향대 이순신연구소, 2003.

김경수, 『평역 난중일기』, 행복한 책읽기, 2004.

______, 「이순신의 『난중일기』」, 『한국사학사학보』 10, 한국사학사학회, 2004.

김대현, 「사라진 이 충무공의 '난중일기' 한권 어디에 있나 : 8권 중 1595년 쓰여진 '을미일기' 행방묘연 "아산 유력 문중에서 난중일기 봤다" 제보 들어와 추적 중」, 『주간조선』 2135(2010년 12월 13일), 조선뉴스프레스, 2010.

김영치・최두환, 「난중일기에 나타난 충무공 이순신의 리더십 특성에 관한 연구」, 『산업경영』 36, 2005.

김용신, 「이순신의 서체와 성격분석 : 난중일기를 중심으로」, 『이순신연구논총』 12, 순천향대 이순신연구소, 2009.

김윤식, 「인문학적 상상력의 존재 방식 소견 : 낭만적 글쓰기와 소설적 글쓰기」, 『2002 올해의 문제 소설』 69, 문학과지성사, 2005.

김훈, 『칼의 노래』, 문학동네, 2012.

노승석, 「『난중일기』를 통해 본 이순신의 성정」, 『이순신연구논총』 9, 순천향대 이순신연구소, 2007.

______, 「『충무공유사』의 새로운 난중일기」, 『이순신연구논총』 10, 순천향대 이순신연구소, 2008.

______, 「『난중일기』 초고본과 이본 교감 연구」, 『한문학보』 20, 우리한문학회, 2009.

______, 「『난중일기』의 교감학적 검토=그 정본화를 위하여」, 성균관대 박사논문, 2009.

______, 『교감 완역 난중일기』, 민음사, 2010.

______, 「장군 그리고 인간 이순신의 기록, 『난중일기(亂中日記)』」, 『국가기록연구』 12, 국가기록원, 2010.

______, 「충무공의 바다, 불패의 바다」, '길 위의 인문학' 6월(1차) 강연 및 탐방 강연자료, 2012.

도천, 『난중일기로 이순신 생각읽기 : 영웅이 아닌 이순신의 속내엿보기』, 세손, 2004.

문화재청 현충사관리소, 『난중일기 : 전장의 기록에서 세계의 기록으로』, 문화재청 현충사관리소, 2013.

박광순, 『난중일기』, 하서, 1998.

이미자, 「김훈의 「칼의 노래」와 「난중일기」의 간텍스트성 고찰」, 『한국어문학연구』 19, 한국어문학연구학회, 2004.
이민수, 『난중일기』, 범우사, 2000.
이은상, 『난중일기』, 현암사, 1968.
장시광, 「『난중일기』에 나타난 이순신의 일상인으로서의 면모」, 『온지논총』 20, 온지학회, 2008.
허경진, 『난중일기』, 중앙books, 2008.
연합뉴스, 「'난중일기' 최초 한글 번역본 공개」, 2013. 6. 11.
국제유네스코 홈페이지(http://en.unesco.org/), Memory of the World : Nanjung Ilgi.
유네스코 뉴스 685호(2013년 7월호), 유네스코 한국위원회.

제 11 장

새마을운동 기록물

새마을운동 기록물

Archives of Saemaul Undong
(New Community Movement)
(2013년 등재)

새마을운동 기록물은 1970년부터 1979년까지 한국에서 전개된 새마을운동과 관련된 기록물 모두를 말한다. 2013년 6월 유네스코에서 세계기록유산으로 등재하였으며, 현재 유네스코에 등록된 자료는 대통령의 연설문, 결재문서, 중앙 및 지방부처에서 작성한 문서 및 사진, 영상 등 약 22,000여 건이다. 이들 자료는 한국 경제발전의 초석이 되었으며 빈곤퇴치, 근대화의 성공모델로 평가되는 새마을운동의 실상을 종합적으로 보여주는 기록자료라는 점에서 그 의의가 있다.

▲ 새마을운동 환경정비사업

새마을운동이란

새마을운동은 1970년부터 시작된 국가발전을 위하여 지역사회를 발전시키고자 한 운동을 말한다. 1970년대 시행되었던 새마을운동은 주로 정부의 지원에 의해서 이루어졌으며 농촌을 중심으로 전국으로 확산되어 나갔다. 특히 1960년대, 도시 중심으로 전개되었던 경제개발로 인하여 도시와 농촌의 소득격차가 커졌다. 국가의 발전을 위하여 농촌과 도시의 균형 있는 발전이 반드시 필요하였고, 이를 위하여 정부는 낙후되어 있던 농촌을 중심으로 근대화를 이루어가려고 하였다.

이렇듯 새마을운동이 정부의 정책과 더불어 본격적으로 활성화되었던 것이 사실이지만, 새마을운동이 정부 주도적 성격만 가지고 있었던 것은 아니다. 새마을운동은 역사적으로 계, 두레, 품앗이, 향약 등에 영향을 받아 전개되었다. 농촌에는 예로부터 전통적으로 이러한 조직들이 구성되어 운영되어 왔는데, 일제 강점기를 거치면서 이들 조직들이 활발히 활동할 수 없는 상황이었으나 그 명맥을 유지하여 왔다. 이들 향촌사회 조직의 전통이 정부의 정책과 상호 결합하면서 새마을운동이 크게 확대될 수 있었던 것이다.

새마을운동의 기본 정신은 근면, 자조, 협동이다. 근면은 개인과 집단의 성장을 가능하게 하는 자기 선용의 정신을 의미하며, 자조는 자율과 자립의 기반을 다지는 자기 확립의 정신을 나타내며, 협동은 효율과 발전의 지속성을 보장하는 자기 확대의 정신이다. 새마을운동은 이들 기본 정신을 통하여 농촌 지역민들이 중심이 된 경제적 · 사회적 발전을 추구하는 것이 그 목적이었다.

농촌 새마을운동은 1970년에 시작된 것으로 볼 수 있다. 1970~1971년 '새마을 가꾸기 사업'이라는 명칭으로 시작되었는데, 전국 33,267개의 리·동에 시멘트 335부대씩을 지원하여 농촌환경을 정비하게 되었다. 이후 1972년에 발전방향과 추진방법이 체계화 되었으며 이러한 방법이 전국적으로 확산되어 실시되었다. 초기에는 지붕개량, 담장 바로잡기, 마을 안길 정비 등을 주요 사업으로 실시하였고, 이후 의식계발, 생산소득사업 등 다양한 사업을 펼치게 되었다.

특히 1972년 이후, 교육을 통하여 주민지도자들을 발굴, 훈련시킴으로써 물질적인 측면에서의 발전뿐만 아니라 정신적인 측면에서의 발전을 이룩하고자 하였다. 이 과정에서 정부는 학교를 통하여 새마을교육을 진행하였으며 1973년 새마을지도자 연수원을 설립하였다. 새마을지도자연수원은 새마을운동을 이끌 지도자를 양성하기 위한 교육기관이었다. 특히 새마을지도자 교육을 통하여 지방의 각 농가에서 새마을운동을 주도해 나갈 인재들을 양성하고자 하였으며, 이들을 통하여 농촌 환경개선뿐만 아니라 농촌 지역민들의 의식을 개혁하여 경제발전을 이루고자 한 것이다. 이 외에도 중앙과 지방에 다양한 교육기관을 설치하여 새마을교육을 실시하였으며 각 학교에서도 교육을 실시하여 새마을운동 확산에 힘썼다.

이러한 새마을운동은 피폐한 농촌을 단기간 내에 현대적으로 변화시키고 농촌의 경제발전을 급속도로 이룩하는 계기가 되었다. 70년대 이후, 새마을운동은 더 이상 정부가 주도하는 것이 아니라, 농촌의 지역민들이 자발적으로 전개해 나가게 되었던 것이다.

새마을운동의 성과

새마을운동에 대하여 긍정적, 부정적인 인식이 공존하고 있는 실정이지만 새마을운동으로 인하여 우리나라의 농촌이 근대화를 이룩하였으며 농촌이 경제적인 성장을 이룬 것은 사실이다. 특히 60년대 경제개발에 따른 도농 간의 빈부격차는 70년대 이루어진 새마을운동에 의해 어느 정도 해소될 수 있었다. 당시 우리나라의 정치적 문제와 결부되어 부정적으로 인식되기도 하지만 새마을운동으로 인해 농촌경제가 발전한 점은 긍정적인 성과라 하지 않을 수 없다.

앞서 설명한 바와 같이, 새마을운동은 주로 마을환경 정비사업부터 시작되었다. 특히 이러한 마을의 환경 정비는 정부의 지원과 마을 주민들의 자체적인 노력으로 마을안길 확장, 농로 개설, 하천 정비, 주택 개량, 하수구 시설 개선 등 다양하게 진행되었다. 그 결과, 농촌이 근대화되었음은 물론 생산성 향상을 위한 여러 가지 조건들이 갖추어지게 되었다. 특히 1970년 이후 전국에 3만 3천여 개의 기초마을을 선정한 이후, 기초마을은 점차 줄어들어 70년대 말 300여 개로 줄었고, 새마을운동이 잘 이루어지고 있는 자립마을이 2만 8천여 개로 확대되었다는 점은 이러한 마을 환경 정비사업을 통해 농촌의 경제 및 생활환경이 개선되었다는 것을 입증해 준다.

이러한 환경개선과 더불어 새마을운동은 자주적인 경제발전을 위하여 주민들의 의식 개선에 중점을 두었다. 특히 중앙 및 지방의 새마을운동 연수원 및 새마을지도자 연수원은 이러한 의식 개선을 위하여 다양한 교육을 진행하였다. 그 대상 역시 주체적으로 새마을운동을 전개해 나가는 농민들 뿐만 아니라 기업인, 대학교수, 대학생 등으로 확대하였다. 특히 새마을지도자의 육성을 통하여 효과적인 의식 개선을 이루고자 하였다. 70년대 새마을지도자 연수원에서는 1만 5천여 명이 넘는 새마을지도자를 배출하였다.

결국 이러한 마을환경 개선, 주민의식 개선 등의 성과는 농촌 경제발전으로 이어졌다. 특히 1960년대 우리나라의 경우, 도시에 비해 농가의 평균소득이 67%에 불과하였다. 그러나 새마을운동이 진행된 이후, 70년대 후반 도시근로자 가구의 평균소득의 102%까지 소득이 상승하는 등 농촌 경제가 급속도로 발전하게 되었다. 또한 1970년 1가구당 평균 194,000원에 불과했던 농가소득이 1970년대 후반에 1,531,000원까지 상승하였다. 물론 이러한 집계는 단순히 양적인 측면에서 이루어진 것이기는 하지만, 농촌의 경제가 급속도로 성장하였음을 충분히 짐작케 한다.

이러한 새마을운동의 성과는 정부는 물론 지역민들이 적극적으로 경제성장을 위해 노력하였기 때문에 이루어질 수 있었다. 80년대 이후까지 새마을운동의 정신이 이어져 우리나라는 경제적으로 많은 발전을 이루게 되었으며, 새마을운동은 전 세계의 주목을 받게 되었다. 물론 이러한 성과에 대한 판단은 단순히 양적인 측면에 치우쳐 있다는 부정적인 평가를 받기도 하였지만, 빈국이었던 한국의 경제발전에 큰 공헌을 하였다는 점에서는 충분히 긍정적인 평가를 할 수 있다.

새마을운동 기록물의 범위와 내용

이처럼 새마을운동이 전국적·범국민적으로 이루어졌기 때문에 기록물 역시 다양한 종류로 남아있다. 특히 새마을운동이 1970년대에 이어 현재까지 지자체 혹은 민간의 조직들을 중심으로 이루어져 왔다는 점을 고려하여 볼 때, 기록물은 더욱 다양하다고 할 수 있다. 새마을운동 기록물은 국가로부터 공식적으로 작성된 문서들을 비롯하여 각 지자체에서 발행한 문서, 민간조직을 중심으로 만들어낸 교재, 원고, 편지 등을 모두 포함하고 있다.

이 중, 세계기록유산으로 등재된 새마을운동 기록물은 1970년부터 1979년에 걸쳐 생산된 것이다. 이때 생산된 기록물 약 2만 2000여 건이 세계기록유산에 등재된 것이다. 이 기록물들은 기록물을 생산한 기관, 기록물의 성격 등을 기준으로 국가 및 행정부처에서 생산한 문서, 마을 단위의 새마을운동 기록물, 원고와 편지, 기증서, 새마을지도자 연수원이 생산한 기록물 등으로 나눌 수 있다.

국가 및 행정부처에서 생산한 문서

국가 및 행정부처에서 생산한 문서는 대통령 친필 문서와 연설문, 서명이 담긴 결재문서, 중앙 및 지방행정부처가 생산한 자료들을 말한다. 특히 이들 자료에는 새마을 사업 지원, 세금 감면, 조직 및 단체의 설립 등에 대한 기록들을 모두 포함하고 있다. 국가 및 행정부처에서 생산한 문서를 통해 새마을운동 진행시, 정부 및 행정부처의 역할 및 활동을 알 수 있다. 현재 이 자료들은 국가기록원에 보관되어 있다.

마을 단위의 새마을운동 기록물

마을 단위의 새마을운동 기록물은 실제 각 농촌지역에서 새마을운동과 관련하여 작성한 기록물들을 말한다. 즉, 마을에서 일정한 조직을 만들어 작성한 마을 운영 규정물, 마을회의 및 주민회의 등의 각종 회의록 등이 이 분야에 포함된다. 이 기록물들은 지역 주민들이 적극적으로 이 운동을 이끌었음을 보여주며 실제 각 마을에서 전개한 새마을운동의 실상을 알 수 있게 하는 자료이다.

원고와 편지, 기증서

원고와 편지, 기증서는 시민, 단체 등이 정부에 보낸 편지, 기증서, 새마을 사업의 성공사례를 기록한 편지, 원고 등을 모두 포함한다. 이 기록물들 역시 지역 주민 및 사회 각 단체들이 새마을운동에 관심을 가지고 활동하였던 점을 잘 드러내고 있다. 특히 새마을 사업의 성공사례 등은 이웃 지역의 새마을 사업에 큰 영향을 미쳐 전국적으로 새마을운동이 크게 일어날 수 있게 하였다.

새마을지도자 연수원이 생산한 기록물

새마을지도자 연수원이 생산한 기록물에는 1973년 경기도 수원에 설립된 새마을운동 지도자 양성기관의 교재 원고, 분임토의 차트 등이 포함된다. 특히 새마을지도자 연수원의 기록물은 새마을운동이 초기 단순한 환경 개선사업에서 벗어나 점차 종합적인 의식개혁운동으로 나아갔음을 잘 나타내어준다.

새마을운동중앙본부가 설립된 1980년 이전, 새마을운동과 관련된 위와 같은 기록물들이 세계기록유산에 등재된 기록물에 속하며, 국가 및 행정부처에서 생산한 기록물 이외의 것들은 현재 새마을운동중앙회에 보존되어 있다.

새마을운동 기록물의 가치

문화재청이 2012년에 난중일기와 더불어 새마을운동 기록물을 세계기록유산으로 등재 신청을 한 이후, 2013년 세계기록유산으로 등재되기까지 많은 논란이 있어왔다. 이 논란은 새마을운동 기록물이 세계기록유산으로 등재된 이후로 일단락되었으나 신청에서부터 등재까지 많은 우여곡절을 겪었다고 할 수 있다.

특히 이러한 논란은 주로 새마을운동 기록물이 1970년대 정치상황과 관련이 있다. 특히 새마을운동이 박정희정권 주도로 이루어진 점으로 인하여 새마을운동 자체를 부정적으로 인식하는 경우도 많으며, 훈민정음이나 조선왕조실록과 같은 기록물과 대등한 위치에서 가치를 논할 수 있는가에 대한 의문점으로 인하여 이러한 논란들이 생겨났다고 할 수 있다.

> 2010년 한 여론조사에서 국민의 95.8%가 새마을운동이 국가발전에 기여한 것으로 생각하고 있고, 국가발전에 가장 영향을 끼친 정책 1위라고 인식하고 있다. UN에서도 빈곤퇴치 모범사례로 높이 평가되는 등 세계기록문화유산 가치로서 충분하다.
>
> 문화재청은 문화재만을 다루어야 하지만, 새마을운동 관련 기록은 문화재도 아니므로 이를 문화재청장이 유네스코 세계기록유산으로 등재하려는 것은 그 자체가 불법이다. 새마을운동 기록물이 훈민정음이나 조선왕조실록과 마찬가지의 가치가 있다고 할 수 없다
>
> 출처 : view&news 2012. 10. 05.
>
> http://www.viewsnnews.com/article/view.jsp?seq=91801

특히 이전 광주민주화운동 기록물의 신청 및 세계기록유산 등재 과정에서도 여러 논란이 있어왔다. 광주민주화운동 기록물의 경우 민간단체가 주도가 되어 세계기록유산이 등재되었으나 새마을운동 기록물이 문화재청의 주도로 신청되었다는 점에서 논란이 커지기도 하였다.

이러한 논란에도 불구하고 2013년 6월 유네스코는 새마을운동 기록물을 세계기록유산으로 선정하였다. 이는 새마을운동이 한국의 경제발전에 중요한 역할을 하였으며 여러 개발도상국의 모범사례로 활용되고 있다는 점에서 소중한 자산임을 높이 인정받은 것이라 하겠다. 특히 1970년에서 1979년 사이 농가소득이 $825에서 $4,602로 향상될 정도로 급속히 농

촌경제가 발전하였는데, 이러한 경제발전의 원동력이 새마을운동이었다. 이러한 경제발전뿐만 아니라 마을환경 개선, 새마을정신의 개발, 농촌여성의 사회참여 확대, 주민의 리더십 개발 등 다양한 측면에서 농촌 근대화에 중요한 역할을 하였다. 이 기록물이 세계기록유산으로 인정된 것은 빈곤 퇴치를 위한 모델로 민관 협력의 성공적 사례로서의 가치를 인정받았다는 점에서 의의가 있다.

새마을운동 발상지 논란

이처럼 유네스코가 새마을운동 기록물을 세계기록유산으로 지정하게 되면서 한국의 1970년대 새마을운동이 다시금 세계적으로 주목받고 있다. 특히 개발도상국가의 경우 빈곤퇴치의 모델로 한국의 새마을운동을 주목하고 있는 경우가 많다. 이러한 세계적인 관심과 더불어 새마을운동의 발상지가 어디인가에 대한 논란이 지속되고 있다.

현재 새마을운동 발상지로 여겨지는 곳은 경상북도 청도군 신도마을과 경상북도 포항시 문성리 두 곳이다. 이들 두 지역에서는 현재 새마을운동 발상지 기념관을 각각 세워 새마을운동 발상지로서의 의의를 기념하고 있다. 이들 두 지역은 각기 다음과 같은 이유로 새마을운동 발상지임을 내세우고 있다.

경상북도 포항시 문성리

문성리는 새마을운동이 시작되기 이전인 60년대부터 주민들 스스로 길을 넓히고 지붕개량을 하는 등 온 동네가 뭉쳐 노력한 결과 전국에서 잘 사는 마을의 표본이 되어 대통령까지 이 작은 마을을 방문하게 됐다. 당시 현지에서 박정희 대통령이 '전국의 시장·군수는 문성동(리)와 같은 새마을을 만들어라.'고 한 말이 전국 방방곡곡에 메아리쳐 우리나라 근대화의 기틀을 쌓게 한 것이 새마을운동의 시작이다.

경상북도 청도군 신도마을

박정희 대통령은 1969년 8월 4일 여름에 불어 닥친 수해로 경남수해지역을 시찰하게 되었으며 기차를 타고 가면서 남녀노소 할 것 없이 총 동원되어 제방복구와 마을안 길을 보수하는 모습을 차창너머로 보고 열차를 정차시켰다. 특히 "기왕 마을을 복구할 바에야 좀 더 잘 가꾸어 살기 좋은 마을을 만들어 보자고 마을총회에서 결의하고 주민들이 자발적으로 협동하여 이루었다."라는 말을 듣고 박정희 대통령은 농민들의 자조, 협동정신을 일깨워야겠다는 생각을 하게 되었다. … 이듬해인 1970년 4월 22일 한해대책 지방장관회의에서 박정희 대통령은 구상 중인 자조 자립 정신을 바탕으로 한 새마을운동을 처음으로 제창하게 된다. 특히 청도 신도마을을 예로 들며 농민의 자조 노력을 강하게 호소하였다.

▲ 포항 새마을운동발상지기념관

현재 두 지역은 새마을운동 발상지임을 홍보하고 그 위상을 알리기 위하여 기념관을 조성하고 홈페이지를 제작, 운영하고 있다. 이들 홈페이지

▲ 청도 새마을운동발상지 기념관

를 통해 확인하여 볼 때, 두 마을 모두 1970년 새마을운동이 정부에 의해 주도적으로 시작되기 이전, 지역민들이 주체적으로 전개한 마을 복구 및 가꾸기 작업을 중심으로 새마을운동이 일어났음을 설명하고 있다.

즉, 1970년 박정희 대통령 및 정부에 의해 공식적으로 농촌을 중심으로 펼쳐진 새마을운동이 일어나기 이전에 지역민들에 의해 주도적으로 이루어졌던 환경정비 사업이 정부의 새마을운동에 영향을 주었다는 것이다. 새마을운동 기록물이 1970년부터 1979년까지의 기록물로 한정되어 있을 뿐만 아니라, 정부에 의해 공식적으로 추진된 농촌 중심의 새마을운동이 1970년에서부터 시작되었기 때문에 그 이전에 지역민들이 중심이 된 환경개선 사업과 수해복구는 그 구체적인 정황을 포착하기 힘들다.

또한 새마을운동이 정부에 의해 대대적으로 시작된 점을 고려하여 볼 때, 이러한 정부사업에 직·간접적으로 영향을 준 사례들은 셀 수 없을 정도로 많을 것이다. 실제로 박정희 대통령이 1960년대 각 지역을 시찰하는 과정에서 농촌 중심의 환경개선 사업 등의 다양한 사례들을 확인하였을 것이고, 이를 토대로 농촌 중심의 새마을운동이 시작되었다는 점은 틀림없을 것이다.

새마을운동의 세계화

우리나라에서 이루어졌던 새마을운동은 농촌의 모습을 크게 바꾸어 놓았다. 새마을운동으로 인하여 우리나라의 농촌은 그 환경이 근대화된 것은 물론 농업기술이 발전하고 농가소득이 증대하는 등 농촌경제가 급속도로 발전하게 되었다. 특히 새마을운동은 이전 시기 경제개발 5개년 사업과 더불어 극빈국이었던 한국이 경제대국으로 성장하는데 결정적인 역할을 하였다는 점에서 긍정적인 평가를 받고 있다.

이처럼 경제개발의 주요한 성공모델로 평가받고 있는 새마을운동은 해외에서도 크게 주목하고 있다. 특히 버락 오바마 미국 대통령은 2009년 케냐를 방문한 자리에서 "아프리카의 빈곤퇴치를 위해 한국의 새마을운동을 본받아야 한다"라고 강조하였으며, UN 역시 경제빈곤 퇴치모델로 새마을운동을 주목하고 있다. 특히 아프리카, 동남아 등 많은 국가에서 경제개발 모델로서의 새마을운동을 주목하고 이를 배우기 위하여 한국을 방문하고 있다.

또한 경제협력개발기구(OECD)에서도 새마을운동을 주목하여 새마을운동에 대하여 적극적으로 연구하기 시작하였다.

> 경제협력개발기구(OECD)가 지역 주민들 스스로 환경개선과 농촌개발에 성공한 모범 케이스로 새마을운동을 꼽고 한국 외교부와 함께 1년 6개월 동안 이를 연구하겠다고 나선 것이다. 새마을운동의 원형에서 개발도상국에 적용할 수 있는 일반적 요소들을 찾아내는 것이 목표다.(중앙일보 2014.01.14.)

세계은행(WBG) 역시 세계 빈곤 퇴치를 위한 모델로 새마을운동을 주목하고 있으며 새마을운동의 세계화를 위하여 영남대학교와 협력하여 교육과 시범사업을 추진하고 있다. 이처럼 새마을운동은 빈곤 퇴치의 한 모델로서 전 세계의 주목을 받고 있으며 많은 사람들이 새마을운동을 전수받기 위하여 한국을 방문하고 있다.

이러한 전 세계인의 주목과 더불어 우리나라 정부도 다양한 형태로 새마을운동을 세계에 보급하기 위해 노력하고 있다. 새마을운동 해외전수에 주도적인 역할을 하고 있는 기관은 외교통상부(KOICA), 기획재정부, 행정안전부, 농림수산식품부, 농촌진흥청, 경상북도 등이 있다. 이들 기관들은 새마을운동중앙회와 더불어 다양한 방법으로 새마을운동을 세계에 보급하고자 노력하고 있다.

특히 우리나라에서 있어왔던 새마을운동이 농촌 환경정비 뿐만 아니라 농촌경제 발전을 위하여 지역민들이 주도적인 역할을 할 수 있도록 의식교육에 중점을 두었던 만큼, 새마을운동의 해외 보급 역시 이러한 부분에 주목하여 진행하고 있다. 단순히 환경을 정비하고 생활수준을 개선하는 것은 물론 국민들의 의식 개선을 통하여 주체적으로 빈곤 퇴치, 경제성장을 이룰 수 있는 경험을 제공하고 있다.

앞서 제시한 여러 기관들은 '새마을운동 세계화 사업', '새마을운동 시범마을', '농촌개발 시범마을 컨설팅 사업' 등 다양한 명칭으로 새마을운동의 세계화를 진행하고 있다. 이들 단체가 진행하고 있는 새마을운동의 세계화는 주로 한국의 새마을운동 경험을 해외에 전수하는 방식인데 대상국의 전문가 초청, 전문가·봉사인력의 파견, 기술 및 사업 협력, 정책자문 등의 형태로 이루어지고 있다.

대상국의 전문가 초청

'대상국의 전문가 초청'은 여러 기관이 새마을운동을 전수받고자 하는 국가의 정책관계자, 기술전문가 등을 한국으로 초청하여 새마을운동의 경험과 기술을 전수하는 것을 말한다. 국제적으로 새마을운동에 대한 관심이 높고 많은 국가에서 새마을운동 경험을 전수받고자 하기 때문에 전문가 초청은 다른 형태에 비해 훨씬 활발하게 이루어지고 있다. 특히 이러한 형태는 새마을운동의 해외전수를 추진하고 있는 여러 기관에서 모두 추진하고 있다. 이러한 활동을 통해 외국의 많은 전문가들이 새마을운동의 방법과 경험을 전수받아 가고 있다.

특히 영남대학교는 2011년 11월 박정희정책새마을대학원을 개원하였다. 이 기관은 2014년 한국국제협력단(KOICA)으로부터 개도국 지역개발을 위한 지도자 및 교수요원 양성을 위한 석사학위과정 운영기관으로 지정되면서 연간 36명(3년 108명)의 개도국 공무원과 실무자, 교수요원 등을 교육하고 있다.

또 2014년 10월 21일에는 제1회 지구촌 새마을지도자대회가 새마을운동중앙연수원에서 개최되었는데, 개발도상국 새마을운동 지도자와 공무원, 전문가 등 450여 명이 참여하여 각국의 현장 경험을 공유하였다. 또 23-24일에 걸쳐 경상북도를 방문하여 새마을운동의 현장을 직접 방문하고 새마을운동의 경험을 공유하였다.

전문가 · 봉사인력의 파견

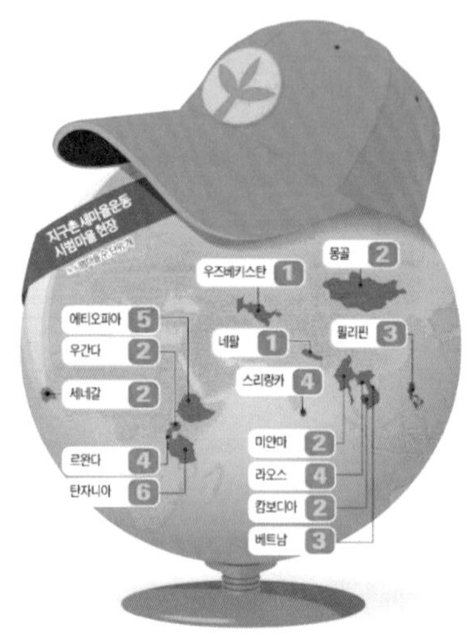

▲ 지구촌 새마을운동 시범마을 현장 (한국경제, 2014.10.21.)

'전문가 · 봉사인력의 파견'은 새마을운동을 보급하고자 하는 국가에 새마을운동 전문가나 사업을 지원하기 위한 인력을 파견하는 것을 말한다. 이러한 방법은 새마을운동에 대한 전문지식과 노하우의 전달뿐만 아니라 교육, 의료, 농촌개발 등 다양한 사업에서의 인력 지원 활동까지 포함한다. 대상국의 전문가를 초청하는 방식에 비해 현지의 상황에 맞추어 새마을운동을 보급할 수 있어 큰 효과가 기대되는 방법이다. 또한 다른 나라의 국민들과 밀착되어 활동이 진행되기 때문에 국가의 긍정적 이미지 형성에 큰 기여를 한다. 한국국제협력단, 농촌진흥청, 경상북도 등의 기관이 주로 농촌개발관련 전문가와 봉사단을 파견하고 있다.

정부에서 2009년부터 미얀마, 몽골, 탄자니아, 우간다, 에티오피아 등 14개국 40여 곳에 시범마을을 조성하였다. 이러한 시범마을의 조성은 새마을운동 전문 인력이 현지에 파견되어 주민들과 함께 사업을 추진하는 방식으로 이루어졌다.

또한 새마을운동의 발상지를 자부하는 경상북도는 새마을리더 해외봉사단을 각지에 파견하고, 새마을연수 프로그램을 운영하고 있다. 새마을

리더 해외봉사단은 2010년 에티오피아 데베소 마을과 르완다 카가라마 마을, 탄자니아 팡가웨 마을 등 3개국 5개 마을에 30명이 파견된 것을 시작으로 5년간 344명이 에티오피아, 르완다, 탄자니아, 필리핀 등의 국가에 파견되었다.

그리고 경상북도의 새마을연수 프로그램은 2014년 10월 베트남, 필리핀 2개국을 중심으로 전문가를 파견하여 현지인들을 대상으로 연수교육을 실시하였다. 베트남 파이응우엔성, 닝투언성, 필리핀 산펠리페시 발렌카깅 마을, 산타크루즈 시의 롬보이 마을 등 환경개선 및 경제개발이 필요한 지역을 직접 방문하여 새마을 연수를 통하여 새마을운동이 여러 지역에 정착될 수 있도록 노력하고 있다.

기술 및 사업 협력

'기술 및 사업 협력'은 대상 국가들의 자립적 경제발전을 위한 방법을 전수하거나 공동으로 사업을 실시하여 경제적 발전을 돕는 방법을 말한다. 이 방법은 새마을운동에 필요한 여러 가지 기술을 보급하고, 현지의 경제발전을 위한 프로젝트를 추진하는 등 단순히 경제를 발전시키는 것이 아니라 경제발전을 위한 방법을 전수하여 주체적으로 발전을 이룰 수 있도록 하는데 중점을 둔다. 특히 이러한 방법은 대상이 되는 국가 및 지역의 사정을 충분히 고려하여 진행하는 것이 중요하다. 한국국제협력단과 NGO가 공동으로 추진한 유목민 정착을 위한 축산마을 시범사업, 새마을운동중앙회가 추진한 그린 몽골리아 사업 등이 이 방법을 통한 새마을운동 세계화의 좋은 예이다.

정책자문

'정책자문'은 한국의 새마을운동 경험을 습득케 하고 이를 대상국의 사회문화적 상황에 맞게 적용하기 위하여 자문을 제공하는 방법을 말한다. 특히 이 방법은 새마을운동을 전수받고자 하는 국가의 정부가 정책을 수립하고 실행하는데 적절한 자문을 주기 때문에 높은 성과를 얻을 수 있다. 기획재정부, 농림수산식품부 등의 기관에서 몇 건의 정책자문이 이루어졌으나 조직적으로 이루어지지는 못하였으며 일회성으로 그치고 있는 실정이다.

위와 같은 방법들을 통하여 다양하게 새마을운동의 세계화를 위한 노력이 이어지고 있으며 콩고민주공화국, 네팔, 몽골 등 다양한 국가에서 한국의 새마을운동 경험과 방법을 통해 빈곤퇴치와 경제발전을 추진하고 있다. 여러 기관들에 의해 다양한 활동이 이루어지고 있기 때문에 다소 산발적으로 새마을운동의 세계화가 이루어지고 있다. 새마을운동이 전 세계적으로 주목을 받고 있는 만큼, 새마을운동의 브랜드화와 조직적인 활동이 요구되고 있다.

참고문헌

김경아, 「새마을운동 해외전수 활성화를 위한 과제에 관한 연구」, 영남대학교 대학원 석사학위논문, 2010.

김정호, 「몽골의 새마을운동 수용방식과 성공요인」, 『21세기정치학회보』 제22집 2호, 21세기 정치학회, 2012.

박진우, 「박정희정권과 새마을지도자연수원의 지도자 양성」, 『한국민족운동사연구』 65, 한국민족운동사학회, 2010.

새마을운동중앙회, 『새마을운동 핸드북』, 새마을운동중앙회, 2003.

소진광, 「아시아 개발도상국에서의 새마을운동 시범사업 성과평가」, 『한국지역개발학회지』 제19권 제4호, 한국지역개발학회, 2007.

오유석 외, 『1970년대 새마을 통계자료집』, 성공회대학교 민주주의연구소 새마을운동연구팀, 2009.

오유석 외, 『1970년대 새마을운동 일지』, 성공회대학교 민주주의연구소 새마을운동연구팀, 2010.

이방환, 「새마을운동의 이론 연구」, 『새마을연구』 1, 전북대학교 새마을연구소, 1978.

임형백, 「새마을운동의 세계화와 공적개발원조 적용을 위한 과제」, 『한국지방자치연구』 제14권 제1호, 대한지방자치학회, 2012.

전해황, 「한국 지역사회복지의 세계화」, 『한국토지행정학회보』 제13권 2호, 한국토지행정학회, 2006.

정우열 · 남홍범, 「한국 새마을운동의 전개과정과 방향」, 『한국행정사학지』 제32호, 한국행정사학회, 2013.

부
록

[부록 1]

세계기록유산 목록

번호	제목	국가명	등재 연도	공동 등재
1	국제기록보관소(ITS) 아카이브 (Archives of the International Tracing Service)	국제기록보관소 (ITS)	2013	
2	1991-2년 민주남아공회의(CODESA) 및 1993년 다자협상포럼 아카이브(Archives of the CODESA Convention For A Democratic)	남아프리카공화국	2013	
3	'공산당선언' 초고 및 칼 마르크스의 메모가 담긴 '자본론 1권'(Manifest der Kommunistischen Partei, draft manuscript)	네덜란드, 독일	2013	●
4	수스루탐히타(사호타르탄트라) (Susrutamhita(Sahottartantra) manuscript)	네팔	2013	
5	니스바사따트바삼히타 원고 (Nisvasattatvasamhita manuscript)	네팔	2013	
6	소푸스 트롬홀트 컬렉션 (Sophus Tromholt Collection)	노르웨이	2013	
7	난중일기 (Nanjung Ilgi: War Diary of Admiral Yi Sun-sin)	대한민국	2013	
8	새마을운동기록물(Archives of Saemaul Undong (New Community Movement))	대한민국	2013	
9	네브라 스카이 디스크(Nebra Sky Disc)	독일	2013	
10	로르슈 약전(藥典)(밤베르크 주립도서관 (Lorsch Pharmacopoeia(The Bamberg State Library, Msc.Med.1))	독일	2013	
11	국가의 탄생: 역사적 전환점 (On the Birth of a Nation: Turning points)	동티모르	2013	
12	로렌시아 연대기(1377) (The Laurentian Chronicle 1377)	러시아	2013	
13	비스카이나스 대학 역사 기록원의 오래된 기록물 (Old fonds of the historical archive at Colegio de Vizcainas: women's education and support in the history of the world)	멕시코	2013	

14	9가지 보석으로 쓰인 칸주르 (Kanjur written with 9 precious stones)	몽골	2013	
15	엘리너 루스벨트 페이퍼 프로젝트의 상설 컬렉션 (Permanent Collection of the Eleanor Roosevelt Papers Project)	미국	2013	
16	미하 로카마라자인, 구토도 석비(Maha Lawka-marazein or Kuthodaw Inscription Shrines)	미얀마	2013	
17	아서 버나드 디콘(1903-27) 기록물 원고 90-98 (Arthur Bernard Deacon(1903-27) collectionMS 90-98)	바누아투, 영국	2013	●
18	국제문헌종합목록 (Universal Bibliographic Repertory)	벨기에	2013	
19	루뱅대학교 기록물(1425-1797) : 세계적 가치의 대학유산(The Archives of the University of Leuven (1425-1797) University Heritage of Global Significance)	벨기에	2013	
20	에르네스토 체 게바라의 삶과 업적 : 청소년기 기록에서 볼리비아 운동 일기까지 (Documentary Collection Life and Works of Ernesto Che Guevara; from the originals manuscripts of its adolescence and youth to the campaign Diary in Boli)	볼리비아, 쿠바	2013	●
21	오스카 니마이어 건축 기록물(Architectural Archive of Oscar Niemeyer)	브라질	2013	
22	동 뻬드루 2세의 브라질 및 외국 방문 관련 문서 (Documents regarding the Emperor D. Pedro II's journeys in Brazil and abroad)	브라질	2013	
23	몽트리 재즈 축제 기록물 (The Montreux Jazz Festival Legacy)	스위스	2013	
24	1188년 레온의 칙령 : 유럽 의회시스템 최고(最古) 기록물(The Decreta of Leon of 1188 - The oldest documentary manifestation of the European parliamentary system)	스페인	2013	
25	농노조합대장(1448) (Llibre del Sindicat Remenca(1448)	스페인	2013	
26	작곡가 아람 하차투리안의 악보와 영화음악 컬렉션 (Collection of note manuscripts and film music of Composer Aram Khachaturian)	아르메니아	2013	
27	1703년 아이슬란드 인구조사 (1703 Census of Iceland Iceland)	아이슬란드	2013	

28	Arquivos dos Dembos / Ndembu Archives	앙골라, 포르투칼	2013	●
29	영국 토목기술협회(ICE) 회원신청증명서(후보자 안내문)(Membership Application Certificates (Candidates Circulars))	영국	2013	
30	국립도서관 소장 '금인칙서' 7개 원본 일체 및 벤체슬라우스왕의 원고 (The "Golden Bull" All seven originals and the "King Wenceslaus' luxury manuscript copy" of the Österreichische National- bibliothek)	오스트리아, 독일	2013	●
31	카자르 시대 이란 주요 지도 모음(1193-1344, 음력 1779-1926 그레고리안력)(A Collection of selected maps of Iran in the Qajar Era(1193 - 1344 Lunar Calendar 1779-1926 Gregorian Calendar)	이란	2013	
32	다키라이 카라즘샤히(Dhakhira-yi Kharazmshahi)	이란	2013	
33	로스차일드 전서(Rothschild Miscellany)	이스라엘	2013	
34	야드 바셈 예루살렘 증거 기록물(1954-2004)(Pages of Testimony Collection, Yad Vashem Jerusalem, 1954-2004)	이스라엘	2013	
35	이집트 국립도서관의 맘루크 코란(The National Library of Egypt's Collection of Mamluk Qur'an Manuscripts)	이집트	2013	
36	국립루체협회의 뉴스릴과 사진(Newsreels and photographs of Istituto Nazionale L.U.C.E.)	이탈리아	2013	
37	샨티나타 차리트라(Shantinatha Charitra)	인도	2013	
38	나가라끄레따가마, 국가기술기록문(1365) (Nagarakretagama or Description of the Country (1365 AD)	인도네시아	2013	
39	바바드 디포느고로, 자바 출신 인도네시아 국민영웅, 범이슬람주의자 디포느고로 왕자(1785-1855) 연대기(Babad Diponegoro or Autobiographical Chronicle of Prince Diponegoro(1785-1855). A Javanese nobleman,Indonesian national hero and pan-Islamist Indonesia and the Netherlands)	인도네시아, 네덜란드	2013	●
40	미도간파쿠키, 후지와라노 미치나가의 일기 원본 (Midokanpakuki: the original handwritten diary of Fujiwara no Michinaga)	일본	2013	
41	게이조 시대 유럽, 일본, 스페인 사절단 관련 기록물(Materials Related to the Keicho-era Mission to Europe Japan and Spain)	일본, 스페인	2013	●

42	조지아왕국에 대한 기술 및 바쿠시티 바그라시오니의 지도책(Description of Georgian Kingdom and the Geographical Atlas of Vakhushti Bagrationi)	조지아	2013	
43	쇼타 루스타벨리의 시 '표범의 가죽을 입은 용사' 원고 모음 (Manuscript Collection of Shota Rustaveli's Poem)	조지아, 영국	2013	●
44	차오피 및 잉셴 : 화교들의 서신과 송금문서(Qiaopi and Yinxin Correspondence and Remittance Documents from Overseas Chinese)	중국	2013	
45	원(元)대 티베트 공식기록물(1304-1367) (Official Records of Tibet from the Yuan Dynasty China, 1304-1367)	중국	2013	
46	리브리 프로히비티:1948-1989년 체코와 슬로바키아의 지하출판물 모음집(Libri Prohibiti: Collection of periodicals of Czech and Slovak Samizdat in the years 1948-1989)	체코	2013	
47	칠레 대중시 리라 뽀뿔라르 인쇄본 컬렉션 (Collections of printed Chilean popular poetry: Lira popular)	칠레	2013	
48	인슐린의 발견과 그 세계적 영향(The Discovery of Insulin and its Worldwide Impact)	캐나다	2013	
49	시암 사회 의회 기록부 : 예술과 과학 연구 및 지식 확산을 위한 국제협력 100년의 기록 ("The Minute Books of the Council of the Siam Society", 100 years of recording international cooperation in research and the dissemination of knowledge in the arts and sciences)	태국	2013	
50	톱카프 궁전박물관도서관 및 술레이마니예도서관 소장 에블리야 첼레비의 여행기(Evliya Celebi's "Book of Travels" in the Topkapi Palace Museum Library and the Suleymaniye Manuscript Library)	터키	2013	
51	스페인정복자 여행기, '베세로 북'(Travelling Registry of the Conquistadors or "Becerro Book")	페루	2013	
52	페루·남미 초판본(1584-1619)(Peruvian and South American First Editions)(1584-1619)	페루	2013	
53	바스코 다 가마의 첫 인도 여행기(1497-99)(Journal of the first voyage of Vasco da Gama to India, 1497-1499)	포르투칼	2013	

54	폴란드 왕국(또는 공화국)과 오스만제국이 15세기 중반부터 18세기 말 사이 체결한 평화협정(항복문서)(Peace treaties(ahdnames)concluded from the mid-15th century to late-18th century between the Kingdom(or Republic)of Poland and the Ottoman Empire)	폴란드	2013	
55	파리 폴란드도서관 아담 미키에비치 박물관의 폴란드 역사문학회 19세기 컬렉션(Collections of the 19th Century of the Polish Historical and Literary Society/ Polish Library in Paris/ Adam Mickiewicz Museum)	폴란드	2013	
56	젬메르와이스의 발견(Semmelweis' discovery)	헝가리	2013	
57	데스멧 컬렉션(Desmet Collection)	네덜란드	2011	
58	네덜란드 서인도회사 기록물 (Dutch West India Company (Westindische Compagnie) Archives)	네덜란드, 브라질, 가나, 가이아나, 수리남, 영국, 네덜란드령 앤틸리스 제도, 미국	2011	●
59	미델부르크 무역회사의 기록물(Archives Middelburgsche Commercie Compagnie (MCC))	네덜란드, 퀴라소, 수리남	2011	●
60	토즈 헤위에르달 기록물(Thor Heyerdahl Archives)	노르웨이	2011	
61	일성록(Ilseongnok: Records of Daily Reflections)	대한민국	2011	
62	5·18 기록물(Human Rights Documentary Heritage 1980 Archives for the May 18th Democratic Uprising against Military Regime, in Gwangju, Republic of Korea)	대한민국	2011	
63	함부르크 성경(MS. GKS 4 2°, vol. I-III, Biblia Latina. Commonly called "the Hamburg Bible", or "the Bible of Bertoldus"	덴마크	2011	
64	베를린 장벽의 건설 및 붕괴와 1990년 2 플러스 4 조약(Construction and Fall of the Berlin Wall and the Two-Plus-Four-Treaty of 1990)	독일	2011	
65	1886년 벤츠 특허증(Benz Patent of 1886)	독일	2011	
66	톨스토이의 개인 서재 및 원고, 사진, 영화 컬렉션 (Leo Tolstoy's Personal Library and Manuscripts, Photo and Film Collection)	러시아	2011	

67	오스트로미르 복음서(Ostromir Gospel (1056-1057))	러시아	2011	
68	멕시코 국가기록원 소장 16-18세기 지도, 그림, 삽화의 그림문자(Sixteenth to eighteenth century pictographs from the "Maps, drawings and illustrations" of the National Archives of Mexico)	멕시코	2011	
69	고찰의 책, 아랍인, 페르시아인, 베르베르인 그리고 동시대의 위대한 군주에 관한 초기의 기록과 새로운 정보(Kitab al-ibar, wa diwan al-mobtadae wa al-khabar)	모로코	2011	
70	몽골 단조르(Mongolian Tanjur)	몽골	2011	
71	1651년 기록된 황금사(Lu."Altan Tobchi": Golden History written in 1651)	몽골	2011	
72	랜드샛프로그램기록 [다중분광주사기(多重分光走査器)] LandsatProgramrecords:MultispectralScanner(MSS) sensors	미국	2011	
73	실버맨; (Silver Men: West Indian Labourers at the Panama Canal)	바베이도스, 자메이카, 파나마, 세인트루시아, 영국, 미국	2011	●
74	레왕조 및 막왕조(1442-1779) 시대 과거시험 관련 석판 기록 (Stone Stele Records of Royal Examinations of the Le and Mac Dynasties (1442-1779))	베트남	2011	
75	라플리타 왕립 아우디엔시아 법원 기록물 (Documentary Fonds of Royal Audiencia Court of La Plata (RALP))	볼리비아	2011	
76	에니나 사도서 : 옛 불가리아어를 키릴 문자로 적은 11세기 필사본 (단편)(Enina Apostolos, Old Bulgarian Cyrillic manuscript (fragment) of the 11th century)	불가리아	2011	
77	브라질 군사정권 정보 및 반정보 네트워크 기록물 (Network of information and counter information on the military regime in Brazil (1964-1985))	브라질	2011	
78	1821-1834년 버뮤다 노예 명부(Registry of Slaves of Bermuda 1821-1834)	세인트키츠네비스	2011	
79	스톡홀롬 도시계획 위원회 기록물(Stockholm City Planning Committee Archives)	스웨덴	2011	
80	코덱스 아르겐테우스 - 은성서(銀聖書)(Codex Argenteus - the 'Silver Bible')	스웨덴	2011	

81	제네바 및 뇌샤텔의 장 자크 루소 컬렉션 (Jean-Jacques Rousseau, Geneva and Neuchâtel Collections)	스위스	2011	
82	최초의 뷰라칸 관측(마카리안의 관측) (First Byurakan Survey (FBS or Markarian survey))	아르메니아	2011	
83	켈스의 서(Book of Kells)	아일랜드	2011	
84	영국 도서관의 역사적 민족지학 음향기록물(Historic Ethnographic Recordings(1898-1951) at the British Library)	영국	2011	
85	오스트리아 국립도서관의 마인츠 시편 (Mainz Psalter at the Austrian National Library)	오스트리아	2011	
86	아놀트 쇤베르크의 유산(Arnold Schönberg Estate)	오스트리아	2011	
87	네자미의 판즈간즈 컬렉션(Collection of Nezami's Panj Ganj)	이란	2011	
88	알 타프힘 리 아와일 사나앗 알 탄짐 (Al-Tafhim li Awa'il Sana'at al-Tanjim)	이란	2011	
89	루카 교구의 역사적인 기록물:중세 초기의 문서 (Lucca's Historical Diocesan Archives(ASDLU):Early Middle Ages documents)	이탈리아	2011	
90	타리크 에 칸단 에 티무리야 (Tarikh-E-Khandan-E-Timuriyah)	인도	2011	
91	라즈후칼라차크라탄드라자티카(비말라프랍) (laghukalacakratantrarajatika (Vimalaprabha))	인도	2011	
92	라 갈리고(La Galigo)	인도네시아, 네덜란드	2011	●
93	야마모토 사쿠베이 컬렉션 (Sakubei Yamamoto Collection)	일본	2011	
94	조지아의 비잔틴시대 필사본 (Georgian Byzantine Manuscripts)	조지아	2011	
95	황제내경(Huang Di Nei Jing (Yellow Emperor's Inner Canon))	중국	2011	
96	본초강목(Ben Cao Gang Mu (Compendium of Materia Medica))	중국	2011	
97	1637-1754년 작성된 526편의 대학 논문 컬렉션 (Collection of 526 prints of university theses from 1637-1754)	체코	2011	
98	아랄 해 기록물 군(群)(Aral Sea Archival Fonds)	카자흐스탄	2011	
99	왓 포 사원의 금석기록물 (Epigraphic Archives of Wat Pho)	태국	2011	

100	18-19세기 튀니스 섭정시기 민간 무장선의 해적활동과 국제관계(Privateering and the international relations of the Regency of Tunis in the 18th and 19th centuries)	튀니지	2011	
101	콘스탄틴 컬렉션(Constantine Collection)	트리니다드 토바고	2011	
102	1922년 최초의 남대서양 횡단비행 (First flight across the South Atlantic Ocean in 1922)	포르투칼	2011	
103	바르샤바 재건사무소 기록물 (Archive of Warsaw Reconstruction Office)	폴란드	2011	
104	프랑수아1세시대의파리샤틀레기록물(Y9) Banniere Register at Chatelet, Paris, during the reign of Francois I (National Archives Y9, France)	프랑스	2011	
105	베아투스 레나누스 도서관의 장서 (Beatus Rhenanus Library)	프랑스	2011	
106	인도인 계약노동자에 관한 기록물(Records of the Indian Indentured Labourers)	피지, 가이아나, 수리남, 트리니다드토바고	2011	●
107	마누엘 L. 케손 대통령 기록물 (Presidential Papers of Manuel L. Quezon)	필리핀	2011	
108	안네 프랑크의 일기(Diaries of Anne Frank)	네덜란드	2009	
109	파피아먼토어로 쓴 최초의 교리서 (Catecismo Corticu, First Catechism Written in Papiamentu Language)	네덜란드령 앤틸리스 제도	2009	
110	동의보감 동양의학의 이론과 실제 (Donguibogam Principles and Practice of Eastern Medicine)	대한민국	2009	
111	도미니카 공화국 인권 쟁취 투쟁 기록, 1930-1961 (Documentary Heritage on the Resistance and struggle for Human Rights in the Dominican Republic, 1930-1961)	도미니카 공화국	2009	
112	노예의 세례에 관한 서적(1636-1670) (Book for the Baptism of Slaves (1636-1670))	도미니카 공화국	2009	
113	니벨룽겐의 노래 (Song of the Nibelungs, a heroic poem from mediaeval Europe)	독일	2009	
114	메리나 왕실 기록물 (Royal Archives(1824-1897))	마다가스카르	2009	
115	테렝가누주 비석(Batu Bersurat, Terengganu (Inscribed Stone of Terengganu))	말레이시아	2009	

116	멕시코 소재 아시케나지 공동체 연구센터 문건 모음(16~20세기)(Collection of the Center of Documentation and Investigation of the Ashkenazi Community in Mexico (16th to 20th Century))	멕시코	2009	
117	존 마셜의 줄호안 부시먼족 영화 및 비디오 모음 1950~2000 (John Marshall Ju/'hoan Bushman Film and Video Collection, 1950-2000)	미국	2009	
118	서인도 제도 연방 기록물센터의 기록물 (Federal Archives Fonds)	바베이도스	2009	
119	니타베로 모음집(The Nita Barrow Collection)	바베이도스	2009	
120	파쿠하슨의 일기(Farquharson's Journal)	바하마	2009	
121	1817~1834 영국-카리브해 지역의 노예 명부 (Registry of Slaves of the British Caribbean 1817-1834)	바하마, 벨리즈, 도미니카, 자메이카, 세인트키츠, 트리니다드토바고, 영국	2009	●
122	응우옌 왕조 목판 (Woodblocks of Nguyen Dynasty)	베트남	2009	
123	안트베르펜 파산 부동산 공문서 (Archives Insolvente Boedeldskamer Antwerpen)	벨기에	2009	
124	라지빌 기록물 보관소 및 니아스비즈(니에시 비에지) 도서관 컬렉션 (Radzwills' Archives and Niasvizh(Nieśwież) Library Collection)	벨라루스, 핀란드, 리투아니아, 폴란드, 러시아, 우크라이나	2009	●
125	윌리엄 루이스 기록 모음 (Sir William Arthur Lewis Papers)	세인트루시아	2009	
126	산타페 협약(Santa Fe Capitulations)	스페인	2009	
127	아르나 마그나이우스 필사본 컬렉션 (The Arnamagnaean Manuscript collection)	아이슬란드, 덴마크	2009	●
128	발트3국의 자유를 위한 인간 사슬에 관한 기록 (The Baltic Way - Human Chain Linking Three States in their Drive for Freedom)	에스토니아, 라트비아, 리투아니아	2009	●
129	1215년에 선포한 마그나카르타 (Magna Carta, issued in 1215)	영국	2009	
130	유엔 기록물 1919~1946 (League of Nations Archives 1919-1946)	유엔제네바사무소	2009	

131	UNRWA의 팔레스타인 난민에 관한 사진 및 영화 모음(UNRWA Photo and Film Archives of Palestinian Refugees)	유엔팔레스타인 난민구호활동기구	2009	
132	사파비 왕조 아스탄 에 쿠즈 라자비 행정 기록문서 (Administrative Documents of Astan-e Quds Razavi in the Safavid Era)	이란	2009	
133	뚜얼슬렝 학살 기념관 기록물 (Tuol Sleng Genocide Museum Archives)	캄보디아	2009	
134	1952년 노먼 매클래런이 감독 및 제작한 〈이웃사람〉(Neighbours, animated, directed and produced by Norman McLaren in 1952)	캐나다	2009	
135	ICAIC 제작 라틴아메리카 뉴스 단편영화 오리지널 네거티브 필름 (Original Negative of the Noticiero ICAIC Lationamericano)	쿠바	2009	
136	출라롱콘 국왕의 태국 개혁에 관한 고문서(1868-1910) (Archival Documents of King Chulalongkorn's Transformation of Siam (1868-1910))	태국	2009	
137	테러 기록물 (Archives of Terror)	파라과이	2009	
138	파리에 소재한 문학연구협회의 기록물 『쿨투라』 (1946~2000) (Archives of the Literary Institute in PARIS(1946-2000) - (Association Institut Littéraire "Kultura"))	폴란드	2009	
139	피에르 드 비레 시대 클레르보 시토회수도원 도서관 기록(1472) (Library of the Cistercian Abbey of Clairvaux at the time of Pierre de Virey (1472))	프랑스	2009	
140	야노스 보여이 기록물 : 부록, 절대로 참인 공간과학에 대한 설명(1832) (Janos Bolyai: Appendix, scientiam spatii absolute veram exhibens. Maros-Vasarhelyini, 1832)	헝가리	2009	
141	헝가리 과학 아카데미 도서관 크소마 기록물 (The Csoma Archive of the Library of the Hungarian Academy of Science)	헝가리	2009	
142	퀸즐랜드노동당의대국민선언서(1892년9월9일) (Manifesto of the Queensland Labour Party to the people of Queensland (dated 9 September 1892))	호주	2009	
143	토르데시야스 조약(Treaty of Tordesillas)	스페인. 포르투칼	2008	●

144	세계전쟁포로기구 기록문서(1914~1923) (Archives of the International Prisoners of War Agency, 1914-1923)	국제적십자위원회 (ICRC)	2007	
145	형사법원 사건번호 제 253호/1963년(넬슨 만델라 등에 대한 공소문) (Criminal Court Case No. 253/1963 (State Versus N Mandela and Others)	남아프리카 공화국	2007	
146	영상자료 (Liberation Struggle Living Archive Collection)	남아프리카 공화국	2007	
147	국가문맹퇴치운동 공문서 (National Literacy Crusade)	니카라과	2007	
148	고려대장경 및 제경판(Printing woodblocks of the Tripitaka Koreana and miscellaneous Buddhist scriptures)	대한민국	2007	
149	조선왕조 의궤(Uigwe The Royal Protocols of the Joseon Dynasty)	대한민국	2007	
150	신 연대기와 좋은 정부 (El Primer Nueva Coronica y Buen Gobierno)	덴마크	2007	
151	사운드 해협 통행료 징수부(Sound Toll Registers)	덴마크	2007	
152	코트프리트 빌헬름 라이브니츠 원고집 (Letters from and to Gottfried Wilhelm Leibniz within the collection of manuscript papers of Gottfried Wilhelm Leibniz)	독일	2007	
153	원주민 언어집 (Coleccion de Lenguas Indigenas)	멕시코	2007	
154	메트로 골드윈 메이어사 제작한 오즈의 마법사 (빅터플레밍, 1939) (The Wizard of Oz (Victor Fleming 1939), produced by Metro-Goldwyn-Mayer)	미국	2007	
155	콜롬베이아: 프란시스코 드 미란다 총통의 기록물 (Colombeia: Generalissimo Francisco de Miranda's Archives)	베네수엘라	2007	
156	아메리카 식민 음악; 그 풍부한 문헌의 표본 (American Colonial Music: a sample of its documentary richness)	볼리비아, 콜롬비아, 멕시코, 페루	2007	●
157	알프레드 노벨가 기록물 (The Alfred Nobel Family Archives)	스웨덴	2007	
158	잉마르 베리만 기록물(Ingmar Bergman Archives)	스웨덴	2007	
159	반스카 슈티아브니차 마을 사무소 보관 광산 지도 및 도면(Mining maps and plans of the Main Chamber Count Office in Banska Stiavnica)	슬로바키아	2007	

160	1976~1983년 인권 기록 유산 ; 국가 주도의 테러 행위에 맞선 투쟁의 진실과 정의, 기억을 담은 기록물 (Human Rights Documentary Heritage 1976 - 1983 - Archives for Truth, Justice and Memory in the struggle against State Terrorism)	아르헨티나	2007	
161	크리스토퍼 오킥보의 비출판 원고 (Christopher Okigbo Collection)	아프리카	2007	
162	헤러퍼드 마파 문디(Hereford Mappa Mundi)	영국	2007	
163	포이팅거 지도(Tabula Peutingeriana)	오스트리아	2007	
164	라비라시디 기증 증서 : 13세기 필사본(The Deed For Endowment: Rab' I-Rashidi (Rab I-Rashidi Endowment) 13th Century manuscript)	이란	2007	
165	바야상고르 왕자의 열왕기 ("Bayasanghori Shahnameh" (Prince Bayasanghor's Book of the Kings))	이란	2007	
166	페르시아 채식 삽화 필사본 (Persian Illustrated and Illuminated Manuscripts)	이집트	2007	
167	리그베다(Rigveda)	인도	2007	
168	청왕조 양식뢰 문서 (Qing Dynasty Yangshi Lei Archives)	중국	2007	
169	러시아, 우크라이나, 벨로루스 망명자정기간행물 컬렉션 1918~1945 (Collection of Russian, Ukrainian and Belorussian emigre periodicals 1918-1945)	체코	2007	
170	중세 체코 개혁 필사본 컬렉션(Collection of medieval manuscripts of the Czech Reformation)	체코	2007	
171	퀘벡 신학교 컬렉션 1623~1800(Quebec Seminary Collection, 1623-1800 (17th-19th centuries))	캐나다	2007	
172	허드슨즈 베이 사 기록물 (Hudson's Bay Company Archival records)	캐나다	2007	
173	포르투칼의 신대륙 발견 관련 문서집 (Corpo Cronologico (Collection of Manuscripts on the Portuguese Discoveries))	포르투칼	2007	
174	국가교육위원회 기록물 (National Education Commission Archives)	폴란드	2007	
175	수프라슬 성서 - 3월 성인월록 (Codex Suprasliensis – Mineia četia, Mart (The Supraśl Codex – Menology, March))	폴란드, 러시아, 슬로베니아	2007	●
176	바이유 태피스트리(Bayeux Tapestry)	프랑스	2007	

177	호세 마세다 컬렉션(Jose Maceda Collection)	필리핀	2007	
178	헝가리 지도(Tabula Hungariae)	헝가리, 크로아티아	2007	●
179	영상물 켈리 갱 이야기 (The Story of the Kelly Gang (1906))	호주	2007	
180	호주 죄수 기록 (The Convict Records of Australia)	호주	2007	
181	핸드릭 빗보이 서한집 (Letter Journals of Hendrik Witbooi)	나미비아	2005	
182	로알 아문센 남극탐험(1910-1912) 영상물 (Roald Amundsen's South Pole Expedition (1910-1912))	노르웨이	2005	
183	그림 형제의 동화 이야기 모음집(Kinder-und Hausmarchen (Children's and Household Tales))	독일	2005	
184	레바논산의 나흐르 알 카브 석판(Commemorative stela of Nahr el-Kalb, Mount Lebanon)	레바논	2005	
185	페니키아 알파벳(The Phoenician Alphabet)	레바논	2005	
186	팔라폭시아나 도서관(Biblioteca Palafoxiana)	멕시코	2005	
187	프틀레마이오스의 전통과 베스푸치의 발견에 근거한 세계지도(Universalis comographia secundum Ptholomaei traditionem et Americi Vespucii aliorumque Lustrationes)	미국, 독일	2005	●
188	1180년 미로슬라브 복음서 필사본 (Miroslav Gospel - Manuscript from 1180)	세르비아	2005	
189	아스트리드 린드그렌 기록물 (Astrid Lindgren Archives)	스웨덴	2005	
190	에마누엘 스베덴보리 집필 모음집 (Emanuel Swedenborg Collection)	스웨덴	2005	
191	의학과 약학에 관한 중세 필사본 (Medieval manuscriptson medicine and pharmacy)	아제르바이잔	2005	
192	코덱스 베라티누스 성경사본 (Codex Purpureus Beratinus)	알바니아	2005	
193	솜 전투 필름(The Battle of the Somme)	영국	2005	
194	고딕 건축양식 도면 컬렉션 (Collection of Gothic Architectural Drawings)	오스트리아	2005	
195	브람스 컬렉션 (Brahms Collection)	오스트리아	2005	

196	비블리오데카 코르비니아나 컬렉션 (The Bibliotheca Corviniana Collection)	오스트리아, 벨기에, 프랑스, 독일, 헝가리, 이탈리아	2005	●
197	유태인의 민속음악 컬렉션(1912-1947) (Collection of Jewish Musical Folklore(1912-1947))	우크라이나	2005	
198	이집트 술탄과 황태자 권리증 (Deeds of Sultans and Princes)	이집트	2005	
199	말라데타 노벨로 도서관 (The Malatesta Novello Library)	이탈리아	2005	
200	퐁디셰리주 힌두신 사이바에 대하 필사본 (Saiva Manuscript in Pondicherry)	인도	2005	
201	청나라 궁중시험 합격자 목록(Golden Lists of the Qing Dynasty Imperial Examination)	중국	2005	
202	국제반핵운동단체 '네바다-세미팔라틴스크'의 시청각 기록물 (Audiovisual documents of the International antinuclear movement Nevada-Semipalatinsk)	카자흐스탄	2005	
203	흑인과 노예 기록물(Negros y Esclavos Archives)	콜롬비아	2005	
204	호세 마르티 페레즈 기록물 (Jose Marti Perez Fonds)	쿠바	2005	
205	C.L.R 제임스 컬렉션(C.L.R James Collection)	트리니다드 토바고	2005	
206	페루 바즈 드 까밍냐의 서신 (Letter from Pero Vaz de Caminha)	포르투칼	2005	
207	십진미터법 도입(1790-1837)(Introduction of the decimal metric system (1790-1837))	프랑스	2005	
208	뤼미에르 필름 (Lumiere Films)	프랑스	2005	
209	1940년 6월 18일 대국민 호소문 원본 (The Appeal of 18 June 1940)	프랑스, 영국	2005	●
210	에츠하임 도서관 라브라리아 몬테지노스 (Library Ets Heim Livraria Montezinos)	네덜란드	2003	
211	네덜란드 동인도회사의 기록물 (Archives of the Dutch East India Company)	네덜란드, 인도, 남아프리카 공화국, 인도네시아, 스리랑카	2003	●

212	라이헤 나우 수도원(보덴호)에서 제작된 오토왕소의 채식 필사본(Illuminated manuscripts from the Ottonian period produced in the monastery of Reichenau (Lake Constance))	독일	2003
213	인간 가족전 (Family of Man)	룩셈부르크	2003
214	루이스 부뉴엘의 영화〈잊혀진 사람들〉의 오리지널 네거티브 필름 (Los olvidados)	멕시코	2003
215	카리브해 노예들의 기록유산(Documentary Heritage of Enslaved Peoples of the Caribbean)	바베이도스	2003
216	황제소장품: 19세기 외국 및 브라질 사진(The Emperor's collection: foreign and Brazilian photography in the XIX century)	브라질	2003
217	최초의 이슬람 암각 명문(쿠픽체) (Earliest Islamic (Kufic) inscription)	사우디아라비아	2003
218	니콜라 테슬라의 기록물(Nikola Tesla's Archive)	세르비아	2003
219	반 데르 헴 지도(The Atlas Blaeu-Van der Hem of the Austrian National Library)	오스트리아	2003
220	카를소스 가르델 음반 원판 - 오라시오 로리엔데 컬렉션 (1913-1935)(Original records of Carlos Gardel - Horacio Loriente Collection (1913-1935))	우루과이	2003
221	고대 나시족 둥바 문헌 필사본 (Ancient Naxi Dongba Literature Manuscripts)	중국	2003
222	아메리카 예수회 기록물(Jesuits of America)	칠레	2003
223	칠레의 인권문서(Human Rights Archive of Chile)	칠레	2003
224	코자 아메드 야사미의 필사본 컬렉션(Collection of manuscripts of Khoja Ahmed Yasami)	카자흐스탄	2003
225	우바이드 자코니의 『쿨리야트』와 하피즈 셰로지의 『가잘리트』 필사본(14세기)(The manuscript of Ubayd Zakoni's Kulliyat and Hafez Sherozi's Gazalliyt(XIV century))	타지키스탄	2003
226	아랍어 필사본과 서적 컬렉션(Collection of Arabic Manuscripts and Books)	탄자니아	2003
227	람캄행 왕 비문 (The King Ram Khamhaeng Inscription)	태국	2003
228	술레이마니 필사본 도서관에 있는 이븐 시나의 작품(The works of Ibn Sina in the Suleymaniye Manuscript Library)	터키	2003

229	1980년 8월 그단스크 21개조의 요구사항. 거대한 사회운동, 노동조합 '연대'의 창설(Twenty-One Demands, Gdańsk, August 1980. The birth of the SOLIDARITY trades union – a massive social movement)	폴란드	2003	
230	1573년 1월 28일의 바르샤바 동맹 : 종교적 관용 보장(The Confederation of Warsaw of 28th of January 1573 : Religious tolerance guaranteed)	폴란드	2003	
231	인간 및 시민에 관한 권리 선언 원본 (Original Declaration of the Rights of Man and of the Citizen (1789-1791))	프랑스	2003	
232	필리핀 피플파워 라디오 방송(Radio Broadcast of The Philippine People Power Revolution)	필리핀	2003	
233	베르겐의 나병기록문서 (The Leprosy Archives of Bergen)	노르웨이	2001	
234	입센의 인형의 집 필사본 (Henrick Ibsen A Doll House)	노르웨이	2001	
235	승정원 일기(Seungdeongwon Ilgi, the Diaries of the Royal Secretariat)	대한민국	2001	
236	직지심체요절(Buljo Jikji simche yojeol, the second volume of 'Anthology of Great Buddhist Priests' Zen Teachings)	대한민국	2001	
237	괴테 문학 유산 (The literary estate of Goethe)	독일	2001	
238	구텐베르그 성경 (Gutenberg Bible)	독일	2001	
239	루드비히 반 베토벤 교향곡 D 마이너 (Ludwig van Beethoven-Symphony d-minor)	독일	2001	
240	영화 메트로폴리스(Metropolis)	독일	2001	
241	다이누 스카피스 전래민요 캐비닛 (Dainu skapis-Cabinet of Folksongs)	라트비아	2001	
242	상트페테르부르크 음성 기록보관소의 기록물 ((The Historical Collections of St.Petersburg Phonogram Archives)	러시아	2001	
243	세자라 멜라유(Sejarah Melayu(the Malay Annals))	말레이시아	2001	
244	케다 술탄의 서신 (Corresponence of the late Sultan of Kedah)	말레이시아	2001	
245	히카야타 항 투아(Hikayat Hang Tuah)	말레이시아	2001	
246	오피시나 플란트니아나 경영 기록물 (Business Archives of the Officina Plantiniana)	벨기에	2001	

247	슈베르트 컬렉션(The Schubert Collection)	오스트리아	2001	
248	에르츠헤르초크 라이너의 파피루스 (Papyrus Erzherzog Rainer)	오스트리아	2001	
249	보가즈코이의 히타이트 설형문자 원판 (The Hittie Cuneiform Tablets from Bogazkoy)	터키	2001	
250	칸딜리 천문지진관측소의 필사본 (Kandilli Observatory and Earthquake Reserch Institute Manuscripts)	터키	2001	
251	칼멘 티하니의 라디오 스코프 특허청원 컬렉션 (Kalman Tihanyi's 1926 Patent Application "Radioskop")	헝가리	2001	
252	마보사건 소송 관련 문서 (The Mabo Case Manuscripts)	호주	2001	
253	제임스 쿡 선장의 엔데버호 항해 일기 (The Endeavour Journal of James Cook)	호주	2001	
254	덴마크 해외무역공사 기록물(Archives of the Danish overseas trading companies)	덴마크	1999	
255	베를린 표음문자 기록소의 세계전통음악 초기 실린더 기록물(1893~1952)(Early cylinder recordings of the world's musical traditions(1893-1952) in the Berlin Phonogramm-Archiv)	독일	1999	
256	빈 녹음 기록보관소의 역사적 음악 기록문 (The Historical Collections (1899-1950) of the Vienna Phongrammarchiv)	오스트리아	1999	
257	청왕조 내각문서-'서양문화의 중국 침투'(Records of the Qing's Grand Secretariat - 'Infiltration of Western Culture in China')	중국	1999	
258	진나 기록물(콰이드 이 아참) (Jinnah Papers(Quaid-I-Azam))	파키스탄	1999	
259	바르샤바 게토 기록물(에마누엘 린겔블룸 기록물) (WARSAW Ghetto Archives(Emanuel Ringelblum Archives))	폴란드	1999	
260	프레데리크 쇼팽의 작품 기록물 (The Masterpieces of Fryderyk Chopin)	폴란드	1999	
261	니콜라우스 코페르니쿠스의 걸작 『천체의 회전에 관하여』(1520년경) (Nicolaus Copernicus' masterpiece "De revolutionibus libri sex")	폴란드	1999	
262	필리핀 고문자(하누누, 비드, 타가바투아, 팔라완)(Philippine Paleographs (Hanunoo, Buid, Tagabanua and Pala'wan))	필리핀	1999	

263	블레크 컬렉션(The Bleek collection)	남아프리카 공화국	1997
264	1893년 여성 참정권 탄원서 (The 1893 Women's Suffrage Petition)	뉴질랜드	1997
265	와이탄기 조약(The Treaty of Waitangi)	뉴질랜드	1997
266	조선왕조실록(The Annals of the Choson Dynasty)	대한민국	1997
267	훈민정음 해례본 (The Hunmin Chongum manuscript)	대한민국	1997
268	키에르카고르 고문서 (The Srren Kierkegaard Archives)	덴마크	1997
269	린네 전집(The Linne Collection)	덴마크	1997
270	안데르센의 원고필사본과 편지((Manuscripts and correspondence of Hans Christian Andersen)	덴마크	1997
271	15세기 키릴활자 슬라브 간행물(Slavonic Publications in Cyrillic script of the 15th century)	러시아	1997
272	1092년의 복음서 (Archangel Gospel of 1092)	러시아	1997
273	19세기말과 20세기초의 러시아 포스터 (Russian posters of the end of the 19th and early 20th centuries)	러시아	1997
274	18세기 러시아 제국의 지도 컬렉션((Maps of the Russian empire and its Collection of the 18th century)	러시아	1997
275	신문 컬렉션(Newspaper collections)	러시아	1997
276	히트로보(Khitrovo Gospel)	러시아	1997
277	멕시코 고문서 컬렉션 (Collection of Mexican Codices)	멕시코	1997
278	오악사카 계곡 후작 영지의 고문서와 서류들 (Codices from the Oaxaca Valley)	멕시코	1997
279	테찰로얀 데 쿠아히말파 고문서 (Codex Techaloyan from Cuajimalpaz)	멕시코	1997
280	프랑스의 모리셔스 점령 기록물 (Records of the French Occupation of Mauritius)	모리셔스	1997
281	식민시대 기록물 (Colonial archives)	베냉	1997
282	19세기 라틴아메리카 사진 컬렉션(Collection of Latinamerican photographies of the 19th Century)	베네수엘라	1997

283	해방운동가 시몬 볼리 바르의 저작물 (General Archive of the Nation-Writings of the Liberator Simon Bolivor)	베네수엘라	1997
284	프랑스령 서아프리카 기록물 (Afrique occidentale francaise AOF)	세네갈	1997
285	브라티슬라바 성당 서고의 성서 사본 (Illuminated Codices from the Library of the Bratislava Chapter House)	슬로바키아	1997
286	비샤기츠 이슬람 필사본 모음집 (Basagic Collection of Islamic Manuscripts)	슬로바키아	1997
287	마쇼토 마테나다란의 고대 필사본 (Mashtots Matenadaran Ancient Manuscripts)	아르메니아	1997
288	리오 데 플라타 총독 기록물(Documents of the Viceroyalty of Rio de Plata)	아르헨티나	1997
289	국립 기록보존소 및 도서관의 귀중품(Treasures from National Archives and Library Organizations)	에티오피아	1997
290	빈 의회의 최종 의정서 (Final Document of the Congress of Vienna)	오스트리아	1997
291	빈 디오스쿠리데스 필사본(Vienna Dioscurides)	오스트리아	1997
292	알 비루니 동양학연구소 기록물(The Collection of the Al-Biruni Institute of Oriental Studies)	우즈베키스탄	1997
293	오트만 무스하프의 코란 (Holy Koran Mushaf of Othman)	우즈베키스탄	1997
294	수웨즈 운하 관련 기록물 (The Memory of the Suez Canal)	이집트	1997
295	타밀의 의학자료 필사본 (The I.A.S. Tamil Medical Manuscript Collection)	인도	1997
296	중국 전통 음악 녹음 기록물 (Traditional Music Sound Archives)	중국	1997
297	국립기록보존소의 독일 기록물 (German Records of the National Archives)	탄자니아	1997
298	데렉 월컷 컬렉션(The Derek Walcott Collection)	트리니다드 토바고	1997
299	에릭 윌리엄 컬렉션(The Eric Williams Collection)	트리니다드 토바고	1997
300	노던스키올드 기록물 (A.E. Nordenskiold Collection)	핀란드	1997

〈출처 : http://www.cha.go.kr〉

[부록 2]

유네스코 세계기록유산 등재 신청서

(2013년도 문화재청 양식)

<table>
<tr><th colspan="3">유네스코 세계기록유산 등재 신청서</th></tr>
<tr><td colspan="3">【기본 정보】</td></tr>
<tr><td>Ⅰ.
요약서</td><td colspan="2"></td></tr>
<tr><td rowspan="4">Ⅱ.
신청인</td><td>1. 성명(기관명)</td><td></td></tr>
<tr><td>2. 신청자(신청기관)</td><td></td></tr>
<tr><td>3. 담당자</td><td></td></tr>
<tr><td>4. 연락처</td><td>☎
H.P
E-mail</td></tr>
<tr><td rowspan="2">Ⅲ.
신청유산
에 대한
설명</td><td>1. 신청 유산의 명칭</td><td></td></tr>
<tr><td>2. 신청 유산에 대한 설명</td><td></td></tr>
</table>

IV. 선정기준 충족여부	1. 진정성(Authenticity)	
	2. 독창적(Unique)이고 비대체적(Irreplaceable) 인지 여부	
	3. 해당 유산이 가지는 세계적 중요성 (왜, 어떻게 중요한지)	
	3-(1) 시간(Time)	
	3-(2) 장소(Place)	
	3-(3) 사람(People)	
	3-(4) 대상/주제 (Subject/Theme)	
	3-(5) 형태 및 스타일 (Form and Style)	
	4. 보조 요건	
	4-(1) 희귀성(Rarity)	
	4-(2) 원 상태로의 보존 (Integrity)	
	4-(3) 위협(Threat)의 존재여부	
	4-(4) 관리 계획 (Management Plan)	

V. 법률정보	1. 해당 유산 소유자	
	2. 해당 유산 관리자	
	3. 법적 상태	
	3-(1) 소유권의 귀속	
	3-(2) 접근 가능성	
	3-(3) 저작권	
	3-(4) 관리 기구	
	3-(5) 기타 사항	
VI. 관리계획	해당 유산의 보존을 위한 현재 경영계획의 존재 여부	
VII. 자문여부	해당 유산의 신청 시 획득한 자문의 상세 정보	
【부가 정보】		
I. 위험요소의 평가		
II. 보존 상태 평가		

※ 작성 요령

【기본 정보】

Ⅰ. **개요** : 신청하고자 하는 기록유산의 특징, 독특성 및 중요성 부각할 것

Ⅱ. 신청인

1. 성명(기관명)
2. 신청자(기관) : 대표자 명을 기입
3. 담당자 : 해당 유산의 신청과 관련 연락 가능한 자의 성명 기입
4. 연락처

Ⅲ. 신청유산에 대한 설명

1. 신청유산의 명칭
2. 신청유산에 대한 설명 : 해당 유산의 목록, 서지 및 등재에 관한 세부사항, 기록유산의 시각자료, 연혁, 해제 등

Ⅳ. 선정기준 충족 여부

1. 유산의 진정성(Authenticity) : 해당 유산의 본질 및 기원(유래)을 증명할 수 있는 정품일 것
2. 독창적(Unique)이고 비(非)대체적(Irreplaceable)인 유산
 : 특정 기간 또는 특정 지역에 지대한 영향력을 끼쳤음이 분명한 경우. 해당 유산이 소멸되거나 유산의 품질이 하락한다면 인류유산의 발전에 심각한 해악을 끼치리라 판단되는 경우
3. 세계적 관점에서 유산이 가지는 중요성. 즉, 한 지역이 아닌 세계적으로 어떠한 영향을 끼쳤는지 여부. 그리고 아래의 5가지 요소들 중에 반드시 한 가지 이상으로 그 중요성을 증명할 수 있어야함.
   (1) 시간(Time) : 국제적인 일의 중요한 변화의 시기를 현저하게 반영하거나 인류 역사의 특정한 시점에서 세계를 이해할 수 있도록 이바지하는 경우

(2) 장소(Place) : 세계 역사와 문화의 발전에 중요한 기여를 했던 특정 장소와 지역에 관한 주요한 정보를 담고 있는 경우

(3) 사람(People) : 전 세계 역사와 문화에 현저한 기여를 했던 개인 및 사람들의 삶과 업적에 특별한 관련을 갖는 경우

(4) 대상/주제(Subject/Theme) : 세계 역사와 문화의 중요한 주제를 구현하고 있는 경우

(5) 형태 및 스타일(Form and Style) : 뛰어난 미적, 형식적, 언어적 가치를 가지거나 형태 및 스타일에서 중요한 표본이 된 경우

4. 보조 요건

(1) 희귀성(Rarity) : 독특하거나 희귀한 자료

(2) 원 상태로의 보존(Integrity) : 온전한 하나의 전체로서 보존되어 있는 경우

(3) 위협(Threat) : 해당 유산이 각종 위험 요소에서 안전한가 또는 안전을 담보할 수 있는 경비 조치가 적절한지의 여부

(4) 관리 계획(Management Plan) : 해당 유산의 중요성에 비추어 적절한 보존 및 접근 전략의 존재 여부

V. 법률정보

1. 해당 유산 소유자 : 성명 및 연락처 기입
2. 해당 유산 관리자 : 성명 및 연락처 기입(소유자와 다른 경우 기입)
3. 법적 상태

(1) 소유권의 귀속 : (예)국유, 사유 등

(2) 접근 가능성 : 해당 유산에 대한 일반 시민의 접근 가능성 여부 및 범위와 관련 현재 정책 내용 기술 (예)공개 여부, 인터넷 상의 접근 가능성 등

(3) 저작권 : 해당 유산과 관련 소유자(관리자)가 가지는 저작권의 범위

(4) 관리 기구 : 관할 행정기구의 명칭, 연락처, 주요 기능 등

(5) 기타 사항 : 이상에서 언급하지 않았으나 해당 유산과 관련 특이한 법적, 제도적 사항 적시

Ⅵ. 관리계획

- 동 기록유산을 위해 현재 마련된 보존관리 계획이 있는지 여부
  (존재하는 경우 계획을 요약하여 첨부)
- 부재하는 경우 현 관리상태 및 저장 상태 점검

Ⅶ. 자문 여부

- 해당 유산의 신청과 관련 획득한 전문가 단체, 전문 기구 등의 자문내용

【부가 정보】

Ⅰ. 위험 평가

동 유산에 대해 가해지는 위험의 특성과 범위

(예): 환경적 조건, 물리적 조건 등

Ⅱ. 보존 상태 평가

기록유산의 보존에 대한 평가

(예): 현재의 물리적 평가, 보존 연혁, 신청 유산에 대한 현행 보존정책, 보존 책임자 및 책임 기관 등

【작성분량】 : A4 5매~10매 내외

※ 동 신청서는 신청유산에 대한 간략한 이해 자료로써, 양식에 맞춰 서술하되 작성이 어렵거나 불가능한 사항은 제외할 수 있음

[부록 3]

세계유산 개요

세계유산의 정의

세계유산이란 세계유산협약이 규정한 탁월한 보편적 가치를 지닌 유산으로서 그 특성에 따라 자연유산, 문화유산, 복합유산으로 분류한다.

구분	정의
문화유산	▸**기념물** : 기념물, 건축물, 기념 조각 및 회화, 고고 유물 및 구조물, 금석문, 혈거 유적지 및 혼합유적지 가운데 역사, 예술, 학문적으로 탁월한 보편적 가치가 있는 유산 ▸**건조물군**: 독립되었거나 또는 이어져 있는 구조물들로서 역사상, 미술상 탁월한 보편적 가치가 있는 유산 ▸**유적지**: 인공의 소산 또는 인공과 자연의 결합의 소산 및 고고 유적을 포함한 구역에서 역사상, 관상상, 민족학상 또는 인류학상 탁월한 보편적 가치가 있는 유산
자연유산	▸무기적 또는 생물학적 생성물들로부터 이룩된 자연의 기념물로서 관상상 또는 과학상 탁월한 보편적 가치가 있는 것. ▸지질학적 및 지문학(地文學)적 생성물과 이와 함께 위협에 처해 있는 동물 및 생물의 종의 생식지 및 자생지로서 특히 일정구역에서 과학상, 보존상, 미관상 탁월한 보편적 가치가 있는 것 ▸과학, 보존, 자연미의 시각에서 볼 때 탁월한 보편적 가치를 주는 정확히 드러난 자연지역이나 자연유적지
복합유산	▸문화유산과 자연유산의 특징을 동시에 충족하는 유산

세계유산협약

2009년은 유네스코의 세계 문화 및 자연 유산 보호 협약(Convention concerning the Protection of the World Cultural and Natural Heritage; 약칭 세계유산협약) 탄생의 결정적인 계기가 된 이집트 누비아 유적 보호 운동이 50주년을 맞는 해이다.

1950년대 이집트는 전력 사정 개선과 안정적인 수자원 확보를 위해 나일강 유역에 아스완 하이 댐을 건설하기로 결정하였다. 그로 인해 이집트 아스완 지역은 물론 이웃한 나라인 수단의 누비아 계곡에 남아있던 고대 누비아 유적(고대 이집트 문명으로서 람세스 2세가 세운 아부심벨 대신전과 소신전, 프톨레마이오스 왕조 시대에 세운 필레 신전 등이 대표적 유적)은 물에 잠길 운명에 놓이게 되었다. 이집트와 수단 정부는 유적을 보호하고자 1959년 유네스코에 지원을 요청하였으며, 사태의 심각성을 인식하고 있던 유네스코는 곧바로 세계적인 누비아 유적 보호 운동을 전개해 국제사회에 큰 반향을 일으켰다. 당시 운동기간 중 약 8천만 달러가 모금되었는데 약 50개국이 모금에 참여하였다.

1968년 누비아 유적의 핵심이라고 할 수 있는 아부심벨 사원이 해체 이전되고, 1973년 수단 내 유적 발굴이 완료되면서 이 운동은 1980년 공식적으로 종료되었다. 그러나 국제사회는 이 사건을 계기로 누비아 유적과 같이 한 국가의 범주를 벗어나 인류사적으로 중요한 유산을 상시적으로 보호할 수 있는 체제의 필요성을 절감했다.

한편, 당시 미국에서는 문화유적과 함께 자연유산 및 아름다운 경치를 지닌 곳을 보호하자는 움직임이 활발히 일어나고 있었다. 1965년, 미국 자연자원 보존 및 개발 위원회는 문화와 자연 유산 양쪽을 포괄하는 '세계유산신탁(World Heritage Trust)' 사업에 착수하였다.

이 생각은 1972년 스웨덴 스톡홀름에서 개최된 '인간과 환경(Human Environment)' 유엔회의에 제출되어 치열한 논의를 불러일으켰으며, 이를 바탕으로 세계유산 보호를 위한 국제협약 잠정안이 채택되었다. 스톡홀름 회의는 회의를 마무리하면서 유네스코가 잠정안에 근거해 세계유산 보호 국제협약을 채택해줄 것을 권고하였다.

같은 해 11월 개최된 유네스코 총회는 찬성 75표, 반대 1표로 세계유산 협약을 채택하였다. 이로써, 인류가 함께 공유하고 보호해야 할 문화유적과 자연유산을 보호하려는 국제사회의 오랜 노력이 결실을 맺게 되었다.

1975년, 스위스가 스무 번째로 가입서를 기탁하면서 발효된 세계유산 협약은 국제사회의 자연, 문화 유산 보호 활동을 선도하며, 유네스코가 제정한 협약 중 가장 높은 관심을 받는 국제협약으로 발전하고 있다.

세계유산 등재기준

세계유산은 '탁월한 보편적 가치'(OUV ; Outstanding Universal Value)를 갖고 있는 부동산 유산을 대상으로 한다. 따라서 세계유산 지역 내 소재한 박물관에 보관한 조각상, 공예품, 회화 등 동산 문화재나 식물, 동물 등은 세계유산의 보호 대상에 포함되지 않는다.

어떤 유산이 세계유산으로 등재되기 위해서는 한 나라에 머물지 않고 탁월한 보편적 가치가 있어야 한다. 세계유산 운영지침은 유산의 탁월한 가치를 평가하기 위한 기준으로 다음 10가지 가치 평가 기준을 제시하고 있다.

기준 Ⅰ부터 Ⅵ까지는 문화유산에 해당되며, Ⅶ부터 Ⅹ까지는 자연유산에 해당된다.

이러한 가치평가기준 이외에도 문화유산은 기본적으로 재질이나 기법 등에서 유산이 진정성(authenticity)을 보유하고 있어야 한다. 또한, 문화유산과 자연유산 모두 유산의 가치를 보여줄 수 있는 제반 요소를 포함해야 하며, 법적, 제도적 관리 정책이 수립되어있어야 세계유산으로 등재할 수 있다.

세계유산 등재기준을 표로 정리하면 아래와 같다.

구분		기준	사례
문화유산	Ⅰ	인간의 창의성으로 빚어진 걸작을 대표할 것	호주 오페라 하우스
	Ⅱ	오랜 세월에 걸쳐 또는 세계의 일정 문화권 내에서 건축이나 기술 발전, 기념물 제작, 도시 계획이나 조경 디자인에 있어 인간 가치의 중요한 교환을 반영	러시아 콜로멘스코이 성당
	Ⅲ	현존하거나 이미 사라진 문화적 전통이나 문명의 독보적 또는 적어도 특출한 증거일 것	태국 아유타야 유적
	Ⅳ	인류 역사에 있어 중요 단계를 예증하는 건물, 건축이나 기술의 총체, 경관 유형의 대표적 사례일 것	종묘
	Ⅴ	특히 번복할 수 없는 변화의 영향으로 취약해졌을 때 환경이나 인간의 상호 작용이나 문화를 대변하는 전통적 정주지나 육지*바다의 사용을 예증하는 대표 사례	리비아 가다메스 옛도시
	Ⅵ	사건이나 실존하는 전통, 사상이나 신조, 보편적 중요성이 탁월한 예술 및 문학작품과 직접 또는 가시적으로 연관될 것 (다른 기준과 함께 적용 권장)	일본 히로시마 원폭돔
	*** 모든 문화유산은 진정성(authenticity; 재질, 기법 등에서 원래 가치 보유) 필요**		

자연 유산	VII	최상의 자연 현상이나 뛰어난 자연미와 미학적 중요성을 지닌 지역을 포함할 것	케냐 국립공원, 제주 용암동굴·화산섬
	VIII	생명의 기록이나, 지형 발전상의 지질학적 주요 진행과정, 지형학이나 자연지리학적 측면의 중요 특징을 포함해 지구 역사상 주요단계를 입증하는 대표적 사례	제주 용암동굴·화산섬
	IX	육상, 민물, 해안 및 해양 생태계와 동·식물 군락의 진화 및 발전에 있어 생태학적, 생물학적 주요 진행 과정을 입증하는 대표적 사례일 것	케냐 국립공원
	X	과학이나 보존 관점에서 볼 때 보편적 가치가 탁월하고 현재 멸종 위기에 처한 종을 포함한 생물학적 다양성의 현장 보존을 위해 가장 중요하고 의미가 큰 자연 서식지를 포괄	중국 쓰촨 자이언트팬더 보호구역
공통	완전성(integrity) : 유산의 가치를 충분히 보여줄 수 있는 충분한 제반 요소 보유		
	보호 및 관리체계 : 법적, 행정적 보호 제도, 완충지역(buffer zone) 설정 등		

세계유산 등재절차

세계유산 등재절차는 세계유산협약에 가입한 각국 정부가 유네스코 세계유산센터에 잠정목록 등재 신청서를 제출하면서 시작된다. 단계별 절차를 살펴보자.

1) 잠정목록 등재

▸ 신청기간 : 연중

- 세계유산으로 신청하려면 먼저 해당 유산을 잠정목록(Tentative List)에 가급적 1년 전에 등재해야 함. 잠정목록에 등재되어있지 않은 유산은 세계유산으로 신청 불가.

- 특별한 심사 절차 없음.
- 잠정목록은 당사국이 앞으로 세계유산 목록에 등재할 유산의 예비목록성격 보유. 수시로 갱신 가능.

▸ 목적 : 당사국들이 충분한 준비시간을 갖고 세계유산을 신청하도록 유도

2) 본 신청서 제출

▸ 예비신청서 접수 : 매년 9월 30일
- 최종 신청서 제출 전 미비사항 검토, 보완 기회 제공

▸ 본 신청서 접수 : 매년 2월 1일
- 신청은 연중 가능하나, 2월 1일을 넘겨 접수되는 신청서는 차기 연도로 이월됨.
- 2월 1일까지 접수된 신청서에 한해 세계유산센터가 자문기구에 현지실사 의뢰

3) 자문기구의 현지 실사 및 평가

▸ 문화유산 : 국제기념물유적협의회(ICOMOS)

▸ 자연유산 : 세계자연보전연맹(IUCN)

▸ 복합유산 : ICOMOS, IUCN 공동 조사

▸ 현지조사 실시 : 통상 당해 연도 하반기에 자문기구의 전문가가 신청국을 방문, 유산의 보존 현황 및 가치 현지 조사

▸ 평가의견 제출 : 자문기구는 현지조사결과 및 서류 검토 등 논의

결과를 바탕으로, 세계유산위원회에 신청유산의 세계유산 등재 여부에 대한 권고의견 제출

※ ICOMOS와 IUCN의 심사절차는 아래 참조.

4) 세계유산위원회의 결정

- 회의개최시기 : 매년 6월말에서 7월 사이
- 세계유산위원회 심의 및 신규 세계유산 최종 결정

결정사항	내용	비교
등재	세계유산 등재	극히 예외적인 경우(이스라엘-아랍 간 유산 등)를 제외하고는 그대로 등재
보류 (Referral)	일부 미비한 자료가 있어 다음해 2월 1일까지 추가 자료 제출 필요. 자료 보완 시 차기 위원회 회의에서 재심의.	자료 보완 시 당해 또는 차기 년도 회의에서 등재가능성 높음.
반려 (Deferral)	등재신청서상에 심각한 결함이 있어 심화연구 또는 신청서 수정 필요.	원칙적으로 현지 재조사
등재 불가	등재 불가	같은 유산 재신청 불가

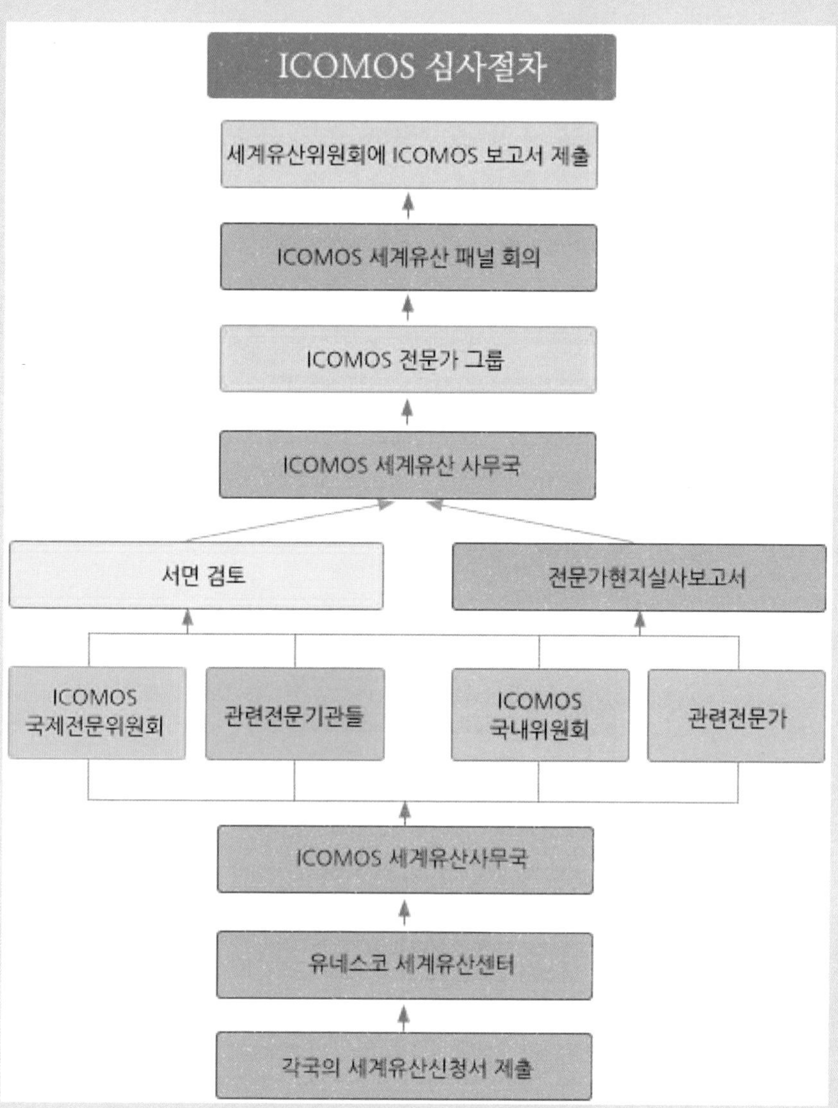
ICOMOS 심사절차
세계유산위원회에 ICOMOS 보고서 제출
ICOMOS 세계유산 패널 회의
ICOMOS 전문가 그룹
ICOMOS 세계유산 사무국
서면 검토
전문가현지실사보고서
ICOMOS
국제전문위원회
관련전문기관들
ICOMOS
국내위원회
관련전문가
ICOMOS 세계유산사무국
유네스코 세계유산센터
각국의 세계유산신청서 제출

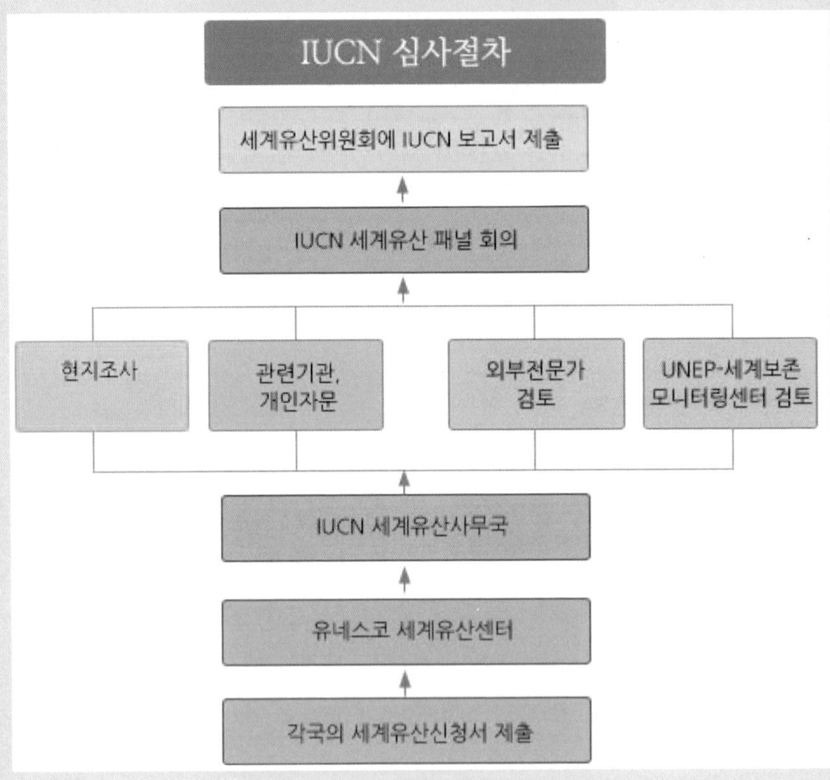

IUCN 심사절차
세계유산위원회에 IUCN 보고서 제출
IUCN 세계유산 패널 회의
현지조사
관련기관,
개인자문
외부전문가
검토
UNEP-세계보존
모니터링센터 검토
IUCN 세계유산사무국
유네스코 세계유산센터
각국의 세계유산신청서 제출

〈표〉로 보는 세계유산 등재절차

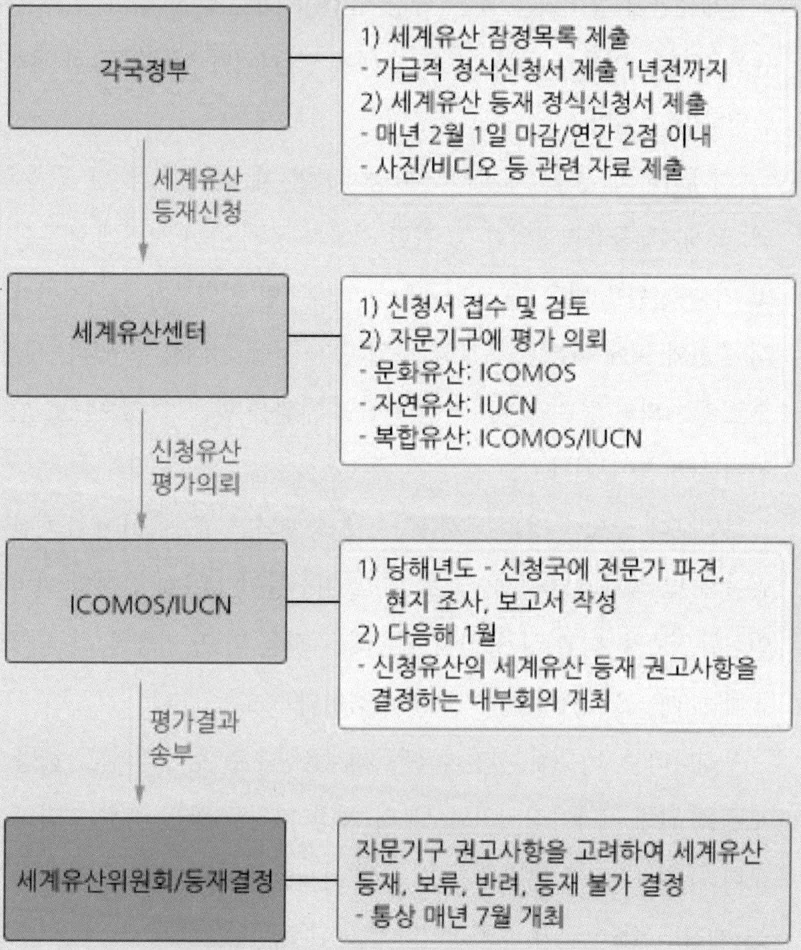

각국정부

1) 세계유산 잠정목록 제출
- 가급적 정식신청서 제출 1년전까지
2) 세계유산 등재 정식신청서 제출
- 매년 2월 1일 마감/연간 2점 이내
- 사진/비디오 등 관련 자료 제출

↓ 세계유산 등재신청

세계유산센터

1) 신청서 접수 및 검토
2) 자문기구에 평가 의뢰
- 문화유산: ICOMOS
- 자연유산: IUCN
- 복합유산: ICOMOS/IUCN

↓ 신청유산 평가의뢰

ICOMOS/IUCN

1) 당해년도 - 신청국에 전문가 파견, 현지 조사, 보고서 작성
2) 다음해 1월
- 신청유산의 세계유산 등재 권고사항을 결정하는 내부회의 개최

↓ 평가결과 송부

세계유산위원회/등재결정

자문기구 권고사항을 고려하여 세계유산 등재, 보류, 반려, 등재 불가 결정
- 통상 매년 7월 개최

세계유산 등재효과

1) 등재 의의와 효과

세계유산에 등재되는 것은 해당 유산이 어느 특정 국가 또는 민족의 유산을 떠나 인류가 공동으로 보호해야 할 가치가 있는 중요한 유산임을 증명하는 것이다.

저개발국의 경우, 세계유산에 등재되면 세계유산기금 및 세계유산센터, 국제기념물유적협의회 등 관련 기구를 통해 유산 보호에 필요한 재정 및 기술 지원을 받을 수 있다. 또한, 국제적인 지명도가 높아지면서 관광객 증가와 이에 따른 고용기회, 수입 증가 등을 기대할 수 있다. 세계유산으로 등재되면 정부의 추가적인 관심과 지원을 받을 수 있으므로 지역 발전에도 도움이 된다.

무엇보다 중요한 것은 세계유산으로 등재되면 세계유산이 소재한 지역 공동체 및 국가의 자긍심이 고취되고, 자신들이 보유한 유산의 가치를 재인식함으로써, 더 이상 유산이 훼손되는 것을 막고, 가능한 원 상태로 보존하는 데 크게 기여할 수 있다는 점이다.

우리나라를 비롯해 선진국들은 세계유산으로 등재되어도, 해당 유산 보존을 위해 세계유산위원회로부터 재정 지원을 받는 경우는 거의 없다. 오히려 유네스코 신탁기금 등을 통해 저개발국 유산 보존에 기여할 수 있는 계기로 삼는 것이 보편적이다.

2) 세계유산의 소유권 및 관리 책임

세계유산으로 선정되어도 해당 유산의 소유권이나 관리는 이전과 변화가 없으며, 당사국 국내법의 적용을 받는다. 다만, 세계유산위원회는 당사국이 세계유산을 적정하게 보호 및 관리하고 있는 지 주기적으로 보고서 제출을 요구할 수 있으며, 필요한 경우 현지 조사를 실시하기도 한다.

3) 국제협력 및 지원

세계유산협약은 문화유산과 자연유산 지역을 보호하기 위해 국제지원을 해야 한다고 강조한다. 이를 위해 협약 제15조와 제18조에 따라 '세계문화 및 자연유산 보호 기금'이 만들어졌다. 이 기금은 당사국의 의무적 또는 자원에 따른 기부금으로 조성된 것이다. 이 기금을 바탕으로 국제적 지원이 이루어지며 이 기금은 세계유산지역의 보호를 위한 당사국 활동을 보완한다. 세계유산기금에 기부금을 납부한 당사국은 다양한 형태의 국제적 지원을 받을 수 있는 자격을 얻게 된다.

[국제지원의 유형]

세계유산협약 운영지침은 긴급 지원, 예비 지원, 기술 협력, 훈련 및 연구 지원, 교육·정보·인식제고 지원 등 다섯 가지 지원 형태를 규정하고 있다.

① 긴급 지원 : 갑작스럽고 예기치 못한 자연적·인위적 현상 때문에 피해 위험이 임박한 지역을 대상

② 예비 지원 : ㉠ 잠정목록을 준비 내지 갱신하거나 잠정목록 작성을 위한 회의 개최 ㉡ 세계유산목록 신청 준비 ㉢ 훈련과정의 개최와 관련된 신청을 포함해 기술 협력 준비(세계유산 국제전략, 대표성 강화, 유산지역 다양성 증가 필요성 등으로 인해 예비 지원이 매우 중요하다.)

③ 기술 협력 : 세계유산지역의 보존과 관리를 위한 전문가와 장비 파견. 지원 수요와 배분액 면에서 국제적 지원 가운데 가장 큰 몫을 차지.

④ 훈련 및 연구 지원 : 세계유산의 확인, 보호, 보존, 홍보, 기능회복 등의 분야에서 모든 수준의 담당자 훈련 또는 세계유산지역에 필요한 연구와 과학적 조사 등을 목적으로 한 훈련 및 연구 지원

⑤ 교육 · 정보 · 인식제고 : 세계유산협약에 대한 인식 제고 목표, 인쇄물 발간, 번역, 정보 자료 보급 등

[부록 4]

세계무형유산 개요

세계무형유산 정의

무형문화유산은 전통 문화인 동시에 살아있는 문화이다. 무형문화유산은 공동체와 집단이 자신들의 환경, 자연, 역사의 상호작용에 따라 끊임없이 재창해온 각종 지식과 기술, 공연예술, 문화적 표현을 아우른다. 무형문화유산은 공동체 내에서 공유하는 집단적인 성격을 가지고 있으며, 사람을 통해 생활 속에서 주로 구전에 의해 전승되어왔다.

유네스코는 상당히 오래 전부터 무형문화유산 보호에 관심을 가져왔으며, 1997년 제29차 총회에서 산업화와 지구화 과정에서 급격히 소멸되고 있는 무형문화유산을 보호하고자 '인류 구전 및 무형유산 걸작 제도'를 채택했다.

이후, 2001년, 2003년, 2005년 모두 3차례에 걸쳐 70개국 90건이 인류 구전 및 무형유산 걸작으로 지정되었다. 무형문화유산의 중요성에 대한 국제사회의 인식이 커지면서 2003년 유네스코 총회는 무형문화유산 보호 협약을 채택하였다.

이것은 국제사회의 문화유산 보호 활동이 건축물 위주의 유형 문화재에서 눈에 보이지 않지만 살아있는 유산(living heritage), 즉 무형문화유산의 가치를 새롭게 인식하고 확대하였음을 국제적으로 공인하는 이정표가 되었다.

무형문화유산 보호를 위한 국제사회의 관심이 높아져가고 있지만, 한편으로는 세계화와 급속한 도시화, 문화 통합 정책과 더불어 젊은 세대의 관심 부족으로 인해 많은 무형유산이 사라지고 있다.

▸ 무형문화유산의 정의 (협약 제2조 1항)

공동체, 집단 및 개인이 자신의 문화유산의 일부분으로 인식하는 관습, 표현, 지식 및 기술 / 이와 관련된 전달 도구, 사물, 공예품 문화 공간

▸ 무형문화유산의 범위 (협약 제2조 2항)

무형문화유산의 전달체로서 언어를 포함한 구전 전통 및 표현 공연 예술(전통음악, 무용 및 연극 등) / 자연 및 우주에 관한 지식 및 관습 전통 기술

▸ 무형문화유산의 특징 (협약 제2조 1항)

세대와 세대를 거쳐 전승 / 인간과 주변 환경, 자연의 교류 및 역사 변천 과정에서 공동체 및 집단을 통해 끊임없이 재창조 / 공동체 및 집단에 정체성 및 지속성 부여 문화 다양성 및 인류의 창조성 증진 / 공동체간 상호 존중 및 지속가능발전에 부합

※ 국제 인권 관련 규범과 양립

세계무형유산 협약

2003년 10월 17일 유네스코 총회에서는 최초의 무형유산 보호 국제협약인 '무형문화유산 보호 협약'이 채택되었다. 이로써 유네스코가 그동안 추진해오던 무형유산 보호 사업이 마침내 결실을 맺고, 국제사회는 문화유산 분야에서 새로운 전기를 맞게 되었다.

유네스코는 상당히 오래 전부터 무형유산의 가치를 인식하고, 무형유산 보호를 위한 각종 사업과 권고문을 채택해왔다.

1989년 전통 문화 및 민속 보호에 관한 유네스코의 권고(1989 UNESCO Recommendation on the Safeguarding of Traditional Culture and Folklore)는 국제협약을 채택하기 위한 중간 단계라고 할 수 있다. 이 권고는 구속력이 없어 커다란 영향을 끼치지는 않았지만 유네스코 회원국들이 무형유산 보호를 위한 법적, 행정적 기틀을 마련함은 물론 각국이 보유한 무형문화유산의 가치를 재확인할 수 있게 하였다.

1994년에는 인간문화재사업이 시작되었다. 이는 가치를 인정받은 전통문화 보유자 및 후계자를 공식적으로 인정해주고 그들이 가진 지식과 기술을 다음 세대에 전해주도록 권장하는 것을 목표로 하였다.

1997년 유네스코 제29차 총회는 산업화와 지구화 과정에서 급격히 소멸되고 있는 무형유산을 보호하고자 '인류 구전 및 무형유산 걸작 선정 사업'(Proclamation of Masterpiece of the Oral and Intangible Heritage of Humanity)을 시행하기로 결정하였다.

이후 2001년, 2003년, 2005년 모두 3차례, 70개국 90건이 인류 구전 및 무형유산 걸작으로 지정되었다. 우리나라도 종묘제례 및 제례악(2001년), 판소리(2003년), 강릉단오제(2005년)가 무형유산 걸작으로 선정되었다.

이후 무형유산의 중요성에 대한 국제사회의 인식이 커지면서 2003년 제32차 유네스코총회는 최초의 무형유산 보호 국제협약인 '무형문화유산 보호 국제협약'을 채택하였다. 이것은 기존의 권고나 유네스코 문화 분야 내부 사업이었던 무형유산 걸작 선정사업보다 훨씬 강력한 보호규범이었다. 따라서 동 협약 제31조는 협약이 발효되면 더 이상 걸작을 선정하지 않도록 규정하였다. 아울러, 기존에 선정되었던 무형유산 걸작들은 새로운 협약에 따라 작성되는 인류무형문화유산 대표목록에 통합되었다.

협약이 채택된 후, 아프리카, 남미, 아시아 등 산업화와 전쟁 등으로 무형유산이 위협받고 있는 지역 국가들은 협약을 전폭적으로 지지하였다. 그 결과 제정된 지 2년 여 만인 2006년 4월 20일, 30개국이 협약에 가입하면서 정식으로 발효되었다. 한국은 2005년 2월 9일 열한 번째로 가입하였다.

세계무형유산 등재기준

무형문화유산의 정의와 특성(무형유산협약 제2조)에 따라 언어 그 자체나 인권에 관한 국제규범에 반하는 전통은 무형문화유산 목록 등재 대상이 되지 않는다.

▸ 긴급보호가 필요한 무형문화유산 목록 등재기준

기준 1	무형유산협약 제2조에서 규정하는 무형문화유산에 부합할 것
기준 2	관련 공동체나 집단, 개인 또는 당사국의 노력에도 불구하고 소멸위험에 처해있어 긴급한 지원이 필요한 경우
기준 3	즉각적인 보호 조치가 없으면 곧 소멸될 정도로 극도로 긴급한 상황에 놓여있을 것
기준 4	관련 공동체, 집단, 개인이 계속 실연하고 전승할 수 있도록 보호조치가 마련되어 있을 것
기준 5	관련 공동체, 집단, 개인들이 자유롭게 사전 인지 동의(free, prior, informed consent)하고, 가능한 최대한 폭넓게 신청과정에 참여할 것
기준 6	신청유산이 당사국 무형문화유산 목록에 포함되어있을 것

※ 이와 별도로, 극도로 긴급한 상황인 경우 무형유산위원회는 관련 당사국과 적절한 협의를 거쳐 해당 유산을 긴급보호무형유산목록에 등재할 수 있음.

▸ 인류무형문화유산 대표목록 등재기준

기준 1	무형유산협약 제2조에서 규정하는 무형문화유산에 부합할 것
기준 2	대표목록 등재가 해당 유산의 가시성 및 중요성에 대한 인식 제고, 문화간 대화에 기여하며, 아울러, 세계 문화다양성 반영 및 인류의 창조성을 입증할 것
기준 3	신청유산에 대한 적절한 보호 조치가 마련되어 있을 것
기준 4	관련 공동체, 집단, 개인들이 자유롭게 사전 인지 동의(free, prior, informed consent)하고, 가능한 최대한 폭넓게 신청과정에 참여할 것
기준 5	신청유산이 당사국 무형문화유산 목록에 포함되어있을 것

세계무형유산 등재절차

무형유산 등재 절차는 무형유산협약에 가입한 각국 정부가 유네스코에 긴급보호무형유산목록 또는 인류무형문화유산 대표목록 등재 신청서를 제출하면서 시작된다. 무형유산 등재 여부에 대한 최종결정은 매년 11월경 개최되는 무형유산위원회에서 확정된다.

▸ 긴급보호무형유산목록 등재절차

단계	마감일	내용
1. 준비 및 제출	준비년도(신청 전년도) 3월 31일	제출 준비를 위한 국제원조 신청
	1차년도 3월 31일	신청서 사무국 제출 마감. 이후 접수된 신청서는 다음해에 심사
	1차년도 6월 30일	신청서 검토 및 보완 필요사항 공지
	1차년도 9월 30일	당사국의 신청서 보완 마감
2. 심사	1차년도 12월~2차년도 5월	심사
	2차년도 4월~6월	최종심사 회의
	매년 국가간위원회 몇주 전	무형유산위원회 위원국에게 심사보고서 송부 및 온라인 게시
3. 결정	2차년도 11월	무형유산위원회에서 신청서 최종 심사 및 등재 여부 결정

* 긴급보호무형유산목록 심사위원은 무형문화유산 분야의 전문가, 전문 연구소 및 단체, 비정부단체(NGO) 가운데 무형유산위원회에서 선정

▸ 인류무형문화유산 대표목록

단계	마감일	내용
1. 준비 및 제출	1차년도 3월 31일	신청서 사무국 제출 마감. 이후 접수된 신청서는 다음해에 심사
	1차년도 6월 30일	신청서 검토 및 보완필요사항 공지
	1차년도 9월 30일	당사국의 신청서 보완 마감.
2. 심사	1차년도 12월~ 2차년도 5월	무형유산위원회 산하 대표목록 심사보조기구에서 심사(*)
	2차년도 4월~6월	최종심사 회의
	매년 국가간위원회 몇주 전	무형유산위원회 위원국에게 심사보고서 송부 및 온라인 게시
3. 결정	2차년도 11월	무형유산위원회에서 신청서 최종 심사 및 등재 여부 결정

심사보조기구 위원국

대표목록 등재 심사보조기구는 무형유산보호 정부간위원회 산하 기구로서 24개 위원국 가운데 각 지역별로 1개국씩 전체 6개국으로 구성된다.

지역구분	국 가 명	임 기
지역 1(서구, 북미)	그리스	1년(2014)
지역 2(동구)	라트비아	
지역 3(중남미)	페루(2013년 연임)	
지역 4(아시아)	키르기즈스탄	
지역 5(a)(아프리카)	나이지리아(2013년 연임)	
지역 5(b)(아랍)	튀니지	

세계무형유산 등재효과

① 등재 의의와 효과

긴급보호목록 및 대표목록에 등재되면 무형유산협약에 따라 설치된 무형유산기금 및 관련 전문 기구를 통해 유산 보호에 필요한 재정 및 기술 지원을 받을 수 있다. 또한, 국제적인 지명도와 관심이 높아지면서 이에 따른 고용기회, 수입 증가 등을 기대할 수 있다.

무엇보다 중요한 것은 긴급보호목록 및 대표목록에 등재되면 국제적으로 해당 유산에 대한 가시성이 높아지고, 관련 공동체의 자긍심이 고취됨으로써 무형유산을 보호하는 데 크게 기여할 수 있다는 점이다.

긴급한 보호가 필요한 무형문화유산목록

긴급한 보호가 필요한 무형문화유산목록에 등재되는 것은 해당 유산이 사회변화나 불가피한 사유로 인해 관련 공동체나 집단, 당사국 등의 노력에도 불구하고, 심각한 소멸위험에 처해있으므로 국제사회가 공동으로 해당 유산을 보호해야 한다는 것을 뜻한다.

긴급보호목록은 세계유산사업의 위험에 처한 세계유산목록과는 성격이 완전히 다르다. 위험에 처한 세계유산목록의 경우 대부분 위기의 원인이 당사국의 관리소홀로 귀결되면서 당사국들은 이 위험유산목록에 등재되는 것을 극히 꺼리고 있다. 그러나, 긴급보호목록은 등재 신청을 각 당사국이 하도록 되어 있으며, 등재 요건도 인류무형문화유산 대표목록보다 더 엄격하게 규정하고 있다. 이것은 긴급보호목록에 등재될 경우, 대표목록에 등재된 유산보다 가시성이 높아지고, 더 많은 국제원조를 받을 수 있기 때문이다.

인류무형문화유산 대표목록

인류무형문화유산 대표목록은 관련 공동체나 집단 등이 등재 신청에 동의하고, 적절한 보호 대책이 수립되어 있을 경우, 당사국의 신청에 따라 무제한으로 등재할 수 있다. 장기적으로 대표목록은 일종의 국가별 무형문화유산 목록을 집대성한 것이라고 볼 수 있다.

② 관리 책임

긴급보호목록 또는 대표목록에 등재되어도 해당 유산의 관리는 이전과 변화가 없으며, 당사국 국내법의 적용을 받는다. 다만, 무형유산위원회는 당사국이 세계유산을 적정하게 보호 및 관리하고 있는지 보고서 제출을 요구할 수 있으며, 필요한 경우 현지 조사를 실시할 수도 있다.

③ 국제협력 및 지원

긴급보호목록 및 대표목록에 등재되면 무형유산협약에 따라 설치된 무형문화유산기금에서 재정 및 기술 지원을 받을 수 있다. 이 기금은 당사국의 의무적 또는 자원에 따른 기부금으로 조성된다.

우리나라를 비롯해 선진국들은 세계유산으로 등재되어도, 해당 유산 보존을 위해 세계유산위원회로부터 재정 지원을 받는 경우는 거의 없다. 오히려 유네스코 신탁기금 등을 통해 저개발국 유산 보존에 기여할 수 있는 계기로 삼는 것이 보편적이다.

〈출처 : '유네스코와 유산' 홈페이지〉

김문기

경북 문경 출생. 경북대학교 대학원에서 1983년에 「서민가사 연구」로 문학박사 학위를 받았다. 40년 가까이 경북대학교 교수로 재직하면서 주로 한국고전시가와 한국한문학 연구에 힘쓰고 있다. 근래 20년 동안에는 동학과 구곡문화 연구에 매진하고 있으며 이들을 세계기록유산과 세계문화유산으로 등재시키려는 노력을 하고 있다.

저서로는 『서민가사 연구』, 『조선조 시가한역의 양상과 기법』, 『문경의 구곡원림과 구곡시가』, 『경북의 구곡문화』, 『경북의 구곡문화Ⅱ』 등이 있고, 역서로는 『국역 노계집』, 『국역 상주동학경전』 등이 있으며, 편저로는 『조선의 명풍수』, 『주해 상주동학가사 1, 2, 3, 4』, 『시조·가사 한역자료총서 총9권』 등이 있다. 그동안 경상북도 문화재위원, 경북대학교 도서관장 겸 기록관장, 한국어문학회장, 국어교육학회장 등을 역임하였고, 현재 경북대학교 국어교육과 교수로서 퇴계연구소장과 사단법인 상주동학문화재단 이사장 직을 맡고 있다.

유네스코 지정
한국의 세계기록유산

초판1쇄 발행 2015년 1월 12일

엮어쓴이 김문기
펴 낸 이 최종숙
펴 낸 곳 글누림출판사

책임편집 이태곤
편　　집 권분옥 이소희 박선주 문선희 오정대
디 자 인 안혜진 이홍주
마 케 팅 박태훈 안현진
관　　리 구본준

주　　소 서울시 서초구 동광로46길 6-6(반포4동 577-25) 문창빌딩 2층
전　　화 02-3409-2055 FAX 02-3409-2059
이 메 일 nurim3888@hanmail.net
홈페이지 http://www.geulnurim.co.kr
등　　록 2005년 10월 5일 제303-2005-000038호

ISBN 978-89-6327-277-1 03900

정가 22,000원

* 이 도서의 국립중앙도서관 출판예정도서목록(CIP)은 서지정보유통지원시스템 홈페이지(http://seoji.nl.go.kr)와 국가자료공동목록시스템(http://www.nl.go.kr/kolisnet)에서 이용하실 수 있습니다.(CIP제어번호: CIP2014037970)